Versenken Sie Ihre Nase in duftende Kräuter, rühren Sie mit Hingabe im großen Suppentopf und lassen Sie sich von den aufsteigenden Düften inspirieren.
Marianne Sägebrecht präsentiert hier ihre zwölf besten Suppen. Jeder einzelne Monat hat spezielle magische Eigenschaften, die ganz besondere und unterschiedliche Zutaten erfordern. Mit Hingabe zubereitet und von hilfreichen Gedanken unterstützt, können diese Suppen verschiedene Wirkungen hervorrufen – ganz nach dem Willen und Geschmack der Suppenherrin.
Damit die Suppe den richtigen Pfiff bekommt, bedarf es natürlich der richtigen Kräuter. Marianne Sägebrecht gibt den Leserinnen und Lesern ihre ganz persönliche Kräuterkunde an die Hand und garniert das Ganze mit skurrilen und lustigen Episoden aus ihrem Leben, beispielsweise einer TV-Talkshow in Thailand, ihrer Begegnung mit Michael Douglas in München oder einer unheimliche Nacht in einem Geisterschloss.
Tipps rund um Gesundheit, Schönheit und Wohlbefinden sowie köstliche Anekdoten aus dem Alltag der Autorin runden dieses liebevoll illustrierte Buch ab.

Marianne Sägebrecht, geboren 1945 in Starnberg, ist eine der erfolgreichsten deutschen Schauspielerinnen; auch im Ausland. Seit Mitte der achtziger Jahre stand sie in berühmten Filmen wie »Out of Rosenheim«, »Der Rosenkrieg«, »Der Unhold« und »Asterix und Obelix« vor der Kamera. Heute lebt sie in Niederbayern.

Unsere Adresse im Internet: www.fischerverlage.de

Marianne Sägebrecht

Meine Überlebenssuppen

Geschichten & Rezepte

Fischer Taschenbuch Verlag

Mit Zeichnungen von Steffen Butz und Michael Heininger

Veröffentlicht im Fischer Taschenbuch Verlag,
einem Unternehmen der S. Fischer Verlag GmbH,
Frankfurt am Main, September 2004

Lizenzausgabe mit freundlicher Genehmigung
der F. A. Verlagsbuchhandlung, München

Druck und Bindung: Druckerei C. H. Beck, Nördlingen
Printed in Germany
ISBN 3-596-16083-9

inhalt

Aus diesem Suppengrunde

Fieberschauer durchströmen den kleinen Körper, jagen den Puls durch dunkle Gänge hinauf zur schweißgebadeten Stirne. Die Uhr steht stramm und der Suppentopf hält noch dicht, es blubbert und gurgelt, als die vertraute Hand der Mutter den Topfdeckel lupft, und schon gießt sich der wohltuende Geruch einer leckeren Hühnersuppe in den Raum, streichelt über Nasenflügel und tröstet jetzt schon dürstende Seelen. Bedrohliche Schatten in gewundenen Räumen erlöschen und die glühenden Augen der Menschenfresser an der Zimmerdecke werden zu blauen Sternen, die aus Mutters vertrautem Antlitz auf das kleine Mädchen herunterstrahlen. Löffel für Löffel flößt sie ihrer Tochter, der Kranken, die herzhafte, kräftigende Suppe ein.

Muttern hat wieder einmal nach Großvaters Rezept ihr eigenes Süpplein gekocht. Bereitwillig hat das kopflose Huhn sein Fleisch hingegeben und alle vorhandenen Enzyme geopfert. Knoblauch und Zwiebel geben wieder mal den Ton an. Rosmarin, Lorbeer, Thymian, Basilikum und Petersilie sind einen geheimnisvollen Bund eingegangen. Ach ja, und Pfeffer und Salz mischen heute auch wieder mit in der Gruppe. Kaum den Mund damit voll genommen, schon strömen die Heil-, Geschmacks- und Duftstoffe dieser flüssigen Medizin dem Gehirn zu und treiben das Blut zur Arbeit in die

Herz-, Leber- und Darmmanufakturen. Wohlige Wärme durchströmt die Gefäßräume und der mit Giftstoffen beladene Schweiß sucht hurtig das Weite.
»Mama, meine Ohren klingeln und mir wird ganz warm ums Herz«, erstattet das Mädchen mit fieberheißem Köpfchen Bericht.
»Ruhe jetzt! Zudecken und schwitzen, dass du mir ja nicht in den Zug kommst«, ermahnt fürsorglich, aber bestimmt die Mutter, während sie die Füßlein der kleinen Patientin mit essigsaurer Tonerde in Beschlag nimmt.
»Nein. Ich will nicht zum Zug. Ich will hier bei dir bleiben«, jammert sich die Kleine unter ihre Bettdecke in einen wohligen Schlaf, aus dem sie dann am nächsten Morgen gestärkt wieder als Tagessiegerin hervorgeht.
Dieser in meinem Lebensmusterkatalog als positiv gespeicherte Erfahrungsmoment hat mich bis heute schützend begleitet und die kräftigenden und herzhaften Suppen sind als Überlebenssuppen zu meinem Lebenselixier geworden. Von diesen Kraftquellen, die sich im Laufe der Jahre durch viele neue Rezepturen mit überraschenden Bandbreiten und Variationsmöglichkeiten als Hauptmahlzeit und Wohltat für Seele und Körper auftaten, möchte ich Ihnen erzählen. Lassen Sie sich verführen, mit mir zu zaubern und zu partizipieren. Meine Familienmitglieder, Freunde, Nachbarn und Kollegen haben sich schon oft mitreißen lassen und sind so zu überraschenden Erkenntnissen gekommen. Mit herzhaften Suppen löffeln wir uns gesund.

Meine kleine Kräuterphilosophie

Das ganze Universum hat nur ein Ziel, die Gesundheit des Menschen zu erhalten. In allen Geschöpfen, den Tieren, den Vögeln, den Fischen, den Kräutern und den Fruchtbäumen liegen geheimnisvolle Kräuter verborgen, die kein Mensch wissen kann, wenn sie ihm nicht von Gott, dem Schöpfer selbst offenbart werden.«

Aus diesen tröstlichen Worten Hildegard von Bingens, Äbtissin, Kräuterpäpstin und Visionärin des Mittelalters, spricht für mich sehr viel Wahres. Ich bin über die Jahre eine große Verehrerin ihrer weisen Thesen geworden, die sie in ihren beiden Werken vertritt: in »Causae et curae« (Über Ursache und Behandlungen von Krankheiten) sowie ihrem zweiten Buch »Physica«, das sich den Arzneimittelschatz der ganzen Schöpfung zum Thema gemacht hat. Der elementare Mensch steht als Mikrokosmos und Repräsentant der vier Elemente, Feuer, Luft, Wasser und Erde, in einer permanenten Verbindung mit dem elementaren Makrokosmos und sollte sich mit einer göttlichen Ordnung des Schöpfungsprinzips im Einklang befinden. »Jedes Geschöpf ist mit einem anderen verbunden und jedes Wesen wird durch ein anderes gehalten«, so die Worte aus der Elementarlehre von Hildegard von Bingen, die bei ihrem Auftauchen in meinem inneren ätherischen Dunstkreis einen starken Widerhall gefunden haben. Schon seit meinem zwölften Lebensjahr glaube ich daran, dass meine Werke und Worte Auswirkungen auch auf den Makrokosmos und sogar auf die elementare Mischung im positiven, aber auch im negativen Sinn haben. Jede geistige Unreinheit beschmutzt das ganze Umfeld, und sei es auch nur ein schlechter Gedanke. Und das Wort ist mächtig, sobald es seine Bahn im molekularen Fluss des Lebens zieht. Fazit: Für mich gibt es keine Lüge, und so manch angebrachte Notlüge hat mich in der Vergangenheit in arge Bedrängnis gebracht. So trag ich halt weiter mein Herz auf der Zunge, mache halt nur den Mund nicht mehr so oft auf, außer zum Atemschöpfen. Mit Hildegard von Bingens Elementarlehre vom relativen Säftegleichgewicht operierte schon in den 70er-Jahren mein Mentor, ein lebensfroher und weit gereister Astronom, Astrologe, Humorist und Ganzheitsmediziner, dem ich als Meisterschülerin wissbegierig zur Seite stand. »Wessen Körper sich im Fließgleichgewicht befindet, fühlt sich gesund«, predigte dieser Medizinmann und sog gleichzeitig genüsslich an seiner geliebten schwarzen Havanna. »Ich spreche aber nicht von der zur Schau getragenen Gesundheit der wellnessenden Fitnessapostel«, paffte er durch seine Zigarre hindurch zu mir herüber.

»Ja, und was ist, wenn es nur noch Fitte und Gesunde gibt und alle Menschen, wie propagiert, über 120 Jahre alt werden?«, schmiss ich ihm jetzt zurück. Wenn all die Chirurgen nichts mehr zum Verschneiden hätten und die Betten in den Krankenhäusern leer stünden ob der ganzen Volksgesundheit? Mit 40 zum Grufti, mit 50 zum Komposti und mit 60 von der familienentwurzelten Gesellschaft im Jugendwahn zum Verwesi-Fossil degradiert, was würde man den 60- bis 120-jährigen Gesunden für einen Bären aufbinden, wie sie dann in das soziale System einbinden, frag ich mich? Selbstbestimmte Lebensqualität im freien Raum der geschützten Persönlichkeit? A dream comes true. Sie alle sollte man auf eigene Kosten in die Dritte Welt schicken, damit sie bei freier Verpflegung Entwicklungshilfe leisten, ehrenamtlich natürlich, war der Vorschlag eines Gesundheitspapstes bei einem Fernsehinterview vor ein paar Tagen. Ich glaube, man würde sich schnell wieder Krankenpotenzial anschaffen, koste es, was es wolle. Die gute alte Pest goes west, haben Sie es schon vernommen? Eine ungeordnete Asymmetrie in den Vorgängen des gesellschaftlichen Stoffwechsels von Gold zu Uranium, von Seele zu Brieftasche macht's schon wieder möglich. Alle chemischen Reaktionen in mikrobiologischen Staatssystemen werden von eingeschleusten Enzymen katalysiert, die in Millisekunden per Bildschirm Substrate zu Produkten umsetzen. Molekulargenetik im Gespann mit Bioethik auf dem Weg in die so schöne neue Welt, wen wundert's da, dass sich das Gedankengut von Hippokrates' Naturheilkunde wieder sehr stark als Geheimauftrag der biologischen Mutter Natur durchsetzen muss, um die Regulierung der fehlerhaften Körpersäfte wieder in Angriff zu nehmen?! Die von Robert Virchow vor etwa 100 Jahren begründete Zellularmedizin, die die These vertritt, dass in der Veränderung der einzelnen Zellen eines Organs die Ursache für eine Erkrankung zu suchen sei, und damit operative Entfernungen nötig machen oder Entzündungen mit allopathischen Mitteln nur weggedrückt werden, wird mehr und mehr von der alten These Hippokrates', dass das Milieu, in welchem die Zellen eingebettet sind, für eine gesunde Funktion eines Organs oder Gewebes maßgebend sei, verdrängt. Ein Heilpraktiker bringt

einen Vergleich mit einem Fischaquarium, den ich sehr bezeichnend finde: »Ein Fisch kann nur so lange gesund sein, wie das Wasser, in dem er schwimmt, die korrekte Zusammensetzung und Temperatur hat. Verändert sich das Milieu im Aquarium zu stark, erkrankt der Fisch.« Ebenso erkranken die Zellen und Organe, wenn das Milieu nicht mehr stimmt. Diesen Tatbestand kann man sehr gut auf das menschliche Miteinander übertragen. Das Milieu fällt um und wird sauer. Wir alle sind einfach zu sauer, nur noch sauer. Stress erzeugt Säure, Nikotin hinterlässt Säure im Organismus, Weingenuss im Übermaß hinterlässt Gerbsäure. Fastfood verdaut im sauren Bereich, Nudelgerichte mutieren zu Sauerteig, alle Süßigkeiten werden mit zu Säure gespalten. Tomaten, Löwenzahn, Mangold und Zitronen zum Beispiel hinterlassen dagegen die basischen Elemente und wenden das Blatt. Eine natürliche Balance zwischen saurem und basischem Milieu ist für eine Ausgewogenheit der Körpersäfte notwendig und diese überträgt sich auch auf die seelische Befindlichkeit. Durch die Polarität des existenziellen Lebensrhythmus ist es zwingend, sich auch die bitteren Seiten des Lebens, im chemischen Bereich dokumentiert durch die basischen Anteile, einzuverleiben. Doch die militante Aufforderung der Media-Führungsgremien zum permanenten Megaglücklichsein lässt vor allem der jüngeren Generation durch eine negative Wertung keinen natürlichen Zugang zu ihren melancholischen Kanalsystemen. Aufhellen, Ablenken und Zerstreuen um jeden Preis. »Wer hoch fliegt, muss auch tief landen können«, so philosophierte meine Mutter immer. Doch die Helikopter-Generation hat keine Zeit und Muße, von einem hohen lichten Gipfel ins dunklere tiefe Tal hinabzusteigen. Vergeudete Zeit ist verschwendetes Geld. Die strenge Herrschaft der Uhr, unserer digitalen Schrittmacherin, bestimmt den Rhythmus unseres Lebensrads und wenn wir die täglich neu geschenkten 24 Stunden dem gefräßigen Gevatter Stress in den Rachen stecken, kommt die bescheidene Base Stille oft gar nicht mehr zum Zug. Auch die gute Schwester Freizeit wird durch ihre unrastigen Brüder Termin und Hektik oft ihrer Vergnüglichkeit und Muße beraubt. Aber ich bin guter Dinge, dass auch hier der zeitbezogene Sexus hexus monetas nach den Bestimmungen des kosmischen Fahrplans das Zepter bald in eine neue spirituelle Verantwortung einer geistigen Mutterschaft legen muss, ja vielleicht schon gelegt hat. Unsere Jugend tanzt einstweilen in den Technopalästen ab, um außer sich zu gelangen, die unterbeschäftigten Körper zum ekstatischen Erschöpfungszustand zu treiben und damit der propagierten Ratio ein Schnippchen zu schlagen. Da werden die körpereigenen Morphine nur so über die Schweiß-

rinnsale ausgeschüttet, die Muskeln gestählt und der ewig quengelnde Semmelgeist muss für eine Auszeit auf die Reservebank. Das ist gesund, Leute, wenn nur nicht diese synthetischen Gehirn-Irrlichter wären, die eine ekstatische Sensation ankündigen, dann aber oft in ein ganz anderes Programm abgleiten. Aber auch da bin ich mit einem großen Vertrauensbonus aus meinen Erkenntnissen, die ich im Laufe meiner Arbeit als medizinisch-diagnostische Assistentin im Labor gewonnen habe, ausgestattet. Der intelligente Personal Computer wird seine verlorenen Daten und Hausprogramme, wenn nötig, schon wieder herstellen. Wie gesagt, ich glaube an eine intensive geistige Kraft und ein göttliches Schutzschild, das über jedem Menschen schwebt und wirkt, vorausgesetzt, die Zielrichtung des Lebensmottos ist auf der Basis einer vitalen Triebstruktur auf ein lebendiges und visionäres Lebensmuster ausgerichtet. Auch ich habe mir schon, zur Verwunderung meiner Tochter, einige Nächte im Techno-Transkastanien-Land hüpfend und springend um die Ohren geschlagen. Und die Kids kamen aus dem Staunen nicht mehr heraus. »Unsere Marianne stampft mit uns im Laserregen, das ist ja megacool«, amüsierte sich ein Musterknabe königlich.

»Na klar, Jungs«, schmettere ich über die hämmernden Bässe. »Ihr kommt ja auch in meine Filme, da muss ich doch an der Basis auch euch die Ehre erweisen, euch zuschauen, fühlen und lernen zu verstehen.« Die angebotenen Speeder schlug ich dankend aus und dem diktatorischen Diskjockey verweigerte ich die zigmal abgerufene Armhoch-Arie standhaft. Meine körpereigenen Morphine wollten sich nur so ausschütten vor Freude, aber nach durchtanzter Nacht, sprich durchwandertem Morgen war das Sägebrecht'sche Flusspferdelchen stattlich müde und die Muskeln spielten auf zum Krampf. »Take Ypsonsalt and baking soda. One to four, if you want to change the overdosis of your acid system in a natural basic-acid background«, gab mir eine liebe Indianersfrau, die Hausperle eines guten Freundes in New York, mit auf den Weg. Diese Mischung von Magnesiumsulfat-Pulver von 20 Gramm in Kombination mit Natriumbikarbonat-Pulver von 80 Gramm, von meiner Apotheke in kleine Briefchen gefüllt, wirkt wahre Wunder.

Ein mir befreundeter Arzt aus Nürnberg hat all die Wirkungen in einer Studie zusammengefasst: Geben Sie die gerade beschriebene Mineralsalz-Mischung ins Bad, 100 Gramm für eine Badewanne, und legen Sie sich mindestens für eine halbe Stunde in diese heilige Brühe. Die in der Muskulatur angesammelte Milchsäure und alle anderen Übersäuerungen des Organismus werden bis zum nächsten Morgen neutralisiert. Leber und Niere werden entgiftet. Ihre Haut mutiert zu einem Riesenpfirsich und das Magnesium rast sofort los und füttert die hungrigen Zellkerne. In Kombination mit einem astreinen Vitamin 12-Extrakt, jetzt haben wir auch die dritte Ebene im Visier, setzen Sie dem Akt noch das Krönchen auf. In die Badewanne selbst lege ich mir noch immer einige Kieselsteine, denn Steine symbolisieren das männliche Yang-Prinzip, zusammen mit dem Element des Wassers, das im Yin-Prinzip seine Heimat hat, ist dann auch dieser Yin-Yang-Kreis harmonisch geschlossen. Die Anwendung von Wasser in vielen Variationen ist für mich die beste Medizin. Und Dr. Kneipp mein bester Berater. Wasser ist Leben. Ich lebe auch an einem Fluss. Der Fluss wird zum Strom, der Strom ergießt sich ins Meer. Ins Mineralbad steigt Marianna einmal wöchentlich, am besten vor dem Schlafengehen, und heraus kommt jedes mal ein Menschlein wie neugeboren. Ob Migräne, Schlaflosigkeit, Hautausschläge, Allergien und die ganze Palette der Leber- und Nierenschwachpunkte, bei all diesen Symptomen konnte eine Erleichterung erzielt werden, von wahren Wundern will ich hier gar nicht berichten, aber auch sie haben stattgefunden und Menschen und deren Familien Glück gebracht. Das ist ein Bad, das in der Zusammensetzung etwa dem Eintauchen in die Mineralsole des Schwarzen Meeres gleichkommt. Die Mixtur für ihr Wohlfühlbad ist nicht teuer, deshalb müssen Sie einfach bei Ihrer Bestellung dem Stirnrunzeln Ihres Apothekers mit einem entwaffnenden Lächeln begegnen, oder Sie berufen sich ruhig auf mich.

Natron, das altbewährte Hausmittel, hat ja schon auf den Küchenregalen unserer Urahnen ein Standbein platziert und ist aus der Hausapothekenkajüte meines Lebensschiffs nicht mehr wegzudenken. Dieses fleißige Mädchen für alles macht den Bohnen im Topf weiche Knie, dem Zahnbelag zeigt es die Tür, und der penetrante Fußschweiß, der sich im Stiefel häuslich eingerichtet hat, weiß nicht mehr, ob er männlich oder weiblich ist, wenn er von ihr in die Schranken verwiesen wird. Die nach oben kletternde vorwitzige Magensäure bekommt von Natrona einen kräftigen Stüber und liegt bereits nach fünf Minuten k.o. im Magengrund. Nach stressigem All-

tag und einem oder zwei Gläschen Wein zu viel nehme ich vor dem Schlafengehen eine halbe Tablette Kaiser-Natron. Und über Nacht fuhrwerkeln die Natronheinzelmännchen in meinem Körper herum, bauen Harnsäurekristalle ab und verwandeln Sauregurkenzeit in Milch-und-Honig-Momente. Ein klarer Kopf sitzt am nächsten Morgen auf einem ausbalancierten Körper, vor allem nach einer munteren Frühgymnastik kombiniert mit einer kräftigen Dosis Sauerstoff. Ich kombiniere meine Übungen zum Beispiel mit musikunterlegten Stallkehr-, Laubrech- und Wiesenmäharbeiten. So habe ich dann zwei Fliegen mit einem Löffel Honig gefüttert. Der rhythmische Bewegungsgleichklang des Kehrens, ich liebe diese Arbeit, ich kehre alles, Wege, Einfahrten, Terrassen etc., wird zu einer Art Meditation. Sehr gerne kehre ich auch mein Innerstes nach außen. »Mutti, das tut man nicht in solchen Zeiten«, ermahnt mich dann mein Töchterlein. Umkehren, Einkehren, Wiederkehren, die Kehrseite der Medaille. Kehraus zuckt's dann durch den Raum und Daniela seufzt tief: »Japanische Mönche kehren den Waldboden, als Demutsübung sozusagen.« Da musste ich schmunzeln, als Doris Dörrie dieses kleine Rumor, das sie bei Dreharbeiten in einem japanischen Kloster mit ins Reisegepäck nehmen durfte, in einer Talkshow zum Besten gab.

Wo hat mich denn meine Begeisterung für Mineralsalze jetzt nur wieder hinverschlagen? Ich kam jetzt aber total von der Pflanzen-, sprich Kräuterkunde ab, meinen Sie? Ich meine, wir sind doch mittendrin im ganzheitlichen Themenkreis. Die merkurischen Salze sind ja das Endprodukt eines dreidimensionalen Prozesses zwischen Pflanzenkörper, Seele und Geist. Durch reinigende Feuer in Urzeiten wurden Pflanzen zu Asche und diese verwandelten sich dann wieder zu Salzen. Trennung und Wiedervereinigung als Grundgesetze der Pflanzenwelt und in der ganzen menschlichen Natur. Im Rohzustand verkörpert die Pflanze den erdigen, sprich animalischen Teil. Durch Destillation oder Gärung zur Öl- oder Alkoholgewinnung wird der Lebensgeist der Pflanze freigesetzt. Die durch das Feuer umgewandelten Salze rechnet man dem seelischen Bereich zu. So würde sich also der astreine Rohkostfanatiker dem geistig-seelischen Anteil und sinnlichen Aspekt seiner pflanzlichen Ernährung verweigern und sich ausschließlich auf die nützliche animalische Stillung seines Hungers beschränken. »Mit einer beschaulichen und besinnlichen Lebenseinstellung die Seele und den Körper im Gleichklang halten, sein vorgegebenes Schicksal annehmen und konstruktiv verantwortlich mitgestalten im Vertrauen auf eine göttliche Ordnung«, so hat mein geistiger Ziehvater, der Ganzheitsmediziner und Philosoph immer gesprochen. Bewusst leben heißt nicht nur gepampert und gehätschelt werden. »Leben ist auch Kampf ums Überleben«, meinte er genauso überzeugend. Wem sagte er das!
Also, auf der einen Seite die Vitamine, Mineralstoffe und Metalle im richtigen Quantum halten, andererseits den Körper mit ruhigem Gewissen mit bestimmten Giftstoffen, wie Bienengift, Selen, Quecksilber, Schlangengift konfrontieren, um das Abwehrsystem des Immunapparates aufzuwecken und mehr und mehr zu trainieren. So hallen seine Worte noch immer in meinem Ohr. Bloß die hauseigenen Chemiker nicht durch gesunde, aber einseitige Kost einsilbig werden lassen. Die Herrschaften wollen gefordert und mit pfiffigen Kontraindikationen wieder Herren der Lage werden.

»In der Woche zwei Hamburger schaden weder dir noch mir und bei erfolgreicher Verdauung haben wir wieder einiges dazugelernt«, meinte er lachend, wenn er mich in der Mittagspause mal mit einem Burger erwischte, den ich noch schnell auf dem Rücken zu verstecken versuchte. Doch Jahre später sind Kräuter und Gemüse aus meinem Alltag nicht mehr wegzudenken. Vom beruhigenden Anis über den aphrodisischen Muskat bis zum anregenden und stärkenden Ingwer, um nur einige meiner Favoriten zu nennen. »Einem jeden Wehwehchen ist ein Kraut gewachsen«, kommentierte meine Mutter immer. Wenn sie ein Stamperl von ihrem selbst gebrauten Petersilien-Elixier hinunterkippte. Das hilft wieder auf die Beine, sagte sie dann immer leicht melancholisch, um sich wieder in ihr achtzehnstündiges Tagwerk zu stürzen.
Ein guter Freund in New York versuchte meine Vorliebe für eine stattliche grün strotzende Majoranpflanze auf meinem Schoße zu deuten. »Diese Pflanze ist ein Anti-Aphrodisiakum und schränkt die sexuelle Begierde ein. Sie ist wohl eher bei Nonnen und Mönchen angebracht als bei Menschen mit Lust im Leibe«, hielt er vor einer Gruppe von Lustknaben sein Referat. Meine gedemütigte Pflanze und ich rückten noch näher zusammen. So selbstbewusst war sie, als ich sie beim Morgenbummel auf einem kleinen Blumenmarkt an der 37sten Straße, neben Salbeikollegen auf einen Kunden wartend, erwarb. »Meine erwählte Pflanze wärmt wenigstens Körper und Seele. Aber für euch zählt ja nur ein sportgestählter Muskelprotz und die einzigen Pflanzen, die durch eure Hirngänge geistern, sind Coca- und Tabakstauden. Und anstatt Lauch schreibt ihr euch doch nur wieder das Wort Dildo hinter die Ohren.« Sprach's und verließ hocherhobenen Kopfes, meinen Seelenbruder Majoranus fest ans Herz gedrückt, die hysterisch hinter mir her lachende Truppe der Soldaten der Liebe, um im Central Park auf einer gemütlichen Sonnenbank eine Tirade auf den Scheitel meines herzhaft duftenden Begleiters herunterzulassen. Was wissen denn diese nur an Sex and Drugs and Rock'n' Roll und an geliehenen kurzen sexuellen

Momenten interessierten Pimpfe von den Kräutergeheimnissen der Babylonier und Hebräer, von den heilkräftigen Pflanzen und dem Wissensschatz der Indianer, von Hippokrates, der schon 400 vor Christus seine Leuchtspur über die Erdkugel zu ziehen begann, von dem griechischen Arzt Dioskurides, der in seinem Werk »De Materia Medica« 500 pflanzliche Heilmittel vorstellte. Die von mir so verehrte Äbtissin und Seherin aus dem 12. Jahrhundert, Hildegard von Bingen, eine Verfechterin der kosmischen Ganzheit, und der Franziskanermönch Bartholomäus Anglicus, der Hunderte von Kräutern erkundet und in seinen Abhandlungen katalogisiert hatte, waren ihnen bestimmt Fremdwesen. Dass die römischen Legionen ihre Lieblingskräuter Thymian, Rosmarin, Koriander, Kerbel, Dill, Minze, Fenchel, die Zwiebel, den Lauch, den Knoblauch und mein geliebtes Majoran-Wunderkraut bei ihren Eroberungen durch Europa zur Stärkung mitnahmen und den Bezwungenen beziehungsweise den Frauen als Liebespfand zurückließen, davon weiß doch diese illustre Meute vom 11th Floor nichts, nothing. Dass ich mich auch so ereifern musste. Auf meinen armen Majoran, der sich schon ganz klein machte, hatte ich schon ein paarmal feucht herunterlamentiert. Sogar der Sonne wurd's zu viel, sie hatte sich verzogen, und mein Magen knurrte. Da hatte ich doch tatsächlich mein Rührei mit Pfifferlingen und Petersilie im Stich gelassen und neben meiner Kaffee-

tasse, die mit wohlduftendem kolumbianischen Gebräu aufgefüllt war, stand ein Schälchen mit feinstem Ahornsirup aus Pennsylvania für mich bereit, um sich auf frisch gebackenes Baguette streichen zu lassen.

So, nun weg mit dem Isegrim, hinein in den Elevator und samt Majoranstock wieder hinauf in die Arena. Und vor allem hinunter mit dem Ärger und hinein mit dem Spätstück. Mit liebevollem Applaus wurde die Ausreißerin wieder in der männlichen Freundesrunde aufgenommen. Man hörte und staunte. Da wurde gefachsimpelt, was das Zaumzeug hielt. Ulli war in seinem Element: »Nachdem die Römer ihr heiliges römisches Imperium vor ihrem ungläubigen Auge wieder auf ein gesundes Maß zusammenschrumpfen sahen und sie sich wieder hinter die alten Grenzen zurückziehen mussten, machten sich halt die Alemannen ihre wertvollen Erkenntnisse zunutze und förderten durch das christliche Mönchstum der Benediktinerorden die nützliche Breitseite der römischen Gartenkultur«, wusste er zwischen Champagner und Käseomelette salbungsvoll zu berichten.

»Ja, und Karl der Große hatte in seiner Landgüterverordnung 73 Kräuter- und Gemüsearten erlassen und zum sinnvollen Anbau in Sommergärten empfohlen. Die Benediktinermönche übernahmen dann diese nützlichen Vorschläge. Sie pflanzten die auserkorenen Zöglinge in speziell angeordneten Beeten in ihren Klostergärten an. Sie standen ehrenamtlich den Armen und Kranken bei, auch dafür wurden die Heilkräuter benutzt«, gab nun Mario, der Landschaftsgärtner, wie ich später erfuhr, seinen Kräutersenf dazu.

Ich war baff. Unterhielt man sich ja sonst in dieser Runde nur über wohlgeformte Hinterbacken, megageile Tanzschuppen, unglaubliche Liebschaften und verunglückte Aktienpakete. War das schön, den Früchten des vor einer Stunde eingepflanzten Samenkorns Bewunderung zu zollen und nun meinerseits zu lernen.

»Ja, ja unsere Benediktinis und das frivole Beifußpflänzchen«, mein-

te nun Marios Freund Ricardo, der Friseur, spitzbübisch und dabei seinen Romeo in die Backe kneifend.
»Ja, ohne unsere heiligen Brüder gäb's heute keine Wermutbrüder, denn sie brachten die Wermutpflanze zu hohen Ehren. Und dann wollte sie mal wieder zu hoch hinaus. Ja, ja wer sich erhöht ... wird erniedrigt«, deutete Ricardo unmissverständlich auf das allerheiligste Zentrum seines G'spusis und beide fingen an hysterisch zu lachen und sich zu küssen.
»Die römischen Legionäre waren ja auch mit Tollkirschen bestückt«, brachte nun Ulli aufs Tablett.
»Wo haben sie diese nur getragen?«, äffte Ricardo gespreizt und man lachte sich halbtot.
»Und das Eisenkraut haben wir ganz vergessen«, brachte sich Ulli wieder ins Spiel.
»Das hat man nach Alemannia und nach England gebracht«, wusste ich einzuwerfen, »dort hat es dann Wurzeln geschlagen und ist in Gestalt der Eisernen Lady, Margaret Thatcher, zu menschlicher Form aufgelaufen und der permanent Raketen abschießende Tony aus Great Britain hat wohl schon mit der Muttermilch zu viel Eisenkraut eingesogen. Ach Jungs, mich kraut's vor euch!« Meinen Joke hatte wegen meines Esperanto-Englisch leider niemand verstanden.
»Wisst ihr was«, schlug Ulli bestens gelaunt der Gastrunde vor, »wir fahren jetzt alle schnurstracks zum Getty-Museum, dort ist nach dem Vorbild eines Pompejer Palastes dessen Kräutergarten originalgetreu nachgebaut. Lasst uns gleich eure Reservierung tätigen«, hob er begeistert den Telefonhörer ans Ohr. »Das ist ja eine Weltreise«, meckerte Ricardo, und auch die anderen konnten sich mit dem Gedanken, mal eben von New York nach Malibu zu jetten, gar nicht anfreunden. War ja auch nicht so gemeint, denn Ulli, unser Überflieger, hatte mal wieder Raum- und Zeitkonstellationen durcheinander gebracht. Man einigte sich stattdessen, die Fähre nach Staten Island zu nehmen und sich vom knackigen Industrie-Outfit des kleinen Inselstaates anzuturnen und sich von Gevatter Wind die

müden Häupter wieder auf Vordermann bringen zu lassen und natürlich nach attraktiven Zeitgenossen um die Ecke zu lugen. Meine Gedankensplitter über unsere Seefahrer, die uns die gute Kartoffel, den Kürbis und die Paprikapflanze im Reisegepäck mit nach Europa brachten, und die Kreuzritter, die uns schon zu damaligen Zeiten mit Gewächsen des Orients, wie Ysop und Schwarzkümmel, bereicherten, sowie meine Lobesrede auf die Ingwerpflanze, die sich noch vor den aufgedrehten Herren der Schöpfung ausbreiten wollte, wurden glatt in den Wind gesprochen. Beim Passieren des sich an der Reling herzenden Liebespaares Mario und Ricardo fetzten mir die Worte Ricardos um die Ohren: »Das Vorhandensein eines Gartens sollte nicht durch Pflanzen legitimiert werden.«

»Hm«, dachte ich erschreckt.

»Pflanzen sollten einfach dem Garten nur als Schmuck dienen, wie das ja bei unserem Haar und seinem Herren auch der Fall ist«, flötete er gegen den Wind. Mario fütterte eine Taube und meine Nackenhaare probten schon wieder den Aufstand. Wir sind so frei heute, winkte die berühmte Statue herüber, keinen Kleinkrieg, Frau Sägebrecht, wo bleibt die Toleranz? Wegen Pflanzen und Gewürzen wurden schon genug Kriege geführt.

»Vivat! Ein Hoch auf das Leben«, jubelte Ulli, der mein Stimmungstief wohl bemerkt hatte, und wirbelte mich durch die Lüfte. Die Skyline von Manhattan, damals noch unangetastet, wurde kleiner und kleiner und mein Herz wieder weit und froh im Kreise meiner fidelen Seelenbrüder.

Knoblauch

Allium sativum

»In meinen Filmgeschichten verkörpere ich das Knoblauch-Element«, sprudelt es schelmisch auf das überstrapazierte Tonband eines Journalisten. »Hingebungsvoll verbindet der Knoblauch zum Beispiel ein schüchternes Liebstöckel-Mimchen mit einem wortkargen Oregano-Haudegen und spornt die beiden zur Ausschüttung von ungeahnten Lebenssäften an«, schwelge ich über meinen Knofel-Liebling in den höchsten Tönen.

»Ja, ja«, meint lakonisch mein blitzgescheites Gegenüber. »Knoblauch mag man oder man mag ihn nicht. Lassen Sie uns jetzt lieber wieder in die Filmwelt eintauchen, Zelluloid ist hier angesagt, gnädige Frau. Ist es wahr, dass ihre Beine bei Dreharbeiten wegen Zellulose, Zellulitis meine ich natürlich, gedoubelt werden müssen?«, sarkastelt er.

Jetzt hat die Minute der Wahrheit ihren großen Auftritt: Ich zwinge den ungläubigen Thomas, mit seinem angespitzten Zeigefinger auf meinem steinharten, muskulösen Oberschenkel eine Probe aufs Exempel durchzuführen. Schamröte zieht auf seine Bäckchen und die ersten Schweißperlen reihen sich in Stirnbandhöhe auf.

»Ja, und das alles auch dank Knoblauch«, rühme ich meinen geliebten Busenfreund.

Bei dem letzten Wort zuckt der Herr der Schlagstöcke, entschuldigen Sie, Schlagzeilen natürlich, merklich zusammen. Durch seine schmalen Lippenstege kommt keine Olive mehr.
Ich ignoriere schamlos diese delikate Ausgangsposition und fahre einfach fort wie schon so oft: »Wissen Sie, der Knoblauch ist auch noch ein kostengünstiger Putzmann. Die Wände der Adern, der Venen und des Darmtrakts hinterlässt er blitzeblank, und das ohne Trinkgeld. Eingedrungene Viren-Bataillone verjagt er mithilfe seiner Söldner-Truppe mit einem großen Kollektiv-Puster. ›You can get a desinfection, babe!‹, schmettert er dann carusohaft ins Manegenrund. Das veranlasst sogar all die Grafen Dracula samt ihrer Fledermaus-Bodyguards, in ihre düsteren Verliese zu flüchten.«
Mein Zuhörer von Berufs wegen mag oder kann jetzt anscheinend meine gedanklichen Botenstoffe geistig nicht mehr verdauen. »Also, über mein verehrtes Hollywood mit Ihnen heute zu plaudern, das müssen wir ja wohl lassen«, müffelt er in seinen Bartkragen. So eilig hat er es bei der Verabschiedung, dass er noch beinahe das hochschwangere Tonbändchen mit meinem Interview vergisst.
Der Herr hat das Weite gesucht, so gehe ich halt wieder auf Tuchfühlung mit meiner angebissenen, schmackhaften Dinkelnussbrot-Stulle, auf der sich auf sonnengelber Butterliege wohlgeformte rohe Knoblauchscheibchen neben frischem Schnittlauch-Gehäcksel in illustrer Gesellschaft mit Pfeffer, Salz und Muskat ein Stelldichein geben. Potzblitz, zwängt sich da eine Erleuchtung vor den nächsten herzhaften Biss. Meine Knoblauchfahne hat ihn in die Flucht geschlagen. Das war bestimmt ein Vampir im Tarnanzug. Aufregen, Blut in Wallung bringen, und dann, aussaugen, ausquetschen bis auf den letzten Tropfen. Das hätte ihm so gepasst, dem Hämoglobin-Kollektor. Blitzpotz, weg mit der Rüstung. Marianna von Orléans, her mit einer Armee von Knoblauchfahnen und alle Blutsauger treten die Flucht nach hinten an. Hoffentlich bin ich dann zu dieser Zeit auch wirklich vorne mit dabei. In meiner Küchenmeile ist mein Knofi, so nenne ich ihn zärtlich, ein gern und oft gesehener Gast. Er

tummelt sich in meinen Suppen, tanzt zwischen den Salatblättern und suhlt sich ungeniert in vollmundigen Saucen. Schon mein gelehrter Großvater hielt große Stücke auf ihn. Prall und saftig sollen seine Zehen daherkommen, dann spielt es keine Rolle, ob der Verführer aus Rumänien, Italien, der Türkei oder aus den eigenen Landen kommt. Zu einem Gänseliesel-Kunstzopf wird er von mir geflochten und dann liebevoll an der Küchenwand oder -decke drapiert. Oder in einem alten handgetöpferten Tongefäß aus Sizilien gelagert, das nach Urlaubsrückkehr meiner Tochter und Familie den mitgebrachten, wildwürzigen Knoblauchgesellen aus den südlichen Gefilden als Wartehäuschen dient. Täglich verschwindet mindestens eine Knolle mit zwölf Zehen, und zwar auf Nimmerwiedersehen, aber auf Wiederriechen. Haben Sie eine Möglichkeit, Ihre Knoblauch-Pflanze selbst anzubauen? Mir ist es schon gelungen. Starten Sie dieses Unterfangen zum Frühjahrsbeginn. Stecken Sie mutig ganze Zwiebeln im Abstand von etwa 20 Zentimeter in die Erde. »Nicht tiefer als drei Zentimeter setzen«, höre ich die Stimme meines Großvaters. »Wie die Soldaten, immer in Reih und Glied«, moserte ich dann immer in mich hinein und riskierte einen wilden Reigen-Abstand. Die von ihm angewiesene Ecke verschmähte ich

und platzierte meine Knollen heimlich zwischen die Stiefmütterchen in den Halbschatten unter dem großen Fichtenast, der vorwitzig in den Gartenanteil hineinragte, abnadelte und die benötigten Sonnenstrahlen in die eigene Tasche wirtschaftete. Die Stiefmütterchen waren diese Behandlung ja schon gewohnt. Die erste Ernte des kindlichen Trotzkopfs im August fiel mehr als karg aus. »Die Natur gibt uns noch eine zweite Chance, wenn wir es gleich Anfang September noch einmal mit einer Pflanzung versuchen«, meinte Großvater versöhnlich. Aber vorher die Zwiebeln etwa eine Woche im Kühlschrank, nicht im Eisfach, darben und abkühlen lassen. Das wird sie später zu Höchstleistungen anspornen.
Also umgedacht, Opa, diesmal gehst du voraus. Vollsonniges Beet auserwählt, Erde vorher noch mit sattem Lehm gefüttert und im richtigen Abstand von 20 Zentimeter eingesetzt, ich mogele noch schnell ein paar kleine Ringelblumenpflänzchen dazwischen. Opa hat's nicht gemerkt und noch im monatlichen Ritus bei Neumond gedüngt. Augen trau, schau! Ende Oktober standen meine dienstbaren Geister der Sonderklasse stramm, strotzend vor Wachstumskraft im Zickzack und von meinen stattlich erblühten Ringelblumen bei bester Laune gehalten. Aber auch meine in der Nachbarschaft angesiedelten Cocktail-Tomaten haben aus der guten Symbiose Profit geschlagen. Es ging einfach allen saugut. »Glück gehabt, kleines Experimentier-Fräulein«, hatte Opa wohlwollend über meine Schulter argumentiert.
Aua, vor Schreck schnitt ich mich mit dem kleinen Küchenmesser, mit dem ich das grüne Krautkleid kappen wollte, in den Daumen. Die ersten roten Tropfen fielen auf meine weißen Sonntagsschühchen.
»Erst schneiden, wenn das Knoblauchkraut die trockenen Flügel hängen lässt, und dann die Knollen ans Tageslicht befördern«, korrigierte mich Großvater, während er, wie schon so oft, den Saft der flugs durchgeschnittenen Zehe einer reifen Pflanze auf meine Wunde träufelte. Dieses Heile-heile-Segen-Elixier und ein großes

Pflaster wirkten wahre Wunder. Bis in den heutigen Tag hinein desinfiziere ich so meine Schnittverletzungen, aber auch die hinterlassenen Kratzspuren nach einer fröhlich wilden Katzen-Spielstunde. Rutscht Vater beim abendlichen Rasurritual mal wieder die Hand aus, dann legt er am besten schnell Knoblauchzehenscheibchen auf die blutende Stelle und Mutter soll nicht schimpfen und streiten, sondern trösten, und mit dem Rest der Scheibchen ihren Akne-Pusteln eine überfällige Abreibung geben.
Von den restlichen Zehen werden 2 geschält und mit 4 geschälten, mild aromatischen Mandeln in den Mixer gegeben, dazu fließt 1 EL feinstes Olivenöl, und ab geht die Post. Zu diesem Püree gibt sie ein Prise Zucker, 1 Prise Salz, 1 Prise gemahlenen grünen Pfeffer. Darunter hebt sie 1 EL Zitronensaft und 1 EL gehackten Schnittlauch; dieses Püree d'Amour wird auf ein Toastbrot gestrichen und in der Mikrowelle 2 Minuten erhitzt, in zwei Hälften geteilt und verspeist. Dazu ein Glas Sekt für Adam, ein Glas Sekt für Eva und schon sind die Streitwolken verzogen, ein langer Knofel-Gutenachtkuss und wenn Gott will, in neun Monaten …

Liebstöckel

Levisticum officinale

Der Volksmund kennt diese würzige Pflanze mit dem Geruch des Selleries als Maggikraut. Dieses Lieblingskraut meines Großvaters ist auch aus meinem Leben nicht mehr wegzumeditieren.

In meinen Suppen, Saucen und Salaten spielt es saisonweise oft die erste Geige. Für mich war diese Pflanze durch die Brille meiner Kindheitstage betrachtet eine Frau, denn so hingebungsvoll wie sie ist ja sonst keine. Ihre grünen, satten Blätter verschwinden im Kochtopf, landen auf Salathügeln, natürlich gehackt, und werden wie ein Krauttabak roh zwischen die Zähne geschoben. Wieder hatte ein pubertierender Teenie in meinem jetzigen Wohnort einen glimmenden Stängel zwischen die Zahnspange gepresst, wohin mit dem Nikotingeschmack?

»Liebstöckel kauen«, scherze ich dann immer, »ist ein Tipp von meinem Opa. Der Mundgeruch wird neutralisiert und entschärft. Der leicht bittere Geschmack muss halt in Kauf genommen werden, aber dafür dürft ihr danach knutschen, was der Büstenhalter hält«, schlage ich die Werbetrommel für meine Jugendfreundin. »Macht bloß keinen Marathon aus eurer Kussarie. Der liebe Stöckel stöbert auch versteckte Winde auf, die dann schnellstens das Weite suchen. Das Bauchzwicken hört auf und das Herzklopfen kann wieder das

Kommando übernehmen«, versuche ich die Jugendlichen lachend zu überzeugen.

»Ihre Geschichten sind wieder mal hahnebüchen, Frau Sägebrecht«, greift die zehnjährige Isolde frontal an und spuckt ihre fünfte Ration Liebstöckel in hohem Bogen auf die coole Schirmmütze ihres jugendlichen Schmusekaters.

»Bei erhöhter Dosis ist er auch harntreibend, sei nur vorsichtig, dass dir nichts ins Höschen geht«, beende ich mit einem Schmetterball dieses sonntägliche Match und entfleuche auf Schusters Rappen, um mit meinem Hund einen Spaziergang zu machen.

Das feuchteste Stück Boden im schattigen Reich unseres Bauerngartens wurde in meiner Kindheit von meiner Mutter schon immer für ihre »Große«, wie sie ihre Liebstöckelpflanze liebevoll benannte, reserviert, gegossen und besprochen.

Dafür bedankte sich dieses Gewächs mit einer stattlichen Größe von bis zu zwei Metern. Man konnte ihr einen kleinen Schemel unterstellen und sie als Sonnenschirm benutzen. Meine Mutter profitierte ebenfalls von ihrem Reichtum. Der pompöse Stängel wurde geschnitten und in Butter und Weißwein gedünstet, kurz vor Saisonende. Die Samen ihrer gelben, doldigen Blüten vermischten wir mit dem herrlich schmeckenden Brotteig, der in unserem selbst gebauten Backofen zur vollen Reife kam. »Das ist ein Doldenblütler«, sagte mein Großvater belehrend. »Also, ist es ein ER, kann sich der Gärtner mal entscheiden?«, stritt ich in Großvaters Gärtnerei, was das Grünzeug hielt, während dieser versuchte, meine Mutter von der zwingenden archäologischen Wurzelausgrabung nach drei Jahren und deren Verwertung, Geschmack und nahrhaften Eigenschaften zu überzeugen. »Wurzeln ausgraben, schälen und als Gemüse kochen, wie ein Kohlrabigemüse mit Muskat und Thymian, so was gibt's nicht alle Tage«, trumpfte er auf.

»Aber ich hab meine Tage, Vater, und da tu ich mir die Riesenarbeit nicht an. Das hätte vielleicht meine verstorbene Mutter Theresia getan, sich gleich niedergekniet und ausgegraben. Mit krummem

Buckel. Da müssen schon noch schlechtere Zeiten kommen, hörst mich?«, warf sie hämisch in die Gartenecke.

»Jetzt zupfst dir von den jungen Blättern eine Hand voll, aber nicht die von den blühenden Haupttrieben, das hilft bei Frauenleiden. Das haben schon die alten Chinesen gewusst. Aber nimm nicht zu viel, das hat schon oft eine Fehlgeburt gegeben.« Erschrocken hielt mein Großvater inne. Meine Mutter war schon auf dem Weg in die Kuchl.

»Da aromatisiere ich mir schon lieber meine Fischgerichte und Gemüsepfannen,«, schimpfte sie in sich rein und schlug die Tür ins Schloss.

Da stimmte die Chemie zwischen Großvater Franz-Xaver und Enkeltochter Marianne schon eher. Er versuchte der Kleinen die große Liebstöckelpflanze im Balkonkübel des Nachbarn ans Herz zu legen.

»Im Juni müsst ihr sie kräftig düngen und im Winter kräftig abdecken, Madeln.«

»Ja, ja« brummelte meine Mutter in die Petersilie, die sie gerade für mein gewünschtes Rührei mit Pfifferlingen abschnitt.

»Täglich ein frisches Liebstöckelblatt zerkaut und geschluckt, und die neue Liebste stöckelt bald über den grünen Steg«, proklamierte der bald 70-jährige blattkauend und rotbackig.

»Da käme ja dann in meinem Fall so ein stöckelnder neuer Liebster über die Luftbrücke. Da, wenn du mir nicht gehst, die Brücke wird hochzogn, aber glei«, antwortete meine Mutter und erbost spuckte sie ihr Liebstöckelblatt gegen den rauen Nordwind. Es landete auf meiner kleinen Hand und schwupp – hatte die kleine Marianne pfiffig das Zauberpflänzchen verschluckt.

Wer Jahre später über meinen Steg gestöckelt ist, verrate ich Ihnen an dieser Stelle nicht.

Petersilie und Schnittlauch

Petroselium crispum und Allium schoenoprasum

Auf dem Brett vor Mutters Küchenfenster hatte sich in meinen Kinderjahren eine Petersilien-Sippe, Modell krause Glucke, in emaillierten Tontöpfen eingerichtet. Feinste, satte Wiesenerde, von frisch aufgeworfenen Maulwurfhügeln abgezwackt, umgab ihr Wurzelwerk. Dazu noch Gießwasser, mit einer Hand voll Ziegenmist-Kügelchen aufs Feinste herausgeputzt, das war Mamas Geheimrezept. Die Kräutertopfböden hatte Mutter mit kleinen Tonscherben bestückt, damit die zu gut gemeinte Dosis Gießwasser das Areal über den Scherbensektor verlassen konnte. Mit einer Schnittlauchfamilie, die in einer alten, leckenden Gießkanne von mir auf die Fensterbank komplimentiert wurde, verstand man sich blendend. Sie gaben sich auch sehr bescheiden und bedankten sich zigmal gesenkten Hauptes, wenn sie unters Wiegemesser kamen. Über mangelnde Verpflegung beklagte sich niemand von der Sims-Kolonie. Hie und da flogen ein paar Eierschalen auf die Wurzelfüße und einmal wöchentlich durften sie im Kaffeesatz lesen. Der edle Spender war dann ich, nach Großvaters Gepflogenheiten. Einmal monatlich hagelte es Dung. Das tat dann Mutter Agnes mit geübter Hand. Ich wollte es ihr natürlich gleichtun, jedoch war meine Düngedosis ein bisschen »über«. Meine Schnittlauchkameraden konnten ganz schön was wegstecken, damit Mutter das

»Zuviel« nicht auskundschaftete. Die Petersiliens aber hatten viel zu schnell genug. »Wir sind ja schon so was von voll, nein danke, Fräulein Oberin«, tönte es bestimmt aus ihrer Ecke. Einen kleinen Nachschütt konnte ich mir oftmals jedoch nicht verkneifen. Ja, und dann schon ein paar Wochen später schnitt ich heimlich die gelben Pflanzenblätter mit meiner Nagelschere zurück. »Neuer Haarschnitt, neues Leben«, versuchte ich ganz ungerührt die paar verbliebenen in den Himmel ragenden Stiele vor dem entgeisterten Auge meiner Mutter schönzureden. »Der Opa hat gesagt, je mehr man schneidet, desto besser wachsen sie.« Ihr Blick war noch immer nicht freundlich gestimmt. Jetzt half mir nur noch eine meiner Ablenkungs-Abenteuergeschichten: »Du Mama! Stell dir vor, beim Metzger Huber haben die gleich einen ganzen Buschen Petersilie abgeschnitten und den Kopf von einem Hausschwein haben s' auch erwischt. Und jetzt haben sie dem abgeschnittenen Schweinekopf das Petersiliensträußerl ins Maul gesteckt und beides ins Schaufenster gestellt, damit niemand merkt, dass es das arme Schweinderl nicht mehr gibt. Aber dem Schwein hat das Kraut gar nicht geschmeckt, das hat ganz traurig geschaut, es wollte wieder zu seinem Körper zurück.« Schon stiehlt sich ein kleines, mir zu bekanntes Lächeln ins Gesicht meiner Erzieherin, aber nur ein kleines. Die Ärgerfalte über der Nasenwurzel bleibt, denn heute wollte sie Semmelknödel mit Petersilie auf den Tisch bringen. Also flüsterte ich hastig: »Du, stell dir vor, Mama, da sind zwei Männer gekommen und der eine hat gesagt, dass das Schwein so lacht, weil's gedacht hat, es wird fotografiert anstatt geköpft. Und dann haben sie gelacht und noch ganz schweinische Sachen gesagt. Aber ich hab gar nicht hingehört«, sagte ich mit Schweiß auf der Stirne. Mutter schaut jetzt ganz streng und will was sagen.

»Ich bin gleich weggelaufen«, komme ich ihr zuvor. »Aber vorher hab ich ihm mit dem Gummistiefel noch ins Schienbein getreten, weil er sich so lustig gemacht hat über das arme Schwein. Dann hat er mir hinterhergeschrien: ›Du Mistsau, du kleine. Ich glaub, mein

Schwein pfeift.‹ Und da hat er schon wieder gelogen, Mama. Das war ja gar nicht sein Schwein. Dieses Schwein war mausetot und so traurig.« Und weg war ich hinaus in den Garten.

Aber sonst ging's unseren Kräutern am Fenster sehr gut, es war ja nur für den Übergang, im Frühjahr durften sie ja wieder auf dem Balkon und in den Gartenbeeten ihre Plätze einnehmen. Die Sonne kam hie und da auf ein Pläuschchen vorbei und die Hauskatze machte täglich schnurrend ihre Aufwartung. Meistens war man danach ein paar Köpfe kürzer, Hauptsache, man wird begehrt, war das Lebensmotto der beiden Familien-Clans, da nahm man das Verschlungenwerden in Kauf. Na ja, die Auftragslage bei der Petersilien-Kompanie war doch erfreulicher. Mutter setzte sie überall ein: für ihre gerühmte Hühnersuppe, mein geliebtes Rührei mit Pfifferlingen und in ihrem sonntäglichen Semmelknödelteig. Aus 300 ml astreinem Wodka, den sie mit 1 Bund Petersilie, 1 Spritzer Zitronensaft und 1 walnussgroßen Stück Ingwer für 14 Tage ansetzte, und zwar im warmen Bauch des Wäscheschranks, machte sie sich ihr eigenes Kräuter-Likörchen. Nur 1 Glas davon täglich war erlaubt. Sie benützte das gewonnene Elixier als Badezusatz, ca. 150 ml auf 1 Wanne, oder als morgendliches, reinigendes Gesichtswasser. Auch als Kurextrakt einmal monatlich auf den Haarboden. Versuchen Sie es mal, Sie werden staunen! Bei so viel Lobhudelei war es ja kein Wunder, dass die Petersiliens ihre krausen Nasen ganz schön hoch trugen, vor allem im Hinblick auf meine von mir besonders geschätzte und geliebte Schnittlauchkolonie. Hatte ich sie doch bei einer geheimnisumwobenen Bachufersitzung durch mein gutes Näschen aufgespürt und nach herzhaftem Test, Schnüff und Biss samt Wurzelwerk und Marienkäfer ausgegraben und mit ihren wunderhübschen, rosa-lilanen Blütenkugeln in Mutters Schoß versenkt. »Sie hat Allium schön zum Prassen gefunden, ganz was Wertvolles«, meinte Großvater. »Schoenoprasum«, verbesserte Mutter, »dass dich der Unverbesserliche immer auf den Arm nehmen muss«, raunzte sie in sich hinein. Und schnipp – hatte sie meinen kostbaren natürlichen Blumenarrangements die Köpfe abgetrennt. »Damit die lauchigen Blätter nicht ihr Aroma verlieren«, erklärte sie, die mit beiden Beinen auf der Erde stand, ihrer jetzt weinenden Tochter. »Das ist unser guter, alter Schnittlauch, die treue Seele. Ein Liliengewächs«, bemerkte sie bewundernd. »Der trägt ganz viel Vitamin C in sich, ist sehr gut für die Verdauung und regt den Appetit an. Da kannst du danach ohne Probleme aufs Klo gehen. Der ist aber besonders satt und stark. Man darf ihn nicht mitkochen, nur kurz vor dem Anrichten darüber geben oder unterziehen.«

Diese stängeligen Blätter können bis zu 30 Zentimeter hoch werden. Sie sollten bei Reife aber ganz an der Basis abgeschnitten werden. Außerdem mit den Füßchen ins feuchte Nass und gut gießen. Sonst sind die Kerlchen ja ganz unkomplizierte, pflegeleichte und freundliche Weggesellen.

Einen Teil der Gruppe platzieren wir auf der Fensterbank, die anderen setzen wir später gleich zu den anderen Kräutern im Gemüsegarten, ist ja schon Mai. Hoffentlich wachsen sie an, sorgte ich mich, als ich mit meinem Quarkbrot, darauf die zerstückelten Schnittlauchgenossen, ahnungslos zu unserem Neuzugang ans Fenster trat. Das ungewohnte Bild ihrer geopferten Verwandten, ihr Entwurzeltsein, die zügige Kappung ihres Blütenstandes ohne Befragung und das bereitgestellte alte Wiegemesser hatte sie vor Angst fast mundtot gemacht. »Hinaus ins Freiland«, deuteten sie mit großen Bewegungen und flehentlichen Augen. Die Freigänger bekamen heute von Mutter einen Halbschattenplatz, dank meines Engagements, mehr war nicht drin. Die Sippe nahm die Herausforderung an und schlug Wochen später herrliche Wurzeln – eine jahrelange Freundschaft begann.

Der Geschmack unserer Kindheit ist die Heimat unseres Alters. Dieser Ausspruch, den ich in einem alten bayrischen Jahrbuch gefunden habe, spazierte durch meinen Kopf, als ich mich im April vergangenen Jahres mit meinen 56 Jahren auf dem Buckel kniend im Bauerngarten des erwählten Komposti-Domizils in der Holledau wiederfand. Eine Gruppe Petersilienstöckchen, krause und flachblättrige, von meiner Gärtnerfamilie schon zu naseweisen Teenagern hochgepäppelt, wartete nervös auf ihre Einbürgerung. Sie wollten partout die Parzelle neben den Weißkohls wie im letzten streitlosen Jahr. Darum hatte sich nun aber schon Stunden vorher die Schnittlauch-Familie beworben, da der herrlich feuchte und kalkige Boden genau ihren Lebensbedingungen entspräche. Da hatten sie aber die Rechnung ohne die Petroselinums gemacht. »Dieser Platz ist unser und das schon seit Jahren. Da sind schon unsere Vorfahren aufgewachsen«, tönt es siegessicher im Kollektiv. Nachdem

meine Vorbewohner den Garten durch Zauberspruch und Allefünfe-gerade-sein-Lassen in Brachland verwandelt hatten, musste ich die Reviere neu vergeben. Da hatte ich mich wieder auf was eingelassen, und das bei meinem schwächelnden Autoritäts-Profil!
»Dann gehen wir halt an den trockenen Südspitz, bevor wir hier vertrocknen«, reißt mich ein Schnittlauch-Geselle aus meiner Gedankenwelt. »Dann musst du uns halt an heißen Sommertagen zwei Mal gießen.«
»Dieser Platz ist schon für die Kartoffels ausgesucht, die brauchen mindestens fünf Parzellen«, giftelt eine krause Petersilien-Tante über

den Plastiktopfrand, »und die kleineren Parzellen gehören den Rettichs, und die angrenzenden gleich wieder uns; denn gerade in dieser nachbarschaftlichen Konstellation haben wir uns nie Steine in den Weg gelegt«, bestimmt sie über die anderen und keiner widerspricht.

»Geht doch wieder an eure Flussmündungen, wo euch das Wasser bis zum Knöchel gestanden hat«, meckert ein pubertierender Kopfsalat um die Ecke. »Keinen Schnittlauch und keine Petersilie in unsere Nähe, sonst schießen wir alle ins Kraut«, plustert er sich auf.

»Ihr seid winterhart und mehrjährig, gut, uns sind vielleicht nur zwei bis drei Jahre vergönnt, dafür haben wir eine geile Wurzel und man kann uns roh essen, dekorieren und kochen bis zum Gehtnichtmehr«, prahlt ein Petersilien-Macho hinter meinem Rücken auf der Wartebank.

»Halt nur den Rand, du ordinärer Doldler. Wir sind feine Liliengewächse, aus unseren Blütenkugeln saugen sich die fleißigen Bienen mit Nektar voll, bis sie fast platzen«, quäkt vorlaut die kleine schnittige Lauchi aus der Warteschleife. »Und dass ihrs wisst, unser Vitamin-C-Spiegel ist kristallgeschliffen.«

Ein Blick des Schnittlauch-Professors Schoenoprasum lässt ihr freches Stimmchen verstummen. Mit fester Stimme spricht er zur Petersilie, der Stubenältesten: »Seit Jahrhunderten höre ich von Ihnen als ein stärkendes Element, das den Menschen wieder auf die Fersen hilft, wenn sie krank daniederliegen. Ihr reguliert den Wasserhaushalt des Körpers, ja sogar Mona Lisas Gerstenkorn brachtet ihr durch eure Auflegung vor der ersten Sitzung mit Leonardo da Vinci zum Schmelzen.«

»Ja, und die Haarkur bei Yul Brynner war ein voller Erfolg, Kompliment«, wirft Lauchi frech dazwischen.

»Herr Professor, Sie und Ihre Sippe seid doch vielseitig«, meint beschwichtigend Petersilia. »Ihr könnt doch überall einen Platz im Garten finden. Schon sehr oft habe ich Sie in meinem früheren Leben nur als Einfassung für eine Beetelandschaft gesehen.«

»Dann sind wir wieder so weit auseinander gezogen«, motzen jetzt die Schnittlauch-Youngsters.
»Außerdem stehen wir dann die meiste Zeit im Schatten und damit hört es sich jetzt auf«, meint Lauchi, die abgebrühte Mehltau-Serienkillerin, und rollt ihre ersten Fasern hoch.
Ja, bin ich euch denn gar nicht gewachsen? Opa, steh mir bei. Ach du mein deutsch-globaler Gemüsegarten, ihr seid euch wohl alle gar nicht grün. Wenn das unser Außenminister wüsste, das kann ja heiter werden.
»Che posto per tutti (hier ist Platz für alle)«, rufen die Kinder des Südens, Thymian, Rosmarin, Rucola und Minze von der zweiten Gartenhälfte zu uns herüber. Heureka, ich hab's. Mit großer Freude pflanze ich alle meine Allium-schoenoprasum-Schnittlauch-Geschöpfe zwischen die gut gelaunten, wohlriechenden italienischen Lebenskünstler ein. Hatten die eine Lebensfreude miteinander und der entstandene neue Gusto eines jeden Mitbewohners ging in die Geschichte der Botanik ein.

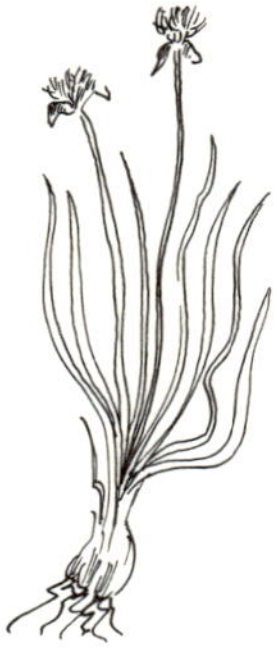

Lorbeer

Laurus nobilis

Den Lorbeerkranz des griechischen Kollegen Apollo, Gott des Lichtes, der Dichtung und Musik, hatte sich Cäsar um das eherne Haupt gewunden, als ihn ein höfischer Berater von der Funktionstüchtigkeit des schönen, nackten Jünglings als Helfer im Kampf und als Todesgott überzeugte.
In ehrenvoller Siegerpose trat Cäsar vor das Schlafgemach Kleopatras. Die würzig nach Eukalyptus duftenden Lorbeerblätter würden wieder einmal den Triumph einer gewonnenen Schlacht im Vorfeld besiegeln. Dem Lorbeerbaum, sprich -blatt, geht der Ruf voraus, durch seine blanke Anwesenheit und durch seinen Geruch Spione und falsche Freunde aufzuspüren, sobald diese fluchtartig den Raum verlassen, andererseits aber ohne rot zu werden auf den Frühstücksteller gelegt werden können, wenn bei bestehenden Partnerschaften Treuebekenntnisse gefordert werden.
Sind Sie so viel Wahrheit und Auflichtung nicht gewohnt? Könnte ein Migräne-Anfall die Folge sein? Diesem könnten Sie nun wieder mit Einreiben eines feinen Lorbeeröls Herr werden. Das funktioniert ungeniert. Die Migräne-Kobolde lassen los, die unverdaute Wahrheit will ihre Aufmerksamkeit. War das alles too much für Sie? Dann stülpen Sie doch bei der nächsten Gehaltserhöhungs-Debatte das Kränzlein auf das Haupt Ihres uneinsichtigen Chefs, mal sehen, was

Großvater Apollo aus seinem Gegenüber herausquetscht. Vielleicht entscheiden Sie sich auch für die hausbackene Variante und überlassen es einem Fernsehkoch, ein oder zwei Blätter für eine Sauerbratenmarinade zu opfern oder durch eine Zugabe in Bioleks wilde Ragoutterrine aufzudecken, wo der Hase im Pfeffer liegt.

Die größte Freude machen wir unserer Lorbeerpflanze, wenn wir sie mit den Füßen voraus in einen geräumigen Topf mit lehmhafter Komposterde stecken. Ein sonniges Eckchen auf der Terrasse, eine monatliche Düngung zur Stärkung der Lebenskraft und sie wird – vielleicht auch in Kompanie einer zweiten Schönheit – stattlich und ergeben die Terrassentür, das Balkoneck oder den Eingang zum Garten bewachen. Ein pyramidenförmiger oder kegelhafter Haarschnitt darf aber nur mit ihrem ausdrücklichen Einverständnis erfolgen, lässt sie mich ausrichten. Ja, und über eine Halbschatten-Lage müsste man noch sprechen, meint das siegesverwöhnte Pflänzchen noch schelmisch.

Winterkälte und die kalte Sophie sollten wir nicht auf sie loslassen. Auf alle Fälle vor eisigen Winden schützen und die Wurzel gut mit Fichtenzweigen abdecken. Versprechen Sie uns das? Die größte Freude würden Sie ihr mit einem lichten Überwinterungsquartier machen. Muss ja nicht gleich Mallorca sein. Ein Platz am Fenster der

Garage oder am liebsten im stillen Eckchen ihres leicht temperierten Schlafzimmers oder stillen Örtchens. »Na ja, da bitte lieber nicht«, klagt das Pflänzchen, »obwohl ich ja auf Ihre Verdauungsvorgänge eine fördernde Gabe besitze und feindliche Bakterien in hohem Bogen zur Strecke bringe. In der Schufa-Kräuterauskunft können Sie von meiner sedativen Wirkung erfahren, aber noch ein guter Rat: Damit sich meine Talente aromatisch entfalten können, muss ich immer von Anfang an dabei sein und mitgeköchelt werden. Comprendi?«

Rosmarin · Basilikum · Thymian · Oregano

Rosmarinus officinalis · Ocimum basilicum · Thymus vulgaris · Origanum vulgare

Flussaufwärts stapfe ich, im Nacken sitzt die Angst vor den Soldaten, in meinen Arm schmiegt sich eine herrlich duftende, nervenberuhigende Basilikumpflanze, die ich wohlweislich in einen Weidenhenkelkorb gepflanzt hatte. So habe ich sie flugs gegriffen, um sie auf meine abenteuerliche Spähtour mitzunehmen. Ocimum ist meine beste Freundin. Dieser Duft, diese Geschmacksnote. Schnell verschwindet ein saftiges, grünes Blatt in meinem Mund, während mir beim Gehen die Weidenzweige um die Ohren schlagen. Gleich noch ein zweites Blatt hinterher. Auf was habe ich mich da nur eingelassen? Gesattelte Pferde rennen aufgescheucht gegen Westen in den blutroten Feuerball der untergehenden Sonne. Ein mir fremdes Stimmengewirr lässt mein Herz erzittern. Endlich habe ich den von meinen Brüdern markierten großen Buchsbaumbusch erreicht, von dem aus ich eine Flussbiegung gut einsehen kann, man mich aber nicht bemerken wird. Oder doch? – Mein Magen ist heute nicht gut auf mich zu sprechen, schnell noch ein drittes Blatt auf die Zunge gelegt, ein viertes geteilt und auf dem Handgelenk über dem rasenden Puls verrieben. Eine große dunkle Wolke über meinem Kopf mutiert zu einem rosa Schäfchen und ich kann wieder einen klaren Gedanken fassen.

Meine beiden tapferen Brüder und deren mutige Freunde hatten gestern Nacht den Plan gefasst, das erste Floß der Soldaten, auf dem die Streitwagen der Krieger schneller zum Kampfschauplatz bugsiert werden sollten, zum Kentern zu bringen und damit auch den folgenden Flößern die Tour zu vermasseln. Mit im Wasser versteckten Baumstämmen haben sie eine Falle gebaut. Ich habe von meinem Ausguck aus bei Auftauchen der Kohorten ein verabredetes Zeichen zu geben, damit der kleinste Pfiffikus unseres Pfadfinderkommandos kurz nach dem fabrizierten Crash unentdeckt auf das strauchelnde Floß schleichen und dem Anführer sein viel gerühmtes Elixier Rosmarinus officinalis entführen kann. Diesem Zaubermittel aus dem Schoße der Natur sagt man eine große Wirkung nach: Es vermag die geistigen Kräfte zu mobilisieren, das Konzentrationsvermögen zu stärken und die körperliche Vitalität erhalten. So lautete der Plan eines Hohen Priesters unserer Sippe: Ohne Rosmarinus wäre der Anführer des Heers seiner Gabe beraubt, die überlegenen intelligenten Schachzüge seiner gewonnenen Schlachten weiterhin so stolz auf dem Tisch seines Kaisers zu zelebrieren.
Und schon tauchen sie auf mit Geschrei und Gequietsche, die herausgeputzten, metallbeschlagenen Streitwagen der Armee der 3. Römischen Legion des Feldherrn Drusus auf dem verkürzten Wege zum Schlachtfeld des Manchinger Forts.
Ich befinde mich in einem intensiven Geschehen im keltischen Land Vindelizien und gehöre anscheinend zu einer der Sippen um das Donaudelta herum. Man ruft mich mit dem Namen Birgit. Seit unser Druide erkundet hatte, dass unser Dorf im nächsten Morgengrauen von den römischen Soldaten überfallen werden solle, war große Besorgnis über unsere Gemeinschaft gekommen. Doch jetzt ist es Zeit zu handeln.
Mit lautem Krachen und Splittern rauscht das aufgezäumte Floß in die tückische Falle. Der erste Wagen kippt plangemäß in den dunklen Fluss und zieht begleitende Soldaten mit hinab. Vor Schreck komme ich gar nicht mehr dazu, mein Zeichen zu geben, und tau-

che dafür mein Gesicht tief in das Basilikumkraut. Hurtig hat der kleine Knabe aus unserer Mitte das Floß erklommen und die Karaffe mit dem geheiligten Rosmarinöl an sich genommen. Während Drusus mit seinen Mannen wieder das rettende Ufer erklimmt, Gott sei Dank auf der anderen Seite des Flusses, wird unser kleiner Dieb von ein paar Sklaven entdeckt, die nun seine Verfolgung aufnehmen. Wie ein flinkes Wiesel schlägt er sich in die ihm vertrauten Büsche, nicht ohne mir vorher mit sicherer Nase für die richtige Richtung das gestohlene Kleinod in hohem Bogen direkt in den Schoß zu werfen. Ich erstarre zur Salzsäule und meine Pflanze küsst nun die Erde.
»Stoppt den Tross!«, brüllt der Feldherr. »Wir campieren hier. Das ist nicht unweit von unserem geplanten Ziel. Baut die Feuerpfannen auf und legt uns Rosmarinus officinalis, Thymus vulgaris und Origanum-vulgare-Zweige darauf, damit unsere Konzentration auf Vordermann gebracht werde und die himmlischen Heerscharen unserem großen Kampf wohlgesonnen gegenüberstehen. Stellt die Bottiche für die Thymus-Aufgüsse bereit, damit sich unsere tapferen Krieger unverletzbar machen und dann ihre Wunden damit auswaschen und desinfizieren können«, herrscht er seine treuen Sklaven an. »Legt noch von dem Origanum mit ins Wasser. Das wird die Nerven meiner Mannen in Schach halten. Beeilt euch! – Wo ist mein Rosmarinus-Elixier?«, brüllt er in das Tohuwabohu. »Ich brauche jetzt mein Zaubermittel, damit mein ausgefuchster Schlachtplan bis mor-

gen Früh vor meinem inneren Auge Form annehmen kann.« Mein Herz klopft bis zum Hals hinauf und meine Hände umklammern krampfhaft die kostbare Reliquie. Mit dem Fuß war es mir schon gelungen, die zu Boden gegangene Pflanze wieder auf die Beine zu stellen. Sie war gerade dabei, ein Flussmoskito-Pärchen mit ihrem Duft in die Flucht zu schlagen, Ocimum, hab Dank. »Haltet den Dieb«, ruft nun Drusus jämmerlich in den Abendhimmel. »Beim Harnisch meiner Mutter, er hat mein Elixier entwendet. Ich bin verloren! Ohne den Rat meines geliebten Bruders Tiberius, der ohne mich, ach, ich Unglückseliger, in Galicien kämpfen muss. Ohne ihn und ohne meine Essenz bin ich verdammt, da kann ich meine Gedanken nicht mehr zusammenhalten und die bösen Geister der keltischen Barbaren werden meinen geheimen Schutzschild in Stücke brechen. Bringt mir den Dieb, tot oder lebendig, vor allem bringt mir mein Rosmarinus«, stampft er wütend auf den Boden.
Unser kleiner Held hat sich erfolgreich aus dem Staub gemacht, die Verfolger kommen mit leeren Händen zurück. Drusus führt gerade einen Veitstanz auf, das Moskito-Duo hat sich auf seinem großen Nasenkolben zum flüssigen Dinner niedergelassen. »Mutter Livia Drusilla«, klagt der gepeinigte Krieger in den Abendhimmel. »Warum hast du deine Söhne dem neuen Gatten, Kaiser Augustus, geopfert und uns gezwungen, in diesen nicht endenden Krieg zu ziehen? Nur, um die Machtgelüste deines Gatten zu befriedigen. Mein geliebter Bruder Tiberius ist vielleicht ein würdiger Krieger, hättet ihr uns nur Seite an Seite weiterkämpfen lassen, so gigantisch wie gegen die Räter, die wir in die Zange genommen hatten und zermalmten. Ach, Apollo, das war vor 25 Jahren, da waren unsere Knochen noch nicht so müde. Ich selbst wäre viel lieber Bademeister in den Thermen von Rom geworden. Denke man nur an all die herrlichen Knaben dort. Ach, Tilgram, verlasse Armenien und löse mich heraus aus diesem elendigen Dasein«, winselt er jetzt und während die Kräuterdämpfe der Feuerpfannen über den Fluss ziehen, fällt Drusus, das klagende Bündel Elend, durch einen falschen Schritt in den Fluss so

unglücklich auf eine nach oben ragende Planke, dass er schwer verletzt von seinen Lakaien aus dem Wasser ans Ufer gezogen werden muss.
Jetzt bin ich dran. Mein Entschluss steht nach kurzer innerer Einkehr fest. Ich werde in die für mich gefährliche Zone treten müssen, um Drusus das vielleicht lebensrettende Elixier, das in der Karaffe schmort, zukommen zu lassen. Das könnte mich das Leben kosten, doch ich habe keine Wahl. Schnell noch ein fünftes Blatt meiner Ocimum basilicum zwischen die Lippen, tief Luft geholt und zum Schrecken meiner spähenden Brüder und Freunde auf die Lichtung getreten, das wertvolle Gefäß fest in meinen beiden Händen. Die ersten Schritte in Richtung Unfallstelle gelingen, die aufgeregten Soldaten kommen verwundert und bedrohlich zugleich auf mich zu, für die nachfolgenden Schritte versagen meine Beine ihren Dienst. Ein Fuß ist eingeschlafen und ich falle samt Karaffe vor die Sandalen eines berockten Legionärs. Eine große Angst schnürt meine Kehle zusammen, schlägt jetzt mein letztes Stündlein? »Hauptsache, Drusus wird geholfen«, zirpt ein inneres Stimmchen.
»Ja, aber was wird dann aus mir?«, antworte ich schweißgebadet.
»Frühstück, Frühstück«, klingt es über das Wasser.
O Gott, denke ich, doch Kannibalen. Das habe ich jetzt davon und auf einmal wird´s schwarz vor meinen Augen.
»Das Frühstück ist fertig, Nanni«, dringt eine lachende Kinderstimme in meine geheime Kemenate. Ich öffne meine Augen und finde mich mit eingeschlafenem Bein auf dem Boden vor meinem Bett liegend. In meinen Händen halte ich immer noch krampfhaft Drusus´ Rosmarin-Karaffe, sprich meine kleine Nachttischlampe, die ich samt Kabel aus der Steckdose gerissen habe. Meine geliebte Enkelin Alina, angetan mit weißem Schürzchen, hat heute am Sonntagmorgen zusammen mit ihrem Papi Carmelo für mich und meine gut gelaunte Tochter Daniela als Überraschung ein leckeres Frühstück gezaubert. In heiterer Runde gelingt es bald, die angstvollen Momente dieses Traums zu vergessen, jedoch wenn Sie es erlau-

ben, werde ich nach meinem Cappuccino noch einmal darauf zurückkommen.
»Träume sind keine Schäume«, versuchte ich dann siebengescheit meiner schmunzelnden Familie zu verklickern. Alina verstand ihre Nana natürlich mal wieder hundertprozentig. Dieses intensive Traumerlebnis, das im zweiten Monat meines Hierseins im neuen Lebensraum an einem Fluss im Herzen der Holledau auftrat, war geschichtlich an eine wahre Ausgangsposition gebunden. Tatsächlich hatte der römische Feldherr Drusus hier mit seinem Heer von 12 bis 9 v. Chr. erfolgreich Krieg gegen die germanischen Stämme geführt. Drusus, der auch Statthalter von Galicien war, besiegte die Räter und Vindelizier (keltische und etruskische Stämme). Auf Befehl seines Stiefvaters Kaiser Augustus dehnte er zusammen mit seinem Bruder Tiberus das römische Imperium bis über die Donau an den Rhein und bis hinauf zur Elbe aus. Dort hatte er, so munkelt man, am Flussufer die Erscheinung einer geheimnisvollen Frauengestalt, die ihm glaubhaft suggerierte umzukehren, um Unheil von seinem Volk abzuwenden. Bei seinem Rückmarsch stürzte er vom Pferd und verstarb nach 25 Jahren Kriegsgemetzel, so sagt es die Historie.
»Er stürzte gar nicht von einem Pferd, sondern von einem Floß«, kritisierte ich die offizielle Geschichtsschreibung am Frühstückstisch. »Die weiße Frau am Fluss, ja das war ich in einem früheren Leben, wie ich es geträumt habe. Und nur durch die Assistenz der ätherischen Düfte meiner südländischen Lippenblütler-Pflanzen ist es mir gelungen, den kriegsmüden Heißsporn zum Rückzug zu bewegen«, erklärte ich lachend meiner Familie zum weich gekochten Frühstücksei. »Der kleine Pfiffikus aus meinem keltischen Dorf, das warst du«, überraschte ich meine interessierte Enkeltochter, die sogleich in ein herzhaftes Lachen ausbrach. Wir beide zogen wieder einmal an einem Ariadne-Faden und beschlossen die historischen Überlieferungen nicht mit unseren Erkenntnissen zu untergraben, um die Geschichtsschreiber nicht bloßzustellen. Bei meinen intensiven späteren Recherchen fand ich heraus, dass die römischen Soldaten tat-

sächlich vor ihren Kämpfen Thymianbäder nahmen, Drusus besonders Rosmarinöl liebte und vor dem Kampf die Feuerpfannen mit den Mut machenden, nervenberuhigenden und klaren Kopf schaffenden Kräutern bestücken ließ, um sich und seine Soldaten mit den magischen Dämpfen stark und unverwundbar zu machen. Tiberius ereilte die Kunde von der schweren Verletzung Drusus´ in Galicien. Er liebte wohl seinen Bruder abgöttisch und ritt 400 Meilen in einem durch, nur die Pferde wurden auf der Strecke ausgetauscht, um seinen Bruder beim Hinübergehen in das Reich der Götter fest im Arm halten zu können, wie es auch geschah. Das Herzeleid von Tiberius muss so groß gewesen sein, dass er bei der großen Beerdigungszeremonie in Rom darauf bestand, ganz alleine hinter dem Sarg seines verschiedenen Bruders zu gehen und hinter sich erst nach 200 Metern wieder eine Trauergemeinde duldete. Auch Tiberius trug einen Rosmarinzweig in seinen Händen, als er seinem geliebten Bruder die letzte Ehre erwies. Dieses heilige Kraut galt im Altertum als Symbol für Liebe und Treue und sollte auch in Pestzeiten die bösen Geister in Schach halten. Auch so mancher Brautkranz war aus Rosmarin gewunden. Vier Tage hatte das Rosmarinöl den Heerführer Drusus noch am Leben gehalten. So lange hatte Tiberius gebraucht, um in Windeseile von Galicien nach Vindelizien zu reiten. Drusus hauchte in seinen Armen sein Leben aus

und mich machte man einen Kopf kürzer. Undank ist der Welt Lohn. Aber erzählen Sie das bitte nicht meiner Familie. Die haben's auch schon so nicht leicht, meine Ich-höre-das-Gras-wachsen-Gezeiten mit mir zu teilen. Aber Toleranz ist bei uns das oberste Gebot und so ist alles gut. Meine Komplizin Alina wirft mir bei meinen Ausführungen ein heimliches Augenzwinkern auf die Tischdecke. Wir sind uns wieder mal einig. Meine Tochter Daniela lächelt verständnisvoll. Als Alina mit viereinhalb Jahren bei einem Besuch bei den Dreharbeiten für Asterix und Obelix von meiner Übersetzerin Emilie gefragt wurde, welche fünf Dinge im Leben für sie am wichtigsten seien, antwortete Alina wie aus der Pistole geschossen: Liebe, Freundschaft, Phantasie, Gesundheit und Seele. Ich fand die Fragestellung zuerst merklich überspitzt für so ein kleines Geschöpf, war aber dann so was von überrascht und hatte plötzlich ganz nah am Wasser gebaut. So drehte ich mein Gesicht schnell zur Seite, damit keiner meine Tränen der Freude bemerken sollte. Wenn es allerdings um die Beigabe von klein geschnittenem Rosmarin über Alinas Rührei geht, das ihr Vater mit Liebe darüber streut, ist sie nicht zu bekehren. »Das schmeckt ja wie ein Fichtennadelbaum, gib mir lieber mal Ketchup drüber«, weist sie ihn dann in die Schranken.

»Aber dieser schöne stattliche Rosmarinstrauch, den deine Nana im Garten stehen hat, der kommt aus Sizilien, der Heimat meines Vaters, und ist sehr gesund. Wenn du ihn isst, kannst du dich in der Schule gut konzentrieren.«

Diese Runde geht an Alina. Sie bekommt ihr Ketchup und auf unseren Rühreiern prangt in Olivenöl gebadeter Rosmarin. Auf meinem Tellerrand habe ich zusätzlich noch Thymian, Oregano und Basilikum platziert, in memoriam natürlich. Meine Kinder des Südens, so nenne ich diese Pflanzengruppe der Lippenblütler. Von Sofie, einer niederbayerischen Bauerntochter und Mutter meines Schwiegersohns, die mit ihrem sizilianischen Ehemann Deutschland den Rücken gekehrt hat und nach Messina ausgewandert ist, habe ich einige kräftige Artgenossen aus ihrem sizilianischen Garten bekommen.

Niederwüchsigen, sonnengeküssten Majoran, der nur so überschwappt von Duftstoffen und ohne Konkurrenzneid neben einem selbstbewussten Oregano-Mafioso, der gleich vor Inhaltsstoffen nur so platzt, seinen Mann steht. Ja, und der etruskische Rosmarinkönig steht ja sowieso über allem. Sein Thron steht am höchsten und oft knipst die Gärtnerin im Vorbeigehen ein Zweiglein aus seiner Flanke und steckt es pur in ihren kleinen Mund. Mhm. In winterkalten Zeiten darf er exklusiv zu ihr ins kuschelige Domizil ihres Schlafzimmers auf die Fensterbank. Da kann man sich dann schon von der Prinzengarde der Schnittlauchgirls und der Tabletänzerinnen der Pfefferminzen umfloren lassen. Dank Bienchen Maja war dann schon die eine oder andere Bestäubnis drin. Zitronen-Thymian kann ebenfalls in unseren Klimazonen zu einem kräftigen, würzig duftenden Gesellen heranwachsen. Sein himmlischer Duft zieht viele kesse Bienen an, und pflanzt man ihn neben Weißkohl, lässt er so manch gefräßige Raupe, sie kann den Geruch – igitt! – nicht ab, den Rückzug antreten. Ich habe Thymian, Oregano, Rosmarin und Basilikum alle zusammen in großen Tontöpfen in die sonnigste Ecke meines Gartens neben ein windgeschütztes Mäuerchen gepflanzt.

Die Erde soll gut wasserdurchlässig sein. Tonscherben auf den Topfböden sind ideal. Einmal monatlich verwöhne ich sie alle mit einem Gießwasser, das mit einem Glas Apfelessig pro Kanne angereichert ist. Das alkalische Milieu ist wieder für eine Weile abgesichert. Hie und da gibt es eine Extraportion Eierschalen zum Frühstück. Die Pflanzen recken und strecken sich, blühen und gedeihen. Wenn Sie sie schneiden und trocknen wollen, dann greifen Sie gleich zu Beginn der Blüte zur Gartenschere. Zu dieser Zeit verschenken diese Pflanzen ihr schönstes Aroma. Ich trockne einen Teil der Kräuter, aber am liebsten verwende ich sie gleich nach dem Pflücken. Ob getrocknet oder frisch, meine Kräuter bleiben im Topf, in den sie sich für eine mundende Speise hineingegeben haben – und ergänzt durch mehrere Lagen von frischen Artgenossen statten sie den hungrigen Mägen so manchen Überraschungsbesuch ab. Mit dem »Bouquet garni«, das nur kurz duchgezogen und der Speise dann wieder entnommen wird und das in den Küchen der Nouvelle Cuisine ihren Einzug gehalten hat, geht bei mir gar nix. Aber jeder köchelt nach seiner Fasson, und das ist auch gut so, würde unser derzeitiger Berliner Bürgermeister jetzt in den Topf werfen. Meine Viererbande, die sonnenhungrigen Lippenblütler aus den Mittelmeerländern, sind ja die reinsten Krankenschwestern und -brüder. Bruder Thymian reitet gegen Husten und Erkältung an, verjagt das Rheuma aus den Gelenken, desinfiziert die Mundschleimhaut, entschlackt den Verdauungstrakt und reinigt die Nierenkelche. Und das alles meistens nicht mal für ein Dankeschön. Aber er ist kein so großes Sensibelchen. Na ja, als Gastarbeiter muss man ja noch dankbar für die Multikulti-Saison sein. Gerne hätte er sich der Chefin noch als Gesichtsdampfbademeister zu Diensten gestellt. Doch so sehr er sich auch verströmt und streckt, auf diesem Auge ist sie taub.

Da fühlt sich Bruder Oregano schon noch mehr verkannt. Sein Knochenjob in der Pizzeria, wo er im Akkord lieblos auf die Pizzaböden gepfeffert, meistens auf dem verstaubten Küchenboden landet, kostet alle Kraft. Aber immer noch besser als diese Hitze im Backofen. Wärme ist er ja gewohnt, aber auch Kälte kann ihm, dem wilden Haudegen aus Mittelasien, nichts anhaben. Sie haben richtig gelesen. Er kommt aus Asien. Ja, schon die Griechen und die alten Ägypter wussten seine Eigenschaften und Talente zu würdigen. Kleopatra trug ihn in einem Wäschesäckchen in ihrem Höschen, um etwaigem Kleinstgetier den Einzug erst gar nicht zu gestatten. Nicht die Eselsmilch, er durfte mit ihr die Badewanne teilen, um ihr köstliches Blut in Wallung zu bringen und ihre rosige Haut zu straffen. Hatte sie ihre Tage und es zwickte und zwackte, ölte er sich stundenlang auf ihrem wonnigen Bauch und ihre Schmerzen waren verflogen. Und jetzt Pizza-Service. Na ja, man kommt wenigstens ein bisschen an die Luft und unter die Menschen. Ein Hustenanfall der Hausfrau, die gerade eilig die Pizza mit unserem weit gereisten Bruder on top verspeist, bringt seinen Redefluss zum Stoppen. »Ich kann ihr ja jetzt so angebrannt gar nicht mehr helfen, aber mein Öl müsste sie sich jetzt auf die Brust streichen. Ich würde sie entkrampfen, den Schleim verjagen, sie selbst auf andere Gedanken bringen und ihr geflügeltes Wort Migräne wäre ab heute eine duftende Lotosblüte.«

»Bei mir immer volle Kanne, volles Aroma, immer zu Diensten, das sag ich dir, Kollege«, tönt der asiatische Schwerenöter selbstbewusst vom Teppichrand herauf, wo ihn der Huster seiner umworbenen Lady hinuntergewirbelt hat.

»Blas dich nur nicht so auf«, greift nun Schwester Basilikum von ihrem Platz in einem wunderschönen blauen Tontopf auf der Küchenfensterbank in das Geschehen ein. »Ich stehe unserer Madame schon täglich zur Seite, wenn Traurigkeit und Melancholie ihr Herz umfloren. Ich bringe ihre Magensäfte wieder zum Fließen, überreiche ihr Kalzium, Eisen, die Vitamine A und C, ätherische Öle – und ihre Kopfschmerzen machen sich im Nu aus dem Erdenstaub. Ich bringe Magen, Darm, Niere und Blase zur Räson und meine Herrin bringe ich auf heitere erotische Gedanken. Heitere Gedanken,

hast du gehört, du mongolischer Haudegen mit deinen maskulinen Hintergedanken.«
»Sei froh, dass du hier im Hause verweilst, sonst würde ich auch dir deinen Puls im Dreivierteltakt zwirbeln«, kontert der verkannte Schwerenöter Richtung Fenster.
»Ich komme aus Indien, man hat uns nach Europa entführt«, entgegnet Schwester Basilikum kläglich, »zu Tutanchamun mussten wir uns mit in das Pyramidengrab legen, um die Fliegen zu hindern, seine ewige Ruhe zu stören. Das war eine schwere Zeit. Aber jetzt sind wir das beliebteste Kraut der Welt. Als Mitglied der berühmten

Loge »Herbes de Provence« werden wir in allen Cuisine-Tempeln der Welt eingesetzt und zusammen mit unserem großen Bruder Rosmarinus aromatisieren und missionieren wir die Speiseöle der ganzen Welt.« »Krieg dich nur wieder ein«, schimpft jetzt Bruder Thymian. »Bescheidenheit ist auch nicht gerade deine Zier.«
»Ja, und dass wir der Hauptbestandteil der weltberühmten Pesto-Sauce sind, habe ich ja noch gar nicht ins Spiel gebracht. Pesto, pesto, Mr. Oregano, wehre dich! Was ist?«, stichelt Schwester Basilica.

Der Angegriffene kann sich nicht mehr wehren, denn die Dame des Hauses hat ihn schon vor einigen Minuten mit Schaufel und Besen in den Mülleimer befördert und Bruder Rosmarin, der sich die ganze Zeit nicht in das Gespräch eingeschaltet hatte, konnte gar nicht, auch wenn er wollte, weil ihn die Hausfrau schon vor zehn Minuten mit einem Liter kochendem Wasser übergossen hatte. Er war heute der Auserkorene, nach leichtem Abkühlen ihre Haut vor dem Schlafengehen zu reinigen, und musste in einer kleinen Teetasse warten, bis er sich mutig in den Schlund der Dame hinabstürzen durfte. »Sage nicht, du habest die Liebe, solange du noch Sorge trägst um dich selbst«, murmelte er und weg war er.

Dill · Kerbel · Estragon · Löwenzahn · Sauerampfer · Ringelblume · Brennnessel · Brunnenkresse · Kapuzinerkresse

Anethum graveolens · Anthriscus cerefolium · Artemisia dracunculus · Taraxacum officinale · Rumex acetosa · Calendula officinalis · Urtica dioica · Nasturtium officinale · Tropaeolum majus

Willkommen im Grünen, der Himmel ist blau, gelb lodert der Sonnenstrahl auf dem Fensterglas, die Butter bräunt sich und das Mehl schwitzt im Topf. Rot tropft Tropfen um Tropfen in die Einbrenne. Da hab ich mich aber heute so was von geschnitten und gestern wollte man mich überfahren, nein, nicht über den Mund, über den Korpus. Mein Schutzengel läuft seitdem mit einem gebrochenen Flügel durch die Straßen von San Barbarico. Morgen werde ich mich bei der grünen Minna und ihren Vasallen beschweren, verspreche ich Ihnen hoch und heilig. Anklagen werde ich die Räuberbande mitsamt ihrem apokalyptischen Easy Rider. Kommt Ihnen das alles spanisch vor? Weit gefehlt, wir befinden uns auf original bajuwarischem Terrain. Auch hier grünt es so grün und vielleicht sollte ich Sie gar nicht mit dieser Geschichte belästigen. Meine Einbrenne ruft eh nach einem Löschzug. Schnell die Rinderbrühe draufgegossen, ja nichts anbrennen lassen, Frau Sägebrecht! Gleich kommen meine Assistentinnen Franzi, Renate, Alina und Rosa, um die bereitwilligen Kräuterjuwele, Brunnenkresse, Kerbel, Estragon, Dill, Sauerampfer, Petersilie, Schnittlauch, Löwenzahn und Gänseblümchenblätter zu verschnippeln. Heute zaubere ich uns einen Pott mit einer vollmundigen, vor bösem Zauber schützenden, sinnenbetörenden, seelentröstenden, neunspännigen Kräuter-Suppen-Kreation, wie zu Mutters besten Zeiten. Sie merken schon, meine Seele weint, mein Herz lechzt nach Menschenliebe und mein Finger blutet immer noch. Ich stecke ihn schnell in den Mund und die Zwiebel wandert in den großen behäbigen Topf. Dass Sie mich ja nicht verklagen, wenn die Damenriege jetzt dann gleich einmarschiert. Ruckedigu, Blut ist im Topf – nicht im Schuh. Ist ja körpereigen, was soll's, Schwamm drüber, Finger an den Topf und Dill in den Mund. Dilla, so nannte man ihn bei den alten Griechen, beruhigte das verlorene Schäflein. Nein, Schluckauf habe ich heute noch keinen. Auch ihm ist Dilla gewachsen, testen Sie das mal. Auf alle Fälle besser als in den rechten Zeiten der kahlen Schädel drei Fallbeispiele zitieren zu müssen. Wo gehen denn jetzt meine Gedanken schon wieder spazieren? Weg von den vorwärts in die Vergangenheit Marschierenden. Lasst mich raten: Yul Brynner, ... hm, Karl Valentin vielleicht, Karl Dall. Das wären also drei. Gilt doch, oder? Nein? Kalzium hast du bei dir, danke Dilla. Ja, hol mich raus aus diesem Gedanken-Ghetto. Mit deinen Magnesium-, Eisen- und Vitamin-C-Gaben werde ich wieder auf die Reihe meiner Apfelbäume kommen. Ruf mir mein Marienkäfergeschwader, die dir so gerne ihre Aufwartung machen, und lasse sie die gefräßigen Blattlaus-Protomafiosi verzehren und vernichten. Hab ich eine Wut im Bauch.

Wenn ich an die Polizisten denke samt Mata Hari, die ihnen mit einigen müden Tausendern so einheizte, dass sie ihre Uniformen an zwölfendigen Hirschgeweihen hängen ließen. Jetzt möchte ich Ihnen meine Geschichte schon wieder aufs Haupt drücken. Nix da. Da stecke ich meine Nase schon lieber in die im Wasser stehenden Kräutersträuße, um wieder auf einer grünen Welle zu reiten, ist ja viel gesünder. Ach, du grüne Minna, wo bleiben denn nur meine Cutter-Assistentinnen? Schon schnattern sie um die Hausgangecke herum. Ich wasche gerade Brennnessel, Löwenzahn und dem sauren Ampfer die Köpfe und lege sie auf das Holzbrett, als sie sich alle um den gemütlichen Küchentisch platzieren. Für jeden eine Tasse

aromatischen Kaffees mit einem Dip Sahne und dann kann's losgehen. Schnippeln, Schneiden, Wiegen und Schälen.
Aber ich muss mal. »Hast du dir auch die Hände gewaschen?«, tönt die Stimme meiner Schwester durch den Türrahmen. »Was denkst'n du? Na klar«, kontere ich souverän und beginne mit der Arbeitsaufteilung. Renate hat schon mit Argusaugen meine Wiesenheiligtümer Sauerampfer und Löwenzahn erspäht. Die Gänseblümchenblätter liegen ja wohlweislich unter einem Küchentuch. »Aber der Sauerampfer gehört nicht in die Frankfurter Sauce, und mit dem Löwenzahn kannst du mich jagen«, meckert Renate Richtung Klotürstock. Wer faselt da was von Frankfurt. Ich komponiere heute meine grüne Minna, aus ganz bestimmten Gründen, die ich euch aber nicht auf die müden Rücken binden werde, es muss nur munden.
»Und deine in Gedanken verschmähte heilige Pflanze des Löwenzahns ist seit Jahrhunderten der Mutter Gottes geweiht und schon unsere Großmutter Theresia hat sie auf dem Speiseplan ihrer mittäglichen Tafel nicht fehlen lassen«, tönt meine Antwort aus dem heiligen Örtchen heraus in Richtung Küchenmeile, wo jetzt gerade Franzi, eine verwitwete Bäuerin und seltenes G'wachs, wie man sie nennt, mit einem Korb voller Schätze eingetroffen ist. Selbst gemachte, herrliche schwarze Johannisbeermarmelade, ein nach Zitronenorangeat duftender Kranzkuchen mit Haselnüssen und die versprochene Ringelblumensalbe, selbst hergestellt. Und dazu die

saftigsten Walnüsse vom hauseigenen Walnussbaum. Gleich greife ich in den Salbenbottich, der ganz fein duftet. Ich verehre die Ringelblumensalbe, sie hat mir schon oft treue Dienste geleistet. Entzündete oder rissige Haut oder Blutergüsse, es fordert sie nur so heraus, ihre geheimnisvolle Heilkraft unter Beweis zu stellen. Das schöne satte Orange ihrer Blütenblätter taucht vor meinem inneren Auge auf. Ganz in sich ruhend steht diese Himmelsblume da in ihrem Saft, kein Wässerchen scheint sie zu trüben.

»Diese Salbe hab ich nicht auf Vaseline aufgebaut, sondern auf naturreinem Schweineschmalz, das ist viel wirkungsvoller«, werde ich von Franzis Ausführung an die Frauenrunde aus meinen Gedanken geholt. Jetzt ist Enkelin Alina an der Reihe und ihr angeekelter Gesichtsausdruck spricht Bände. »Schmalz von einem lebenden Schwein, das ist aber gemein«, ereifert sie sich.

»Das bekomme ich von meinem Nachbarn, dem Bauern Huber, wenn er Schlachttag hat. Das ist ja nur einmal im Jahr und der füttert seine Schweine ganz natürlich, ohne chemische Zusätze wie Antibiotika und Wachstumshormone«, erklärt Franzi. »Da würde uns ja nach der Einreibung ein langer Bart wachsen«, werfe ich scherzhaft dazwischen, während ich genüsslich meinen Suppenextrakt probiere, den ich heimlich mit einem Glas Wein aufgegossen habe.

»Ja, nach dem Krieg haben wir mit dieser Ringelblumensalbe in Schweinefett aufgelöst bei Bronchitis und schwerer Lungenentzündung Umschläge und Wickel mit sehr gutem Erfolg angewandt«, resümiert Elisabeth, die gerade von draußen hereingestapft kommt, die Nase noch ganz schwarz gepudert mit Resten feinster Maulwurfhügelerde, die sie – mir nichts, dir nichts – kübelweise unseren fleißigen Jungs unter dem Hintern weggeklaut hat. In unseren Bauerngarten hat sie ihren Schatz gekippt.

»Diese Erde ist wirklich vom Feinsten, die werde ich mit Kaffeesatz, Ziegendung und Eierschalen noch aufmöbeln und damit die Pflanzen und Bäume vor ihrer Nachtruhe noch mit einem Extra-Bonbon überraschen«, empfange ich sie und nehme ihr ein frisch geschnittenes Pflanzenbündel Kerbel, der herrlich nach Anis duftet, unter dem Arm hervor. Unter dem linken steckt noch eine Spitzwegerich- und Scharfgarbenpalette, aus der Schürzentasche rollen ein paar kräftige Handvoll reife Zwetschgen. Unsere liebe Freundin war wohl mit der Türe ins Haus gefallen. In hohem Bogen befördert sie ihre Schätze auf den Küchentisch. Den Spitzwegerich, meinen Wunderstumpen, lege ich gleich sorgfältig in eine Glasschale. Daraus wird später nach unserem Hausrezept eine Mixtur gegen Insektenstiche auf der Basis von Arnika gebraut und jedem ein Schärfchen davon mit nach Hause gegeben. Die Scharfgarbenstängel werden samt Blüte für einen verdauungsfördernden Tee zum Trocknen in das Küchenfenster gehängt. Ein paar besonders schöne landen auf dem Schoß von Franzi, um sie in einen ihrer wunderschönen Sommerkränze mit einzuflechten. Der Kerbel, der es im Garten feucht und schattig liebt, einem kleinen Sonnenbad aber nie abgeneigt ist, landet gleich wieder in einer robusten Damenhand. »Mensch, hab ich dich lange vermisst«, tönt Tante Rosas Stimme über seinen farnartigen Scheitel. »Ja, früher in Opas Gärtnerei, da hatten wir eine ganze Palette von Krautsorten. Unser Opa war ein wahrer Meister und Kräuterphilosoph«, seufzt sie.

»O ja, ich kann mich noch gut erinnern an meine glücklichen Kindertage bei euch in der Gärtnerei«, antworte ich melancholisch.

»Seit wir in den letzten Jahrzehnten in unserer viel zu kleinen Stadtwohnung leben mussten, wuchs bei uns kein Kraut mehr. Unser Opa Franz-Xaver ging da noch immer in eine kleine Gärtnerei zum Gärtnern, aber danach ging's oft schnurstracks zum Stammtisch und so manches grüne Pflänzchen wurde da beim Kartenspielen einem grünen König geopfert, vertrocknete und ward vergessen«, resümiert jetzt Tante Rosa.

»Aber gerade den Kerbel könntest du doch spielend in einem Fensterkasten zusammen mit Ringelblumen pflanzen. Das sieht herrlich aus in den Farben und die beiden vertragen sich prächtig«, versuche ich meine Tante aufzumuntern.

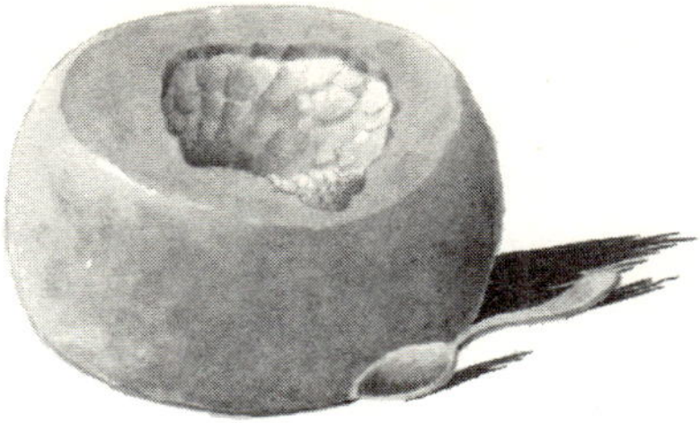

»Wozu?«, murmelt sie traurig und ein dunkler Schatten liegt urplötzlich auf ihren Augen. Ihr Mann hat sie nach fast 50 Jahren Ehe wegen einer jüngeren Frau verlassen. Während meine Mutter Agnes den Schritt in ein selbstbestimmtes Frauenleben im Schutze ihrer Kinder nie bereut hatte, sie selbst wollte die Scheidung, leidet meine Tante unsagbar an dem nie gekannten Alleinsein. Um sie auf andere Gedanken zu bringen, lüfte ich jetzt mit einem Voilà meine zugedeckte Gänseblümchen- und Blätterversammlung. »Auch diese Blätter kommen in meine Suppenkreation. Die Blütenköpfchen gebrauche ich in bunten Wasserschalen zur Tischdekoration, weißt schon.« Ich richte jetzt meine Aufmerksamkeit auf Tante Rosa, die gerade argwöhnisch in meiner mundigen Mehlschwitze mit einem hölzernen Kochlöffel stochert.

»Da hast du ja Liebstöckelblätter mit der Zwiebel verkocht, und was sollen denn diese kleinen Apfelstückchen da drin? Ja, und Knoblauch ist auch drin, der gehört aber da nicht hinein. Ja, und jetzt auch noch Muskat, ich weiß nicht recht«, mosert sie in ihren Blusenausschnitt hinein.

»Das wird wundervoll, das passt schon. Das wird doch mein Mehlschwitz-, Butterlach-, Zwiebelwein-, Liebstöckelfreu- und Apfelwink-Grundsuppenextrakt, dazu ein Schuss Weißwein, ein Dip Sahne als Rutschbahn für meine neun Kräuter, die natürlich erst kurz vor Schluss dazugegeben werden und nicht aufgekocht werden dürfen, damit die Vitamine und der spezielle, abgerundete

Geschmack erhalten bleiben«, versuche ich die Zweifel der Zweifelnden zu zerstreuen.
»Na, dann kannst du ja auch gleich eine Schuhsohle mit reintun«, witzelt jetzt Elisabeth von ihrem Schneideplatz aus.
»Also, dieser Estragon hat doch in dieser Suppe nichts verloren, wenn du mich fragst«, meldet sich jetzt Johanna, die gerade die Eingangstür durchschreitet, zu Wort.
»Hab ja gar nicht gefragt«, denke ich. Eine zugedeckte riesige Keramikschüssel in der einen Hand balancierend, in der anderen ein angerichtetes Salat-Arrangement, rauscht sie lachend mit großen Bewegungen auf die Anrichte der Wohnküche zu. Mit den Worten »Du hast doch gesagt, du machst eine bayerische Kräutersuppe. Das ist doch ein Franzose«, packt sie den armen Estragonkopf unwirsch am Kragen. Excusez-moi, der wird doch in der französischen Küche vorwiegend für die Nouvelle Cuisine verwandt oder in französischen Essig eingelegt. »Der Estragon gehört doch zur ›Fines-Herbes-Mischung‹, sagt der berühmte Fernsehkoch, wie heißt er denn, Monsieur Strunz, der selbst ernannte Adler der Lüfte«, werfe ich in das Geschehen ein.
»Nein, nein, das ist doch der Fitnesspapst, na wie heißt er denn gleich … Schumi?«, rätselt sie.
»Der ist auch ein Fernsehkoch, ja, da hast du Recht, der verbrät aber nur Rennautos«, witzele ich drauflos und Alina lacht lauthals. »Meinst du den Meisterkoch Schubeck?«, trumpfe ich auf.
»Ist ja auch wurscht«, meint Johanna, »aber der Estragon da hat doch wirklich nichts in einer bayerischen Suppe verloren, aber jetzt gib mir lieber einen Kaffee und die Mousse au chocolat musst du noch aufbacken, die gehört dann zum Salat«, bittet sie freundlich und gestresst zugleich und platziert erschöpft ihren schönen Hintern auf dem geschnitzten Bauernstuhl. Ein Gläschen Sekt auf den wogenden Busen gestellt, liebevoll in die volle Wange gekniffen und Johannas Welt wird gleich fröhlicher im Weiberkral.
»Sag mal, wo hast du denn den Estragon aufgegabelt, in unserem

Garten ist doch keiner?« Die Stimme meiner Schwester Renate, die gerade mit einem Wiegemesser Petersilie und Schnittlauch zu Leibe rückt, quengelt durch den Raum.

»Am Markt hab ich ihn heute aufgegabelt, nachdem ich die Anmache eines russischen Kollegen, auf den ich schon einmal hereingefallen bin, abschmettern konnte. Iwan hat zwar große Zähne, aber einen herben, bitteren Gusto. Da weiß ich, was ich an meinem französischen Weggesellen habe. Ihr werdet staunen, wenn er später zusammen mit den anderen Recken an euren Gaumenzäpfchen nippeln darf. Heute heißt er halt mal Nouvel Cousin, nicht Nouvelle Cousine«, ermuntere ich meine Besucherrunde. Alina lacht drauflos, die Gesichter der Damen verziehen sich kein bisschen. Es scheint mein Artemisia dracunculus, so steht mein Estragon-Freund auf dem lateinischen Schild der »Engel Apotheke«, heute keine guten Karten in der Frauenriege zu haben. Aber ich bin bei ihm und streichle ihm über die grünen Flossenblätter. Vor Aufregung bekomme ich einen Schluckauf. Auch mein Freund aus französischen Landen hat den Ruf, wie Donnerhall dem Aufschluck Paroli zu bieten. Ein großer Zweig wird zum Pfriem (= Kautabak). Auch er ist ein wilder Harntreiber. Gedacht und schon geht's los. »Ich muss mal, Kinder«, melde ich mich nun vernehmlich. »Aber danach wäschst du dir gleich die Hände!«, kommt es mahnend aus Renates Ecke.

»Aber jetzt avanti, avanti auf toiletti dilettanti«, greift jetzt auch das sizilianische Blut der kleinen Alina spitzbübisch in das Geschehen ein.

»Du musst dir aber die Hände waschen, da kann man sonst einen Bandwurm kriegen. Hast du überhaupt alle die Kräuter gewaschen, da können ja noch Blattläuse auf der Lauer liegen«, jetzt wird unser Renatchen ganz panisch.

»Mach mal halblang, Tantchen«, umarmt nun Alina liebevoll unsere Sorgenmutter.

»Lavabo, lavabo«, singe ich mich frei, während meine Hände beim Waschen der Brunnen- und Kapuzinerkresse, die in meinem Garten

gedeihen, von kühlem Wasser nur so umspült werden. Ja, ich war auf'm Klo. Ja, ja, die Hände habe ich mir auch danach gewaschen um des lieben Hüttenfriedens willen. Ich schicke mit einem tiefen Seufzer ein Dankgebet zum Himmel, ein Dankeschön für die wunderbaren, gesunden Kostbarkeiten, die sich auf unserem Küchentisch ausbreiten. Die saftige Brunnenkresse, die ich jetzt unter mein kleines Spezialmesser nehme, habe ich unter meinem leckenden Wasserfass auf einer mit Erde und Ziegendung aufgefüllten alten Regenrinne eingepflanzt. Da gedeiht sie, sag ich euch. »Sie mag am liebsten immer bis zum Knöchel im Wasser stehen und man sollte sie schnell noch vor der Samenbildung schneiden, dann bleibt der runde Geschmack am besten erhalten«, halte ich mein Referat. »Diese formschönen Blüten der Kapuzinerkressepflanze, die anspruchslos und am liebsten bei vollem Sonnenschein meinen Garten bevölkern, sind doch wunderschön. Sie sind essbar, wohlbekömmlich und schmecken leicht nach Kapern. Heute werde ich sie mit in die Terrine unserer delikaten Kräuter-Einbrenn-Suppe à la Surinam geben und ihr damit noch einen Glanzpunkt verleihen.«
Meine Gäste merken gar nicht auf, wenn ich rede, na so was! Aber jetzt heißt es, die Suppe erst noch fertig komponieren. Ich kaue schon länger an einem Stückchen Muskatnuss. Das hilft mir ein wenig, mein Stimmungsbarometer auf Schönwetter zu halten. Ein Gläschen Sekt für jeden, das ist jetzt zur Schlussphase angesagt. Gesagt, getan. Herrlich, wie das perlt. »Prosit Hosianna. Eine Freude, dass ihr alle bei mir und meinen Tieren seid.« Die Stimmung ist auf 90, Franzi hat schon die Löwenzahn- und Brennnesselblätter verarbeitet. Elisabeth macht sich an ihren geernteten Kerbel, Tante Rosa hackt Estragon in Stücke, Johanna erriecht und herzt den schon geschnittenen Dill, weist uns darauf hin, dass sie in ihrem früheren Leben als Königin von Saba diesen Dolderich schon als Zutat für ihre geheimen Liebestränke verwandt hätte, Alina hat sich aus den bizarren Blüten der Kapuzinerkresse eine Halskette fabriziert und ich schneide mit ungerührter, aber freundlicher Miene die grünen Blät-

ter der Gänseblümchen und platziere sie bis zu ihrer Verwendung in eine blaue Glasschale. »Wisst ihr, dass die Gänseblümchen aus den Tränen der Jungfrau Maria gewachsen sind, als die Heilige Familie vor Herodes nach Ägypten fliehen musste? Das hat uns Kindern immer meine Mutter erzählt«, lässt uns Franzi plötzlich beim zweiten Glas Sekt wissen.
»Und die roten Bäckchen haben die Gänseblümchen, weil das Jesuskind ein jedes geküsst hat«, beendet Elisabeth diese zärtliche Mär. Oh Gott, denke ich in mich hinein, was wird denn aus den vielen Tränen wachsen, die ich hier in den letzten Jahren schon vergossen hab? Gott sei Dank waren's keine Krokodilstränen.

PS: Übrigens unsere Suppe wurde ein Riesenhit. Die Kräuter taten ihre Wirkung. Anstatt Ziegengemecker gab's Frauen-Lobgesänge. Meister Vino spirituosus, sehr bekömmlich, sehr trocken, tat seine Pflicht und die Sinnesbetörten bestachen mit ihrer Kür. Tante Rosa gab den Erzherzog-Johann-Jodler zum Besten. Elisabeth stach mit gespitztem Regenschirm ins Dunkel, um mitten in der Nacht einen brüllenden Stier des benachbarten Bauern aus seinem Kerker zu befreien. Renate und Alina schossen mit anhaltenden Lachsalven den Garderobenspiegel in 1000 Stücke. Franzi versteckte sich hinter der Kuckucksuhr, denn Johanna spielte Blinde Kuh und erwischte anstatt Franzi unseren Suppenbescherungsgast Jesus Christus. Jesus machte sich aus dem Blütenstaub, Luzifer lachte und ich mach-

te mir richtig Vorwürfe. Hätte ich heute am Markt dem wilden russischen Estragon der Kräuterfrau vom Schwarzen Meer vielleicht doch nicht den Vorzug geben sollen? Wenn Sie dieses Geheimnis für sich behalten können, verrate ich Ihnen die Rezeptur von meiner selbst gezauberten Ringelblumensalbe.
Sie brauchen dazu:
350 ml Vaseline aus der Apotheke
1 EL frische Kerbelblätter
1 große Kaffeetasse (ca. 150 ml) Ringelblumenköpfe
3 Gewürznelken
1/2 TL Apfelessig
Erhitzen Sie die Vaseline oder wahlweise ökologisch einwandfreies Schweinefett in einem Topf im Wasserbad, bis sie sämig wird. Geben Sie die geschnittenen Kerbelblätter, die geteilten Ringelblumenköpfe, die Gewürznelken und den Apfelessig dazu. Lassen Sie dieses Gebräu etwa 1 Stunde leise vor sich hinkochen. Deckel auf den Topf und immer wieder umrühren. Lassen Sie diese heilige Mischung eine Nacht im Kühlschrank ruhen. Erwärmen Sie nun das Ganze am nächsten Tag unter Rühren leicht, aber nicht mehr kochen lassen. Pressen Sie die Mischung durch ein Sieb aus Nylon, auch die Blütenblätter, in einen großen oder mehrere kleine Tiegel, falls Sie Ihre Freunde überraschen wollen, und erfinden Sie einen Namen, z.B. Ringula magica. Die ätherischen Düfte werden Sie erfreuen, die heilende Wirkung der Salbe Sie vielleicht zu einer lebenslangen Freundschaft führen.

Minze · Bohnenkraut · Gewürzkraut · Kümmel

Mentha piperita labiatae · Satureja hortensis · Foeniculum vulgare · Carum carvi

Reichertshofen, den 18. Oktober 2002

Lieber Matthias,

schade, schade, nun muss unser Erntedankfest hier auf dem Bauernhof ohne Dich stattfinden. Wirst du uns dafür zum Weihnachtsfest Deine Aufwartung machen? Als kleines Trostpflaster darf ich Dir heute einen kleinen Anschauungsbericht von Seelenschwester zu Bruderherz über unsere beschauliche, geliebte Arche Mariland zu Bütte bringen.

Ich lebe ja auf zwei Ebenen, in der Außen- und Innenwelt meiner selbst auferlegten Einsiedelei. Der Innenwohnbereich wie Haus und Garten, Wald und Wiese, Teich und Fluss, Tier und Getier, der dem Gesetz von Himmel und Erde auf natürliche Weise unterstellt ist, und das soziale Gefüge der Außenwelt, die sich in beängstigender Weise als Rückkehr in eine bedrohliche Lebensstufe meiner Kindheit und der meiner weiblichen Vorfahren darstellt. In der Symbiose meines inneren Existenzbereichs haben meine Empfindungen für eine ganzheitliche Betrachtung einer lebendigen Ordnung der ganzen Natur die zärtlichsten Berührungen erfahren. Bei einem Gedicht des sehr jungen Goethe spricht dieser von einer Nabelschnur, die

ihn so sehr mit der Natur verbindet, dass der Herzschlag der großen Mutter Natur auch den Herzschlag seines kleinen Menschenherzens mitbestimmt, wie dies bei Mutter und Kind geschieht. Dieses Bild ist für mich so beruhigend und weise. Es jagt mir kleine Schauer durch das Herz, macht mich glücklich und traurig zugleich, da ich ja zurzeit diesen Mutterschutz der Natur so dringend benötige.
Meine heimgegangene Mutter spüre ich zwar in Gedanken und schützend über meinem Haupte, aber wie gerne würde ich ihre warme Hand halten, sie streicheln und ganz fest in sie hineinriechen. Es ist eine große Freude mitzuerleben, wie Du Dich um Deine Eltern kümmerst und Deine Mama liebevoll in Ehren hältst. Jeder Tag, den man zusammen verbringen kann, ist heilig. Das wird einem erst tief bewusst, wenn die Mutter nicht mehr unter den Erdenmenschen weilt. Als 1998, nach dem Todesjahr meiner Mutter, von deutschen Soldaten geflogene Bomber in der unseligen Kosovo-Krieg-Friedensmission Gift-, Gas-, Splitter- und Grafitbomben auch auf unschuldige Zivilisten warfen, musste ich mich als vaterlose Kriegswaise und Kriegsgegnerin auf das stille Fleckchen Erde meines gepachteten und befriedeten Anwesens zurückziehen, um meinen Seelenfrieden zu retten. Sehr egoistisch, Frau Sägebrecht, wurde ich belehrt.

»Die Welt ist polar, Tag und Nacht, das Böse und das Gute, Feuer und Wasser. Das weiß ich doch, davon kann ich Ihnen an diesem verwunschenen Ort eine ganze Oper singen, so tragisch, da würde Wagner vor Kollegenneid erblassen«, entgegnete ich einem geheimnisvollen nächtlichen Besucher, der eines Tages wie aus dem Nichts in Begleitung einer Äskulap-Schlange auf den verwaschenen Steinstufen meines Bauernhofes stand und Einlass begehrte.
»Also, kein großer Frieden auf der einen ohne großen Unfrieden auf der anderen Seite des Flusses. Das ist ein Gesetz, gnädige Frau«, belehrte mich der eloquente, attraktive Doktorand, wie er sagte, und war sich dabei seiner ausgeworfenen praxiserprobten homöopathischen Fallstricke sehr bewusst.
Meine Türe blieb zu und Madame Äskulap warf giftgrüne Gallensteine. »Also streiten Sie, ringen Sie, schreien Sie und kämpfen Sie, innovativ, konstruktiv und aggressiv von Frau zu Mann, von Frau zu Frau, vergessen Sie Ihren Jesus Christus, Ihre Nächstenliebe, dann wird Ihr Leben wieder in eine natürliche Balance kommen. Die Zeit kennt andere Gesetze«, faselte er. »Kehren Sie um, sonst werden sie enden wie Ihr Angebeteter.« Dann gab er sich eine inhaltsschwere Pause. »Am Kreuz!«, stieß er dann drohend hervor. Die Augen seiner Begleiterin, vorgestellt als Apothekerin und Ehefrau, traten jetzt her-

vor und bekamen jetzt die berühmten kreisenden Ringe der Dschungelbuch-Schwester.
»Mein verehrter Jesus ist schon am Kreuz für uns alle gestorben, auch für Sie beide, das reicht noch für die nächsten 2000 Jahre«, schmiss ich ihm jetzt vor die Füße. »Da gibt's kein Tauschgeschäft zwischen den Kreuzwegstationen des Gottessohnes und den Wirtschafts-Kreuzzügen der Moderne nach dem ›Leb-oder-stirb-Motto‹ des Alten Testaments. Nicht mit mir.« Die Konversation erfolgte zwischen Fenster und Angel, am Telefonhörer hatte ich eine gute Bekannte, die ich bat, dieses Gespräch als Zeitzeugin mitzuverfolgen.
»Ich merke«, trumpfte nun ärgerlich das Professorchen auf, »Sie haben ja keine Ahnung von Freiheit und von der Notwendigkeit der Synonyma des gleichen Zustandes, das ist unsere fürstliche Freiheit im Gegensatz zu Ihrer bürgerlichen Unfreiheit. Ach so«, erschrak er »sie sind ja Künstlerin. Schild der Notwendigkeit, ewiger Bildwerke Tafel. Höchstes Gestirn des Seins!«, rezitierte er.
Wer hatte mir denn diese Ableger einer geheimnisvollen Seelen fressenden Pflanzengattung vor die Türe gestellt? Aug um Aug, Zahn um Zahn. Du kannst es Dir bestimmt vorstellen, Matthias, die waren bei mir an der falschen Adresse. Jetzt kämpfte ich dieses Gedankensaatgut nieder. Ich war jetzt dran: »Wissen Sie, dass zurzeit fast alles auf Erden nur noch durch die gröbsten und bösesten Kräfte bestimmt wird, durch den Egoismus der Erwerbenden und die Macht der militärischen Gewaltherrscher?! Wenn wir so nur noch in der reinen Periode der Atome leben, ist eine Revolution gar nicht mehr zu vermeiden. Unser Menschengeschlecht wird chaotisch auseinander fallen, wie schon die Eleusinischen Mysterien weissagten, wenn alle Seelenmysterien der Zerstörung anheim gegeben werden, wenn die Mechanisierung der Lebensformen weiter fortschreiten wird und der Glaube an einen gerechten Schöpfer des Kosmos, der Erde und des Menschen mit Füßen getreten und nur noch verlacht wird, das sagte schon Schopenhauer«, haute ich ihm

jetzt um den schicken Borsalino. Aber dessen Herrchen hatte sich mitsamt Anhang in die Büsche geschlagen. Und die Mithörerin am anderen Ende der Telefonleitung lachte sich halb tot.
Puh, das war knapp. Du weißt ja, dass ich unverfroren auch in diesen Zeiten der Mechanisierung, des Werteverfalls der Moral und der ethischen Grundregeln an die große Kraft der Weltenseele im positiven Einfluss auf unsere Mutter Erde und auf uns Erdenbewohner auf dem Wege in das Goldene Zeitalter glaube.
»Die Welt ist polar«, sagte der Doktor. Das ist richtig und je mehr negative Bestandteile in der Hälfte der materiellen Welt, umso mehr positive Gegenstücke im Reich der spirituellen Welten, die sich ja in logischer Abfolge wie bei Ebbe und Flut verkörpern müssen. Da müssen wir jetzt einfach noch Geduld haben, Matthias, und einstweilen das symbolische Bäumchen für unsere Nachkommen pflanzen, auch wenn der Menschendschungel ruft und sich der raubeinige Geselle Darwin selbst zum alleinigen Herrscher über Leben und Tod ausrufen lassen möchte. Kommt Zeit, kommt Rat. Also, bis dahin, was haben wir von unserem Professor und seiner zweiten Hälfte gelernt? Brust raus, Hintern zusammenkneifen, Stimme erheben, Kopf hoch, Ohren anlegen, Blick scharf wie ein Adler, Zähne fletschen und auf den Kontrahenten mit Gebrüll. Und ja keine Demutshaltung wie bei den degenerierten Wölfen. Im Gegenteil, Wörterverdrehung, Paragrafen zu Tode reiten, korrumpieren, infilt-

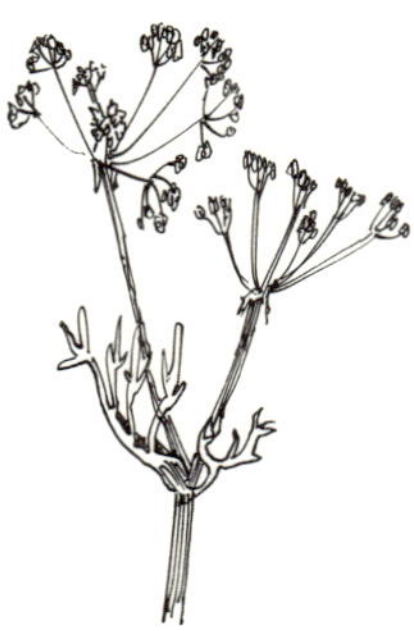

rieren, bankrottieren, konsumieren. Mein Gott, was hat denn der Besuch dieses Piraten-Duos bei der alten Dame Sägebrecht in ihrer Vorstellungswelt alles angerichtet. Entschuldige, Matthias, und das, obwohl ich mit meinen lustigen Ziegen, den schnatternden Enten und meiner treuen Hündin unter einem großen dicken Apfelbaum, der Hunderte von schmackhaftesten Äpfeln trägt, bei einem Glas erfrischenden Holunderweins sitze und alle viere gerade sein lassen könnte.

Mein weißer Schneehase Nico klopfte schon vorwurfsvoll drei Mal auf die Erde, als ich diesen Teil dieses Briefes laut vor mich hin las. Comprendi, Mister Kilimandscharo, signalisierte ich ihm zurück, um den sonntäglichen Frieden nicht zu gefährden. Gleich kommt Besuch aus der Stadt, Stadtererfräcke, wie diese ungeliebte Spezies von den Ortsansässigen gerne genannt wird. Ich werde schnell einen delikaten tiefgefrorenen Pflaumenkuchen – vom Bäcker vorgebacken, aber selbst aufgebacken – in das Rohr schieben und dann werde ich Dir bis zum Eintreffen meiner Gäste von der Sonnenseite meines Lebens in diesem grünen Bereich berichten. Die Geißlein, die Hasensippe, meinen Hund Baggy und meine Katzenfamilie kennst Du ja schon. Meine chinesische Laufente Cäcilia, trauernde Witwe, nonnenschwarz mit weißer Halskrause, wie ich Dir schon berichtet habe, bekam gestern Zuwachs von wunderschönen braun-weiß-beige gemusterten Artgenossinnen. Thelma und Louise haben wir das Teenie-Schwesternpaar genannt. Vor dem Schicksal, als knusprige Mandarin-Entenbraten in den Mägen der Feinschmecker zu landen, konnten wir sie bewahren. War das ein Schauspiel, als die beiden, von der engagierten und sympathischen Tierarztfamilie persönlich zu Cäcilias Seelentrost aufgespürt und überbracht, ungelenk, aber laut schnatternd aus dem Transportkarton stiegen, sich palavernd und fast überschlagend vor Freude zu ihrer neuen Freundin gesellten. Diese drei von der Wasserstelle haben sich bis heute nicht mehr, auch nicht mal für einen halben Meter, getrennt. Tränen der Rührung hielt ich in diesem Moment

nicht zurück. Bei dieser Familienzusammenführung der anderen Art hatte sich für mich, aber auch für die sprachlosen Doktoren, eine geheimnisvolle zweite Ebene aufgetan. Das war ein Tag, sag ich Dir. Bereits nachmittags hatte ich feststellen müssen, dass meine Kümmelpflanzen, die ich in gutem Glauben neben dem Fenchelkraut platziert hatte, weder richtig gedeihen noch den zu erwartenden Samen ansetzen wollten. Schulterzuckend und fast ängstlich blickten sie zu ihrer imposanten Herrin hoch, so als wollten sie mir etwas beichten. Ich war mir keiner Schuld bewusst. Der Standplatz war warm und sonnig, die Erde immer feucht dank meiner großzügig ausgeschütteten, von Hand gepumpten Gießwasserrationen. Zu gerne wollte ich in nächster Zeit mein selbst geschnittenes und – gestampftes Sauerkraut mit ihren wohlriechenden Samenkörnern beglücken und in meiner Versuchsküche einen Teeaufguss in Kombination mit meiner verehrten Ingwerwurzel ausprobieren. In diesem Fall mit gemörsertem Kümmelsamen. Schale und Stößel aus chinesischer Keramik, feinstens ziseliert, hatte ich bereits auf einem Markt erworben. Und nun diese Pleite, obwohl ich nie an einer

Extrabelobigung gespart und geheiligten Ziegendung und Eierschalenrationen gerecht verteilt hatte.
Während ich meinem Herzen mit diesem Kummerreport bei den Besuchern Luft machte, blickte ich anklagend auf meine beiden grünen Daumen hinunter, die sich sogleich lila färbten. Der Schreck fuhr in die Daumenglieder, nicht das grüne Gewissen, denn just in diesem Moment trat ein Mannsbild mit Taucherbrille, Angelrute und allerlei technisches Gerät vor sich herschleppend in unsere Mitte. Unter den üppigen, dichten Haselnusssträuchern seiner geheimnisvollen Mission nachgehend, hatte er an unserem Gespräch gezapft. Mit behändem Sprung setzte er über den kleinen Zaun meines Bauerngartens, landete instinktsicher vor dem Beet meiner Carum-carvi-Sorgenkinder, von denen er mir sogleich einige Musterexemplare, an den offenen Mündern meines Besuchs und den schnappenden Ziegenmäulern von Cäsi und Cleo vorbei, unter die Nase hielt. »Kümmel und Fenchel vertragen sich nicht. Der erste liebt es feucht und schattig, der zweite braucht es trocken und sonnig, außerdem vertragen sich die beiden auf den Tod nicht, das ist doch einfachstes Gärtner-ABC«, fachsimpelte da ein verkniffener Mund, der von dieser besagten Gummibrille eh schon in eine verquere Form gebracht worden war, während er mit einem zweiten Gewürz-Fenchel-Fallbeispiel in der anderen Hand zurück in unsere verdutzte Runde auf das schattige Plätzchen unter dem Apfelbaum sprang.
»Die beiden kommen doch aus einer Familie, die sind doch von den Doldenblütlern, wenn die sich nicht verstehen, das ist ja wie bei Kain und Abel«, versuchte ich mich vor allen und unserem siebengescheiten Phantomas in eine bessere Position zu hieven. Matthias, jetzt taucht gerade Dein Ungläubiger-Thomas-Blick vor mir auf. Wie mag das angehen, ein fremder Mann in Mariannes Garten, und dann gleich so ein befremdliches Kaliber? Als Casanova einmal gute Gründe hatte, sich bei einem Maskenfest unkenntlich zu machen, betrat er mit neuer Maske den Ballsaal, niemand erkannte ihn. Da zog er mit einer ganz eigentümlichen Bewegung seine Tabaksdose und

wurde erkannt und musste vor der Rache einiger Damen flüchten. Unser Galan wurde ebenfalls enttarnt. Er war ja nicht wie obiger Schwerenöter an den Damen der Versammlung interessiert. Als fündiger Schatzsucher auf den Spuren von keltischen Geschmeiden und römischen Münzen war er mir vom Hausbesitzer, der enthusiastisch dem gleichen Hobby frönt, ans Herz gelegt worden. Sesam, öffne das Tor zur Trutzburg und der saugnapfbestückte Rauperich-Schatzsucher gab schon nach einer halben Stunde die Suche auf und entpuppte sich, wie schon erzählt, zum zaunspringenden Grashupf-Gärtner, der mir nun auch noch mit schneidender Stimme einen radikalen Fasson-Rückschnitt an meinem 200-jährigen Apfelbaum aufzwingen wollte. Damit er noch größere Äpfel bekommen sollte! Wer hatte denn diesen Bock zum Gärtner gemacht? Mein Apfelbaum trug schwer an seiner Kinderlast. Äpfel über Äpfel, saftig, ungespritzt und so schmackhaft. Das erste Mal nach Jahren hatte er sich unter meinem Mutterschutz vertrauensvoll wieder auf das Abenteuer der Befruchtung eingelassen und das mit meines Großvaters Geheimrezept, einem täglichen Gießwasser aus aufgebrühtem Pfefferminzaufguss vor dem Blütenaustrieb und der zu erwartenden Apfelblüte. Die Heilkräfte der Minzarten kommen nicht nur Menschen zugute. Ich hab sogar im Bereich der Apfelbaumwurzel noch Zitronenminze gepflanzt. Übermittle das bitte auch Deiner Mutter mit ganz lieben Grüßen von mir, sie wird nach dieser Anwendung nur staunen. Den eingedrungenen Gärtner-Gschaftlhuber ließ ich nichts von meinem Gießgeheimnis wissen, aber jetzt war ich an der Reihe, die Ehre meines geliebten Baumes, dessen Krone von Äpfeln nur so strotzte, zu verteidigen. Mit den Doldenbrüdern, die sich nicht riechen können, mochte er ja Recht haben. Aber dass die Blüten- und Samenbildung der Kümmelpflanze sowieso erst im zweiten Jahr stattfindet, das fand ich später heraus, davon hatte er gar keine Ahnung. Aber ich hatte wieder dazugelernt. Jedenfalls geht an meinen Baum kein Schnitter. Das fehlt noch, dass man ihn auf seine alten Tage auf eine propere 30-Jährige zurückstutzt. »Wir ent-

fernen nur abgestorbene Äste bei den alten Bäumen, nur bei den Jüngeren sind einschneidende Erlebnisse oft sehr anspornend, da haben Sie Recht«, klärte ich jetzt die Situation messerscharf. Das angstvolle Zittern meines anvertrauten Schützlings, meines guten, alten, dicken Frucht und Schatten spendenden, tröstenden Apfelbaums, beantwortete ich mit einer großen Umarmung. Schon durchdrang uns beide eine tiefe Ruhe und alle Nervosität fiel von mir ab. Das ist so oft meine Zufluchtsstätte. Wenn sich das energetische Feld der Bäume mit unserem vermischt, spürt man die geheimnisvolle Kraft, die von ihnen ausgeht. Man muss es nur zulassen und sich ganz leer machen und vertrauensvoll hingeben. Meine Mutter hat so oft ihren Trost bei einer Birke gesucht, als sie mit mir schwanger ging und schon fühlte, dass mein Vater gefallen war. Die Birke löst Spannungen in der Muskulatur, beruhigt den Herzschlag und versöhnt den verstimmten Magen, wenn sich etwas auf ihn geschlagen hat. Weißt Du, was mein Großvater immer gepredigt hat? Wenn man sich am Scheideweg befindet, so wie es Dein Lebensskript gerade mit Dir vorhat, soll man sich unter einen Nussbaum setzen und seinen Stamm streicheln. Neue Impulse werden dann in Dein Leben einfließen, sprich: die Bewusstmachung der notwendigen zu verändernden Lebensformen wird dadurch eingeleitet. Aber man sollte niemals unter einem Nussbaum schlafen, da seine Biorhythmen sehr stark in das Unterbewusstsein eingreifen können. Der Apfelbaum wäre die beste Nanny, um unter seinem schützenden Laubdach auszuruhen, doch Vorsicht, wenn ein Apfel fällt und das nicht weit von Stamm. Das passierte auch an jenem Nachmittag. Eine gezündete Apfelgranate, zielsicher von der Kompanie Fallobst auf das stolze Haupt des Gärtners lanciert, machte der Scharade ein Ende, er empfahl sich und zog mit meiner lustigen Nachbarin, die mir immer tröstend und hilfreich zur Seite steht, Leine, nicht ohne von mir mit einem Riesenfoto meines Apfelbaums in herrlichstem Blütenzauber beschenkt zu werden. Der Bann war wieder einmal gebrochen. Auf ein Wiederschauen zum Wiederstaunen im nächsten Jahr in Marienland, gab ich ihm liebevoll mit auf den Heimweg. In der Küche musste ich mir wieder mein herrliches Zitronenminzeöl – von Sofie aus Sizilien zusammengebraut – auf die Gallenregion und an die aufgewühlten Pulsschlagzonen streichen. Das tat wohl. Neben der Pfefferminze, die in meinem Garten ja bestens gedeiht, wenn ich sie gut gieße und sie oft von der Sonne geküsst wird, hat sich ja auch die von Carmelo mitgebrachte Zitronenminze aus Sizilien, Mentha citrata, bestens eingelebt und vermehrt. Mein Rucola-Salat ist in ihrer Nachbarschaft zu ungeahnter Form aufgelaufen. Dieser Geschmack war dieses Jahr einmalig, wie Du Deine Sinne davon ja selbst streicheln lassen konntest. Du kannst Dir bei Deinem nächsten Besuch ein paar Ableger von beiden mitnehmen und auf Deiner Südterrasse in einen größeren Holzbottich zusammen mit einem Bohnenkrautableger, Opa nannte es Gartenquendel, pflanzen. Vielleicht noch ein paar Ringelblumen dazu, dann hast Du eine geballte Mischung Lebendigkeit und Kraft vor Deiner Balkontür. Dein Magen wird's Dir danken und Aphrodisiaka hast Du auch gleich inklusive. Das Bohnenkraut, ich habe es in einen sonnigen selbst geformten Steingartenteil meines Refugiums und auch zwischen Minze und Ringelblume versuchsweise gepflanzt, haben schon die alten Römer zu schätzen gewusst. So

manches Fressgelage wäre ohne diesen Lippenblütler sprichwörtlich in die Hosen gegangen. Als Hüter und Kellermeister des Darmtrakts kümmert er sich um die Bereitstellung der Verdauungssäfte und jagt so manchen Bläh-Hans-Dampf aus den Gängen der Verliese in die Weite der Außenbezirke. Wenn Du das Bohnenkraut gleich verwendest oder es trocknest, dann immer kurz vor der Blüte abschneiden.
Jetzt weiß ich, wo der Begriff des verblühten Mädchens herkommt. Das Bohnenkraut blüht ja so schön in Weiß, Rosa und Lila. Da lass ich immer einen Teil stehen zur Freude fürs Auge und der Bienen. Vielleicht kannst Du Dir auch noch eine kleine Mini-Imkerstation auf Deinem Balkon bauen, um kostenlosen Bienenstich zum Frühstück zu genießen und Deinen eigenen Honig, das heißt Dein eigenes Göttergetränk, das Met, herzustellen. Das Met werde ich nächstes Jahr in meine guten Vorsätze mit aufnehmen, vielleicht schon in meiner nächsten Lebensstation auf meinem vorgezeichneten Lebensweg. Wo das sein wird, fragst Du? Vom Bach zum Fluss, vom Fluss zum See, vom See zum Meer. Hier lebe ich an einem Fluss, also in den Süden zum See. Südsee, meinst Du? Das wär zu far niente. Mein geistiger Führer zückt schon die Map, lässt mich aber noch schmoren. Nun hab ich ja meine Gäste ein bisschen zu lange unterm Apfelbaum stehen und auf meine frisch eingezogenen Entendamen aufpassen lassen. Der durch das Haus duftende Kaffee aus Kolumbien,

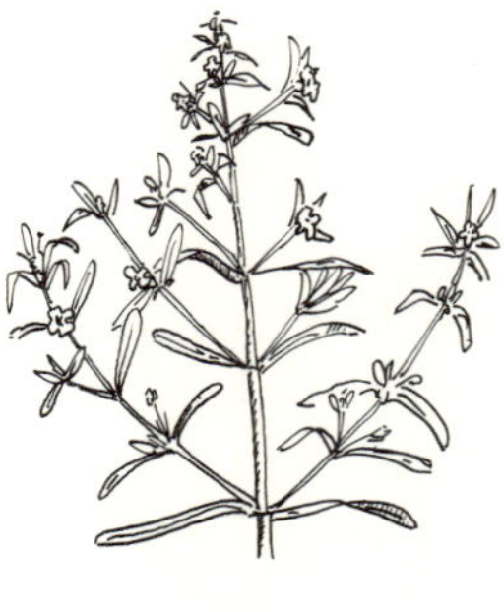

den ich frisch gemahlen so liebe, wie Du weißt, ist fertig, der mit fremden Federn geschmückte Kuchen gelungen. Gleich werde ich alles mitsamt einer kleinen Eistorte für die Kinder des Besuchs in den Garten bringen, und dann wird der Einzug meiner neuen Arche-Mitglieder und der versöhnliche Abzug des Schatzsuchers gefeiert und mit einer Hommage an das Leben und die Liebe dieser Tag zu einem rühmlichen Abschluss gebracht. Nur schade, dass Du jetzt nicht unter uns weilst. Ein kleines Lüften eines neuen Kräutergeheimnisses. Gleich werde ich mit meinen Gästen nach Kaffee und Kuchen zu einer Premiere schreiten. Unter unserem Apfelbaum werde ich meinen nach einer Ruhezeit von 14 Tagen ausgereiften Apfel-Bohnenkraut-Kräuterlikör zu einer Beurteilung kredenzen. Zusammen mit meiner Nachbarin haben wir schon das Vorkost-Ritual überlebt und sind schon auf dem Wege, danach süchtig zu werden.

Magst Du es ausprobieren? Hier ist das Rezept original à la Marianna. Du brauchst:

1 TL Olivenöl, 3 EL braunen Zucker, 2 Zitronen, 1/2 TL Zimt,
1 walnussgroßes Stück Ingwer, 1 TL Honig, 250 ml feinen Grappa,
1 Kiwi, 500 g Kochäpfel, 1 Walnuss, 1/2 Knoblauchzehe, 1 Zweig
Bohnenkraut, 1 Teebeutel Hagebuttentee

In einen großen Topf gibst Du ein paar Tropfen Olivenöl und den braunen Zucker und lässt es ein bisschen anrösten. Mit dem Saft einer Zitrone löschen. Zimt, die Hälfte des Ingwers, Honig, 1 EL Grappa, 1/2 Kiwi dazugeben und das Ganze mit einer Tasse Wasser löschen. Kurz aufkochen lassen, beiseite stellen und ziehen lassen. Die Äpfel schälen, einen davon beiseite legen, das Fruchtfleisch schneiden und mit den Apfelschalen und den Kernhäusern der restlichen Äpfel in den Topf zu der abgekühlten Essenz geben – nicht wundern, die Schalen und Gehäuse sind ganz wichtig wegen ihrer Inhalts- und Bitterstoffe. Mit etwa 1 l Wasser auffüllen, sodass die

Äpfel gut bedeckt sind. Dann gibst Du den Saft der zweiten Zitrone und ein bisschen von der Schale dazu und kochst das Ganze mindestens für 3 Stunden. Verdampfende Flüssigkeit immer wieder auf die Ausgangsmenge auffüllen und ja nichts anbrennen lassen.
Jetzt gießt Du das Gesamtgebräu durch ein Sieb und presst es mit einem Löffel oder Stößel aus, es darf ruhig sämig sein. Diesen Extrakt über Nacht in den Kühlschrank zum Ausruhen und für den Geschmack stellen.
Am nächsten Tag nimmst Du Dir eine saubere 1-Liter-Flasche, möglichst hell, gibst auf den Boden der Flasche 1/2 Walnuss geteilt, die halbe Knoblauchzehe, die zweite Hälfte des Ingwers in Stifte geschnitten, 1/2 Kiwi in Stifte geschnitten, 1/2 Apfel in Stifte geschnitten, 1 Prise Zimt und 1 mittleren Zweig Bohnenkraut, füllst das Ganze mit 250 ml Grappa und 750 ml durchgeseihtem gekühlten Apfel-Extrakt auf. 1 Beutel Hagebuttentee in die Flasche geben und die Flasche mit einem Korken verschließen.
Stelle Dein Produkt jetzt in den Schrank oder an eine andere sichere dunkle Stelle. Nimm am 2. Tag den Teebeutel heraus und horte Deinen Schatz nun für 14 Tage. Drehe die Flasche täglich um, damit sich die Kräuter und Einlagen gut vermischen. Wenn Du nach 2 Wochen öffnest, ist es nicht Aladin, der Deine Nase umhaut. Jetzt besitzt Du einen Kräuterschnaps par excellence. Gut für Deine Verdauung und Dein Wohlbefinden.

»Vertraue mir und Du wirst staunender stehen wie beim Töpfer in Rom, wie beim Seiler am Nil«, würde Rilke nur noch stammeln. Goethe würde die Sehnsucht nach fremder Fühlung preisen mit den Worten: »Sagt es niemand, nur den Weisen, weil die Menge gleich verhöhnet«, und Nietzsche würde singen: »Sehet, die Welt ist verklärt und alle Himmel freuen sich.«
Ja und da bleibt uns dann nur noch das Hosianna. Auf eine gute Zeit.

Deine Marianne

PS: Merke: Ein Gläschen nach der Mahlzeit ist Medizin, zwei Gläser ist eins zu viel.

Bäuerin Franziskas Naturmittel gegen Augenfältchen

Gegen Krähenfüße ist oft kein Kraut gewachsen. Franziska macht sich einmal wöchentlich aus etwa 50 g Kaffeesatz und geschlagenem Eiweiß von etwa zwei Eiern eine weiche Paste. Der Kaffeesatz muss einfach so lange mit dem Eischnee gemischt werden, bis er Ihnen taugt. Die Mischung auftragen und 20 Minuten einwirken lassen. Dann abnehmen und mit einer kleinen Mischung von 1 TL Olivenöl, ½ TL Eigelb und ½ TL Zitronensaft gut eincremen und wirken lassen. Das Ergebnis kann sich sehen lassen, bei kurmäßiger Anwendung natürlich.

Koriander · Ingwer · Zitronengras

Coriandrum sativum · Zingiber officinale · Cymbopogon citratu

»Government of the people, by the people, for the people, this was the principle of freedom from our 16th president of the United States, Abraham Lincoln. After the ending of the civil war Abraham was killed in 1865 by a fanatic man of the south states«, träufelte der Redner in unsere Seelen.

»Kein Wunder, denn dieser propagierte, ideologische Freiheitsgrundsatz wird ja auf dieser Welt nie in die Praxis umgesetzt«, zischele ich laut vor mich hin. Alles dreht sich nach mir um.

»Da wollte ein edler Mann mit hehren Zielen nur die Aufhebung der Sklaverei. Die Zusammenbindung und Versöhnung des Nord-Süd-Konflikts, und schon geriet er ganz unschuldig, wie es scheint, mitten hinein in den gefährlichen Strudel des Sezessionskriegs durch den Aufstand der Südstaaten«, bringt sich nun Ruth ein.

»Natürlich wollte man doch nur wieder scheinheilig an das Eingemachte: Baumwolle, Bodenschätze und billige Sklavendienste aus südlichen Gefilden«, warf ich jetzt leicht angefressen in die illustre Runde. Irritierte Blicke drängten sich jetzt um mich und ein Pulk freundlicher Gesichter wartete auf die Auflösung meines für sie babylonischen Sprachkompotts. Rätsel über Rätsel? Raten Sie mal, meine treue Leserschaft, wo habe ich Sie jetzt hingelotst? New York, meinen Sie, ganz kalt. Harrisburg in Pennsylvania? My dry country? No, no, aber jetzt wird's schon wärmer. Ich verrate es Ihnen: Arkansas, am rechten Nebenfluss des Mississippi. Hier in Arkansas, ehemals Louisiana, stand in der Hauptstadt Little Rock die Wiege von Billy-Baby nebst Saxophon. Jetzt dürfen Sie nochmals raten. Clinton! Bill Clinton! Stimmt. Wow, great, würden meine amerikanischen Kolleginnen jetzt rufen und ihren Coconutdrink durch die Lüfte schwingen. Von mir gewinnen Sie gleich ein Überraschungspaket mit vielen guten energetischen Gedanken. Sie müssen es aber auch auffangen, aber nur, wenn Sie dazu Lust haben. Schnuppern Sie mal, wonach es in einem gemütlichen Restaurant in Arkansas mit Familienbetrieb immer duftete? Da kam das kreolische Essen auf den großen runden Tisch, Cajun-Food, so delikat, liebevoll gewürzt und erfahren zubereitet, dass mir schon immer bei der bloßen Vorstellung das Wasser im Mund zusammenlief. Und Rosalie, a peacetime warbride und glückliche Mutter von sieben gelungenen Kindern, ging einstweilen in Stuttgart/Arkansas Shopping. 30 Kreditkarten in der flotten Umhängetasche gebunkert. Diesen Film drehten wir im Jahre 1989. Das war ein Abenteuer an der Seite meiner verehrten Schauspielerkollegen Judge Reinhold und Brad Davies, der ein Jahr später für immer von uns gegangen ist. Um dem typischen American Fastfood and Go-West-Lightdrinks zu entgehen, wurde Filmteam-Mutter Marianne fündig. Fast 80 Meilen von unserem Drehort entfernt hatte meine Nase den kleinen Ort »Du Valls Bluff« aufgespürt. Hier waren kreolische Familien in der Mehrzahl, lebten aber in friedlicher Eintracht mit ihren dunkelhäutigen Nachbarn. Den weißen Gringo musste man hier mit der Lupe suchen. Geschulterte, in Stiefelschächten versteckte und in Autorückfenstern prangende Gewehre, die in allen Distrikten von Arkansas den ersten suggestiven Eindruck erweckten, in einem alten Western gelandet zu sein, fehlten hier, da kam Dankbarkeit auf. Hatte mich vor ein paar Tagen eine Jagdgruppe – it was hunting season – bei einem meiner ausschweifenden Spaziergänge durch die teilweise unbetretenen

Haine und Wiesen fast mit einem Elefantenbaby auf der Flucht verwechselt, das man dennoch zur Strecke bringen wollte. Die Kugeln verfehlten ihr Ziel, aber ich schoss den Vogel ab, wie man so sagt. Auf meiner Flucht vor den weitsichtigen, schießwütigen Entenjägern – it was duck season, you know. Ich wurde ja von den Einheimischen gewarnt, in der Pampa zu Fuß zu wandeln, aber genau in dieser Gefahrenzone entdeckte ich einen bezaubernden Ort, wo ich abgehetzt Schutz am kuschelwarmen Küchenherd von Mama Françoise und Papa Louis mitsamt den hübschen Töchtern und Söhnen fand. Wie freute man sich, dass Leben in die Bude kam. Dieses einmalige Soul-Cajun-Food in der Tradition der kreolischen Küche konnte und wollte ich meiner Filmcrew nicht vorenthalten. An vielen Abenden nahmen wir die Anfahrt in Kauf, um unsere Gaumen, Körper und Seelen von dieser lieben Familie und ihren uns wieder auf die Sprünge helfenden Speisen verwöhnen zu lassen. Die kleine Kirche des Orts mutierte zu Rosalies katholischem Refugium, um dort ihre Beichten beim konsternierten Filmpfarrer, gespielt von Judge Reinhold, abzuliefern. Die Main Street des Dorfes bestand aus etwa zwölf kleinen Geschäften, eine Rarität in dem supermarktgespickten Dorado der Vereinigten Staaten. Der Friedhof der Ansiedlung, der durch die vielen Toten des Bürgerkriegs eine fast gleich große Fläche aufwies, entpuppte sich für mich zu einem wahren Schatzkästlein mit Namen, Geburts- und Sterbedaten, bei denen sich bei meinen Besuchen und Recherchen assoziative Bilder aus der Vergangenheit der ansässigen Familien nur so auftaten. Das friedvolle Friedhofsgelände wurde zu meinem bevorzugten Wandel- und Ruhepark. Da, aber nur da konnte auf eine schusssichere Weste verzichtet werden. An diesem Abend, den ich eingangs angetippt habe, möchte ich Sie hier an meiner Rückerinnerung teilhaben lassen. Mit Kolleginnen aus dem Filmteam zusammen wurden wir wieder zu Studentinnen. Der Schullehrer des Orts hatte uns zu kostenlosen Vorlesungen über die ursprüngliche Geschichtsschreibung und einer Recherche aus seiner Sicht der Dinge eingela-

den. Die Herren unserer Truppe hatten sich artig für die Einladung bedankt, die Damen der Schöpfung waren gekommen. Heute war's ja schon besonders aufschlussreich und fast hysterisch lustig, denn unser Gönner hatte uns mit einer wahren Geschichte beglückt, die wohl zur Zeit des Süd-Nord-Kampfgeschehens im Jahr 1863 an diesem schicksalsträchtigen Ort stattfand. Ein Spion der Südstaatenliga hatte sich wohl des Nachts über Jahre als Frau verkleidet und sich so in das Casino der Offiziere an diesem nördlichen Kriegsschauplatz hineinmanövriert, um im wollustgetünchten Spiralnebel als professionelle Liebesdienerin dieser Spezies Mann alle Geheimnisse über Angriffszeiten, Waffenlieferungen etc. aus der Nase oder sonstigen Ecken zu ziehen. War das eine Wonne, diese Geschichte vor unseren Augen passieren zu lassen. Meine feurig würzige Koriander-Salsa mit Tomaten, Frühlingszwiebeln, Korianderblättern, Limetten und Chilischoten, auf selbst gebackenen Tortillas, eine Spezialität vom Chef des Hauses, die uns an dieser Stelle als Vorspeise serviert worden war, ließ in mir sogleich das einmalige Bild der vor den liebeshungrig verschlingenden Blicken der Offiziere wild auf dem Tisch tanzenden Jana, so war ihr Künstlername, entstehen. Meine amerikanische Freundin Ruth, die mich und mein Bavarian English als Coach aufbesserte, hatte zwar mit der originellen Geschichte, aber mit meinem Koriander-Vergnügen à la Salsa nichts am kalifornischen Hütchen. »I don't like Koriander, Marianna, der riecht nach Wanze und beleidigt meine Nase«, maulte sie halb englisch, halb deutsch in meine Richtung, während ich meine Nase tief in ein Pöttchen mit der göttlichen Mischung steckte. Hier bei meiner geliebten kreolischen Familie hatte ich bei meinem ersten Besuch das Koriandergrün zu einem Catfish-Gericht in Alufolie, aufgebacken mit Bananen und heißer Kokosmilchsauce, serviert bekommen. Meine Seele erschauerte und erkannte dieses Gewürz sofort. Aus tiefen Bewusstseinsschichten meldeten sich freudige Signale und bis heute ist diese Gewürzpflanze, die von den Römern in Europa bekannt gemacht wurde, aus meinem täglichen Alltag nicht mehr wegzudenken. Meine Suppen, Currygerichte und Salate möchten auf diesen Diskurs mit dem römisch-griechischen, sonnenhungrigen, entkrampfenden und appetitanregenden Lustknaben nicht mehr verzichten, versuchte ich damals Ruth an meine begeisterte Seite zu ziehen. »Was glaubst du, welch ein Zaubertrank entsteht, wenn du den Koriander zusammen mit Chartreuse zu einem Kräuterlikör reifen lässt, das dauert nur zwei bis drei Wochen. Probier ihn doch einfach einmal, gib ihm eine Chance«, bettelte ich inbrünstig. »Es gibt ein Geheimrezept für ein Kräuteröl à la Surinam, das aus Zitronengras, Ingwer, Sonnenblumenöl und Koriander hergestellt wird. Die Chefin des Hauses hat's mir verraten, das ist wunderbar. Es kurbelt

die Durchblutung an. Die kreolischen Mütter nehmen dieses Öl sogar zur Erleichterung bei Geburtsschmerzen«, versuchte ich jetzt Ruth wieder zu locken. Aber jetzt hatte ich einen wunden Punkt getroffen und ich beschloss sogleich wieder zu den Ausführungen unseres ehrenamtlichen Historikers zurückzukehren. Der Gedanke, dass von meinem grünen Pflanzenfreund ein Wanzengeruch ausginge, war mir nie gekommen. Ja, wie ging denn die Geschichte von unserem Südstaaten-Hero bzw. unserer Heroine aus? »Excuse me, my ladies, I was dreaming for a while, I missed the end of the spystory«, versuchte ich meine geistige Abwesenheit zu erklären.
Unser Referent war nun schon bei den Indianern. »Wissen Sie«, hatte er gerade unseren verdutzten amerikanischen Staatsbürgerinnen erklärt, »dass die Ureinwohner Amerikas Pferde nur von Traumweissagungen kannten? Diese Indianerstämme liefen mit ihren Angehörigen zu Fuß über die Prärie und kletterten behände auf die Berge und Bäume. Die Pferde, mit denen sie dann in späteren Zeiten wie zusammengewachsen schienen, erbeuteten sie vom Weißen Mann und machten sie sich untertan«, setzte er seinem heutigen Referat noch das Pünktchen auf das i. Darf ich Sie noch kurz um das Ende der Story unseres transmittigen Offiziers mit den zwei Januskӧpfen bitten, sorry. Jetzt wurde es noch bunter, denn besagter Janus brachte nicht nur nachts das Blut seiner Kunden als Prostituierte Jana in Wallung, nein er überfiel auch noch untertags, als Anführer einer Gang aus dem Süden, den Zug mit den Waffentransporten die für die Nordallianz bereitgestellt worden waren. Die geheimen Daten erfuhr er wiederum als Jana des Nachts von den schweißgebadeten Göckeln im Lotterbette. Das wäre doch eine Filmstory, das würde ja keiner glauben wollen, das würde aber den Nerv der gerechten, eisenharten ledergesichtigen Cowboy-Fossilien empfindlich treffen und erst den donnerhalligen Ruf des amerikanischen Macho-Hunters in einen softeiszirpenden kleinen spitzen Schrei einer verhungernden Ballerina verzerren. Das musste ich nun meiner Ruth, die ja als einzige Deutsch-Esperanto verstand, mit einem Schlag Sahne auf

den Kokosnusskuchen samt Teller klatschen. Sie nahms mit Humor und war von der Idee, diesen Film auf Zelluloid zu bannen, mehr als begeistert. »Das wäre eine Rolle für Tom Cruise«, meinte unsere Cutterin augenzwinkernd. »Wie wär's mit Rupert Everett?«, brachte ich aufgeregt ein. »Wie hat denn dieser wilde janusköpfige Offizier sein Leben verloren?«, fragte ich nun ganz aufgeregt. »He survived«, erklärte unser Lehrbeauftragter relaxed. »Er heiratete einen Soldaten, als umoperierte Frau, und keiner hatte es bemerkt, kaufte sich mit seinem geraubten Geldanteil eine Baumwollfarm und starb 20 Jahre später an dem Biss einer Vogelspinne«, berichtete schmunzelnd der Geschichtenerzähler. »Da sehn Sie mal wieder den gelebten Beweis von Ursache und Wirkung«, trumpfte ich jetzt auf. »Aber Gottes Mühlen mahlten noch langsam und gerecht im 18. Jahrhundert. Seit Gottes Mühlen atomgetrieben arbeiten, geschieht die Antwort auf eine Verursachung oft in Windeseile. Im Guten wie im Bösen«, proklamierte ich jetzt in meinem unverkennbaren englischen Radebrech. O Wunder, man hatte mich verstanden, alles lachte aus tiefstem Herzen. Das war kein Wunder, das galt gar nicht mir, denn mit den Worten »Buono appetite« zwängte sich gerade der Kellermeister und Küchenchef des Hauses mit einer leckeren Kokosmilch-Hühnersuppe, angereichert mit Morcheln, Hühnerfleisch, Reis, Koriander, Ingwer und Zitronengras, durch die voll besetzten Reihen. Der überbackene Fisch, mit Zwiebeln, Petersilie, Thymian, Ingwer, Bananen, Feigen, Schinken und Butter in dunklen Brotkrümeln gewälzt, wartete ebenfalls schon fast gar im Ofen und wurde von uns allen genossen und verschlungen, die Töpfe und Servierschüsseln wurden ausgekratzt, sprich heimlich ausgeleckt, so sehr hat dieses Mahl und die vielen anderen, die wir dort eingenommen hatten, gemundet. Übrigens die wohlbekömmliche Ingwerwurzel, die ja aus Indien zu uns eingeführt wurde, gelangte durch meine Aufmerksamkeit in den Topf der kreolischen Küche der Wirtsfamilie. Ich hatte die Ehre, Madame Zingiber officinale, deren meist handtellerförmiger Wurzelstock so bizarre Formen aufweist, dass ich sie gerne wie Skulpturen platziere Herrn Louis exklusiv vorzustellen. Das war Liebe auf den ersten Blick. Mittlerweile braut sich die Familie sogar ein eigenes Ingwerbier. Das soll sehr gut schmecken und bei verstimmtem Magen und Dünndarm wahre Wunder bewirken. Ja, in Kompanie mit Sushi, das ich sehr liebe, erbitte ich mir von den Ingwerscheiben immer eine doppelte Portion. Darf ich Ihnen was verraten? Ist Ihnen der Blutdruck mal in die Hose gefallen? Reitet ein Kopfschmerz gegen die Stirnwände oder zieht die Frühjahrsmüdig-

keit ihre verdiente Bahn? Dann schneiden Sie die Ingwerwurzel auf und verreiben den austretenden Saft sofort an die Punkte auf der Haut, wo Sie den Pulsschlag ertasten können, an Stirn, Arm, Hand- und Fußregionen. Wiederholen Sie das dreimal innerhalb einer Stunde. Schneiden Sie immer wieder ein Stück ab, sodass Saft austreten kann, und Sie werden über die Wirkung frappiert sein. Dieses Rezept, das mir von einer Indianerfrau in New York verraten wurde, vertraute ich nun auch unserer heiteren gaumenverwöhnten Runde an. Das war jetzt die Stunde der Küchenartisten. Der historische Vortrag wurde freundlich beendet und auf den nächsten Tag verschoben. Alle stürzten sich erst mal begierig in die Suppenterrinen hinein und alle Vöglein fraßen und hörten auf zu singen. Ein paar Stunden später glaubte ich in meinem Hotelzimmer die Engel singen zu hören, vor allem bat ich meinen Schutzengel um ein Ave Maria. Eine Gruppe von 20-jährigen Pubertätlingen männlichen Geschlechts kam mit blutverschmierten Masken von Naturgöttern auf ihre Gesichter gepflanzt, mit aufheulenden Tönen ihrer schweren Motorräder, betrunken und grölend in das Hotel zurück. Sie parkten direkt vor meinem Fenster. Nachdem ihre Jagdbeute, Eichhörnchen, Hasen, Bussarde etc., alles mausetot, im Kofferraum eines parkenden Wagens verstaut worden war, ging man zur Sache. Erst wurde der Empfangsraum des Hotels mit Gebrüll und Getöse zu Kleinholz gemacht. Der Rezeptionist hatte sich vor Angst wieder mal in den großen Schrank eingesperrt. Das war nicht die erste blindwütige Attacke, versicherte er uns später. Der Rädelsführer der selbst ernannten Ledernacken hatte sich als Spezialfrüchtchen und Sohn des Sheriffs von Stuttgart/Arkansas vorgestellt und gab sich und seinen Gangmembers freie Bahn. Da waren wohl schon bei der Emigration seiner Vorfahren Hopfen und Malz auf der Anreise verloren worden. Die Telefone in diesem Dorf funktionierten nicht mehr, aus den Kabeln haben die Schurken einen Salat gemacht. Jetzt fingen sie auch noch ausgerechnet vor meinem Fenster an zu raufen, und zwar jeder gegen jeden. Mit rotem Blut zeichneten sie mir Muster ins Fenster und das so berühmte, in so vielen Talkshows gerne eingesetzte Wort FUCK auf die Außenseite meiner Fensterscheibe. Jeden Moment konnten sie unsere Türen eintreten, um uns völlig zu erschrecken, vielleicht zu attackieren. »Vater unser«, fing ich in meiner Angst an zu beten. »Der du bist im Himmel, geheiligt werde dein Name.« Ich kam einfach nicht weiter mit meinem Vaterunser. Diese angehenden Familienväter, oh my gosh, unter dem Schutzmantel ihrer Väter waren diese Knaben außer Rand und Band. Der Sohn des Sheriffs wütete besonders arg. »Keine Chance, wir haben keine

Chance«, zitterte der Empfangschef, der sich mittlerweile unter seinem Pult ein Surviving-Iglu aus Mänteln, Schirmen und Zeitungen gebaut hatte. Bang!, landete ein Ziegelstein auf der Anmeldetheke. Die Polizei kam auch hier nicht, trotz SOS-Telefonanrufs des Portiers aus seinem Versteck heraus. Jetzt ging's ans Eingemachte. Wie schon so oft in meinem Leben hieß es jetzt Ruhe bewahren und einen Hilferuf an meine Schutzengeltruppe loszulassen. Dionysos fiel mir plötzlich tröstlich ein. Alle Dinge haben Kräfte oder Energien, die von magnetischen Feldern organisiert und friedvollen Engeln zugeordnet werden und immer versuchen, eine Sache ganz zu machen. Sie sind konzentriert bei der Sache, existieren zwischen Zeit und Raum, gebunden an die göttliche Existenz, sie haben also eine Teilhabe am göttlichen Wesen. Sie sind Vermittler und Boten zwischen Himmel und Hölle. Eines war mir klar, das Inferno vor meinem Fenster hatte mit Zweiterem zu tun. Gerade hatte sich der ganze Groll auf die eigene Sippe geschlagen und man traktierte sich wie von Sinnen mit scharfen Messern. Engel sind intelligent, kam mir da wieder in den Sinn. Kurze Meditation und Idee! Schnell die schönsten Stängel meines frisch erstandenen Zitronengrasbüschelwerks in einen Topf mit Wasser gegeben und auf den Siedepunkt gewartet. Der Spuk vor dem Fenster will aber kein Ende nehmen. Walle, walle, dass zum Zwecke feinstes Öl bald fließe, über die Häupter der Berserker sich ergieße. Was hat mein verehrter mich ausbildender Doktor für Inneres immer gesagt: Der Geruch von

Kräutern und ätherischen Ölen ist die beste Waffe, falls der jeweilige Duft jemandem nicht zur Nase steht. Zitronengrasöl vertreibt Bakterien und vernichtet Pilzkolonien und Infektionen. Schon steigt der wunderbare Geruch an die Decke und zwängt sich durch die Fensterritzen, schon fliegt der erste Stein mit Bersten und Krachen in die Fensterscheibe. Schnell noch eine Knolle Knoblauch in einem zweiten Töpfchen zum Dampfen gebracht und ebenfalls auf das Schlachtfeld verdonnert. Alle Seraphine und Cherubime stehen mir bei. Die ersten Nasen krausten sich, als die Dämpfe kamen und schon nach etwa zehn Minuten ließ man voneinander ab, zum Missmut in den rauchigen Gesichtern kam jetzt noch ein unbändiges Staunen, wo denn dieser Geruch herkäme. Ich ließ dampfen, brodeln und kochen, was das Zeug hielt. Der Hinterhof war in Null Komma nichts in eine romantische Zitronenwolke getaucht und mein treuer Freund Knofel leistete mal wieder gute Arbeit an der Kante. Luzis Heerschar verließ beschämt die besudelte nördliche Stätte. Ich hatte natürlich, was die Konzentration meines Gemischs betraf, noch kräftig schon fertig destilliertes Zitronenminzeöl in die Vertreibungsbrühe mit fließen lassen, das war eine satte Dosis, sag ich Ihnen. By the way, ich hab ja ganz vergessen, Ihnen die Rezeptur meines selbst gemischten und aufgebrühten Kräuteröls Surinam zu notieren:

Sie brauchen dazu:

20 g Korianderkraut
20 g Zitronengras
20 g Ingwerwurzel
200 ml Wodka
750 ml feinstes Sonnenblumenöl

Das Korianderkraut, das Zitronengras und die Ingwerwurzel klein schneiden, mit dem Wodka übergießen und 15 Minuten ziehen lassen. Das Öl in einem Topf leicht anwärmen, die angesetzten Kräuter im Wodkasaft dazugeben und das Ganze etwa 1 Stunde am Siedepunkt ziehen lassen. Nach der Abkühlung durch ein Sieb (am besten Nylon) streichen und in ein ausgekochtes, luftdichtes, dekoratives Gefäß gießen. Jetzt machen Sie es sich ganz bequem, vielleicht bei leisem Wassergeplätscher durch einen laufenden Wasserhahn, Augen schließen und nun lassen Sie von zärtlichen Händen, falls kein Partner vorhanden, helfen Sie sich selbst, das magisch duftende Öl, am besten nach dem Bade in die Muskelpartien Ihres Körpers einmassieren. Danach ab in die Heia, jucheia. Lassen Sie es mich wissen, wie es Ihnen dabei ergangen ist. Für dieses Rezept brauchen Sie zu Risiken und Nebenwirkungen Ihren Arzt oder Apotheker nicht zu fragen! Aloha!

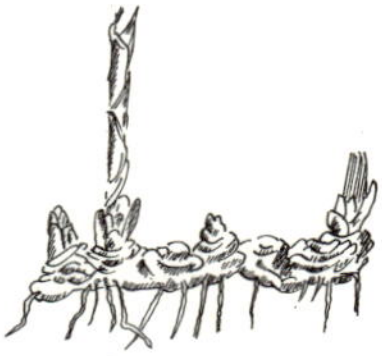

Mit Ingwer und Zitrone Stimmung in Ihrer Wohnung machen

Gleich nach dem Aufstehen, noch vor dem Duschbad, setze ich mir einen Topf mit etwa einem Liter Leitungswasser auf die Herdplatte, gebe ein etwa fingerdickes Stück frischen Ingwer in Scheiben geschnitten samt Schale dazu, außerdem den Saft und das ausgepresste Fruchtstück einer halben Zitrone, und koche es auf. Keinen Zucker dazugeben! Mit einem Stück des geschälten frischen Ingwers betupfe ich sogleich alle Stellen, wie beispielsweise am Handgelenk, in der Halsgrube, neben dem Fußknöchel, an denen der Pulsschlag zu spüren ist. Schon nach ein paar Minuten zieht ein erfrischender wohltuender Duft durch die Räume, befeuchtet das Raumklima, neutralisiert alle negativen Energiereste. Gleich nach der Dusche nehme ich mir aus dem sprudelnden Topf ein kleines Glas von dem duftenden Ingwer-Zitronen-Wasser und trinke es in kleinen Schlucken. Es öffnet die inneren Pforten und der Tag kann beginnen. Ommm.

Mein Suppenparadies

Trittst du mit deinem Garten in einen lebendigen Austausch und in eine ernst zu nehmende Partnerschaft, gibt er dir, was du brauchst.«

Dieser weise Satz einer sympathischen Kräuterkundigen geht mir nicht mehr aus dem Sinn, als ich heute Morgen mit klopfendem Herzen die sich schon mutig dem Morgenlicht entgegenstreckenden Löwenzahnblätter pflücke und hurtig zusammen mit den ersten Gänseblümchenblättern meiner erkrankten Kaninchendame Stück für Stück ins lädierte Mäulchen schiebe. Begierig nimmt sie diese edlen Pflanzen mit den antibakteriellen, heilenden Wirkstoffen zu sich. Die Bitterstoffe dieser guten Hilfsgeister werden, so hoffe ich, jetzt ein alkalisches Milieu hervorrufen, in dem diese fremden bakteriellen Eindringlinge keinen Fuß mehr auf die Erde bringen werden. Ein tägliches Sonnenbad unserer kleinen Hasenlieblinge wurde für das Weibchen der dreiköpfigen Tierkleinfamilie in einem kurzen unbeobachteten Moment zum Drama. Bei einem »Attentat« hatten ihr wahrscheinlich zu dieser Tat angestiftete Kinder mit Power-Ball-Tabs beide Nasengänge zugekleistert. Die Atemnot einer hilflosen Kreatur mitansehen und -hören zu müssen, tut in der Seele so weh. Aber in diesen Zeiten heißt es handeln, nicht mehr weinen. Was nun die Hintergründe betrifft, werde ich Sie jetzt nicht damit

belasten, es würde Sie nur tieftraurig machen, vielleicht ein andermal, wenn ich aus dieser Talsohle heraus bin und wieder frei atmen darf. »Mann muss einfach Geduld haben, wenn man sich in die Hände der Kräuterfauna gibt«, orakelte heute Nachmittag meine Seelentrösterin Franziska und übergab mir verschmitzt eine Dose ihrer in Freundeskreisen gerühmten Ringelblumensalbe, die sie in feinstem Schweineschmalz aufgelöst hatte. Und sie wirkte.
Seit drei Tagen bin ich mit meinem ganzen Sinnen und Trachten dabei, diesen kleinen Mikroorganismus der kosmischen Makro-Mutter mit all meinen abrufbaren Energien und meiner rückhaltlosen Zuwendung wieder in eine schützende und ausbalancierte Bahn zu bringen. »Häschen in der Grube saß und schlief, auch mein armes Häschen ist krank, dass es nicht mehr hüpfen kann«, berichte ich am Gartenzaun meiner besorgten Nachbarin und guten Fee Frau Seidel. »Aber bestimmt greifen die Mittel aus der Zauberschublade der Mutter Natur. Gleich werde ich ein neues Zwiebelsäckchen gegen die entstandene Entzündung arrangieren und meinen Apfelessig-Aufguss erneuern. Heute bin ich ganz fest überzeugt, dass ich es schaffe, dieses mir anvertraute Wesen am Leben zu erhalten.«
»Sonst haben Sie keine Sorgen?«, rauscht die Stimme einer passierenden Ortsansässigen an uns vorbei. Sie hatte ihre Lauscher kräftig ausgefahren und unsere Konversation mit eingesackt.
»Ja mei«, schicke ich ihr mit erhobener Stimme hinterdrein. »Die Dinge an der persönlichen Lebensnaht müssen halt getan werden. Meine hegende und pflegende Kraft ist immer abrufbar, wenn Not am Mann, an der Frau und an jeder lebenden Kreatur ist«, sinniere ich über den Staketenzaun.
»Vielleicht denken Sie mal mehr an sich«, kontert meine sympathische Nachbarin lachend und hält mir ein Töpfchen mit herrlich duftendem Zitronenthymian unter die Nase. »Sie haben ja so Recht, Frau Seidel, aber es muss doch auch am Firmament ein paar Individuen mit einem gutartigen Helfersyndrom geben. Tut ja niemandem

weh, und wenn ich an Ihr Engagement für Tiere und Menschen denke, hat das jetzt ja die Richtige gesagt«, pariere ich verschmitzt, während wir es uns in meiner Küche wie jeden Tag für eine wohlige Weile gemütlich machen.

Mein weiblicher Gast hört mich nicht, hat all ihre Sinne und Fühler in meine surinamische Marinade aus Ingwer, Knoblauch, Chili, Koriander, Zitronengras, Fischsauce, Sojasauce, Akazienhonig, Kokossauce und Erdnussöl getaucht. In diese Himmelsbrühe aus fernen, aber nur so nahen Landen, hatte ich über Nacht Hähnchenbrüste eingelegt, um diese klein geschnitten in meinem Suppentopf mit

der bereits duftenden Hühnersuppe zu kredenzen – wie das duftet und mundet! Das gibt Kraft und Saft; meine Vorkosterin dreht verzückt das Augenrund. Ganz unbefangen lässt sie sich auch dieses Mal wieder auf meine Zauber-Suppe ein. Auf die Herdplatte hat sie nun selbst komponierten schmackhaften Linseneintopf gestellt, damit ich nicht vom Fleisch falle bei meiner Krankenwache, meint sie. Nun falle ich in diesen Topf ein, herrlich wie zu Mutters besten Zeiten. Da war eine Meisterin am Werk. Alles von Hand gemacht und den Linsen wurden beim Einweichen ein Teelöffel Kaffeepulver und ein Stamperl trockener Sherry zugesetzt. Danke, Seelenschwester, schon wieder was gelernt.

Aber auch ich habe mich nach dem dritten Vorkosten meiner kreierten Suppe und dem freudigen Absegnen durch meine Besucher nun entschlossen, den Schleier der dreidimensionalen Abfolgen meines Überlebenssuppen-Kochrituals zu lüften.
Als Missionarin möchte ich mich nicht vorstellen, mit meinem Stück gepachtetem Gartenland auch nicht protzen. Ich weiß ja, wie viele Menschen gerne eine kleine grüne Garteninsel ihr Eigen nennen würden. Oft fehlt aber der Platz, die Zeit und die Muße dazu. Auf den Märkten der Städte erwartet uns ja eine ganze Palette von Kräutern und Gewürzen aus allen Teilen der Welt. In den letzten Jahren hat sich das Angebot in den Supermärkten stark verbessert.
»Ja, aber diese frischen Kräuter reißen ganz schöne Löcher in unsere Portemonnaies«, weiß da Frau Seidel zu berichten. Dann nicht lange zaudern und hupps eine Grundausstattung z. B. von Schnittlauch, Petersilie, Liebstöckel, Zitronenthymian, Basilikum, Rosmarin und Oregano in originelle Tontöpfe nach Anweisung des Gärtners geben und aufs Fensterbrett platzieren, Sonnenseite wird von den neuen Mitbewohnern natürlich bevorzugt. Ein tägliches strahlendes Lächeln macht das Manko eines weniger lichtdurchfluteten Platzes wett. Regelmäßiges Zurückschneiden wird mit regem Nachwuchs belohnt. Für ein gutes Wort ist das Ohr einer Pflanze immer offen, vor allem für ein lobenswertes. Es grünt dann grün und unsere Gärten und Topfkolonien blühen. Die getrockneten Kräuter in Gläsern oder Dosen überraschen uns meistens mit intensivem Geschmack. Auch in ihnen wohnt eine geballte Ladung Kraft und sie verfügen über einen beachtlichen Wirkungsgrad, wenn sie ihre Behausung verlassen, um sich kopfüber in einen Suppentopf zu stürzen. Acapulco lässt grüßen.
Und jetzt darf ich Ihnen – Frau Seidel weiß es schon – mein kleines Geheimnis aus der Schatulle meines Großvaters in den Schoß legen. Ob frisch geschnitten aus einem Garten, von Ihrer Fensterbank oder aus einem der reichhaltigen Angebote an getrockneten Kräutern und Gewürzen in Dosen vom Supermarkt oder Tante-Emma-Laden.

Ich lasse nach Großvaters Idee und Erfahrung die zusammengefügten Elemente z. B. als Gruppe »Alles, was weiß ist unter der Erde«, wie Zwiebel, Knoblauch, Sellerieknolle, Petersilienwurzel, zuerst in nicht zu heißem Olivenöl, Kürbiskernöl oder auch wahlweise Butter oder Butterschmalz, je nach Suppencharakter, durch etwa zehnminütiges Schmoren oder Dünsten miteinander kommunizieren, vielleicht auch nur musizieren, oder gar diskutieren.
Nach etwa 15 Minuten ziehe ich dann den Topf zum ersten Mal vom Feuer. Alles, was unter der Erde wächst, wurde so eingeladen zum ersten Rapport. Alles, was grün ist und über die Erde ragt, ist nun für den zweiten Durchlauf nominiert. Zuerst vor allem die Grünanteile der Wurzeln und Knollen, wie z. B. Selleriegrün, die Schäfte der Frühlingszwiebel, das Petersilienkraut, die Wurzelwerke etc. Dann nehme ich dazu den Lauch und einen Anteil der ersten grünen Kräuter wie Petersilie, Oregano, Thymian und Rosmarin. Etwa die Hälfte der Portion gebe ich jetzt in den Zaubertopf. Sie werden ihre körperlichen und feinstofflichen Eigenschaften zusammen mit Verbindungsstoffen, z. B. Muskat, Curry, Paprikapulver, Pfeffer, einer Prise Salz, braunem Zucker, einem Schuss Weißwein, Zitrone oder Weinessig, je nach Rezeptur demütig in den Dienst der guten Sache stellen, sich scheinbar auflösen und mit den anderen verschmelzen. Den zurückbehaltenen Teil der Grünlinge lege ich ungeschnitten und in ein feuchtes Tuch gewickelt in den Kühlschrank. Ab auf die Wartebank, meine Herrschaften! Schnittlauch und Basilikum sollen nur frisch geschnitten am Ende der Kocharie zugegeben werden.
Nach der zweiten Phase, dem Zufügen und Dünsten der grünen Gewürzpflanzen und Kräuter, ist nach einem kurzen Aufgießen mit Weißwein oder Suppenfond und dem Zufügen von ein paar Löffelchen Zitronensaft, Sojasauce, je nach Suppenphantasie, dem Suppengebräu eine kleine Auszeit zu gönnen, vielleicht eine Viertelstunde. Während wir durch Hobeln, Schälen und Vierteln die weiteren Gemüsezutaten auf ihre große Reise vorbereiten, das auserkorene Stück Hühner- oder Rindfleisch oder den erwählten Fisch

aus der nächtlichen Marinade herausnehmen und liebevoll in der Warteschleife in Position bringen, haben die großen dickfleischigen, siebenhäutigen Gemüsezwiebeln aus der Sippe der Allium mit ihren Verwandten Gevatter Lauch und Onkel Knoblauch alle Säfte voll zu tun, im vermeintlich ruhenden Topfesgrund für eine korrekte Ausschüttung von Phosphor, Kalzium, Magnesium und Vitamin C zu sorgen.

Schon ist mal wieder ein heftiger Streit entbrannt. Der hoch gelobte Genosse Knoblauch versucht heute eine doppelte Dosis seines speziellen Wirkstoffs Allicin an den Mann zu bringen, und das gegen Bares. Hätte nicht gerade der berühmte Herzchirurg Prof. Reichardt letztens in einem seiner zahlreichen Fernsehinterviews vehement auf eine sehr hohe Dosis meines Zauberstoffs Allicin hingewiesen? Nur dann sei eine Vorbeugung gegen Arteriosklerose preisverdächtig und der Cholesterinspiegel müsse dann demütig seine Werte senken, argumentiert er listig.

»Ach ja, und was ist mit unserem gemeinsamen Wirkstoff Allylsulfid? Den willst du wohl mit deinen Managern für eine Weile vom Markt nehmen, nur um mit deinem hoch gelobten Allicin Geschäfte zu machen.« Jetzt kommt Mutter Lilian Allium, die hier das Regiment führt, in Rage. »Wir sind hier eine eingetragene Genossenschaft«, wettert sie. »Rausrücken mit dem Allylsulfid, sonst kommst du hier nicht mehr raus«, droht sie jetzt. »Wir Zwiebelmütter legen ja auch ohne zu murren all unsere Schätze auf die Waage. Deinen Ehrenpreis können sich deine Genossen ruhig draußen abholen und auf die Verkaufspreise haben wir hier unten ja sowieso keinen Einfluss. Haben wir Zwiebelfrauen schon einmal mit unserer Allylsulfid-Ausschüttung hinter dem Berg gehalten? Haben wir je mit unseren Kaliumlagern geprotzt? 100 Gramm unserer saftigen Lenden bringen dem Verzehrer 135 Gramm Kalium. Auch dieses Zaubermineral ist blutdrucksenkend und herzschützend, hat ein berühmter Ernährungsforscher gesagt. Hängen wir das an die große Glocke? Unser gemeinsam produziertes Allylsulfid ist in der Lage, das gefürchtete

Bakterium Helicobacter pylori, das die Magenschleimhäute attackiert und Magengeschwüre verursacht, in die Schranken zu weisen und zu liquidieren. Und du weißt: Schon so mancher genervte Manager der Wall Street hat sich durch Aufstoßen an der falschen Stelle das Geschäft verdorben. Wir könnten da behilflich sein, kostengünstig und gesundheitsfördernd. Außerdem: Nur durch unsere ätherischen Öle lassen sich die angebotenen Mineralschätze und Vitaminvorkommen zu den Ereignisbrennpunkten befördern und verarbeiten. Zum Beispiel auch dein Wunderstoff Allicilin. Wir, die Alliumsippe, gehören zu den nitratärmsten Gemüsesorten! Aber glaubt ihr, unsere Landwirtschaftsministerin hebe nur einmal unser Licht auf den Scheffel?«, mokiert sich eine der mitzelebrierenden grauvioletten Schalotten, von denen ich immer einige wegen ihres herzhaft-pikanten Geschmacks mitsamt ein paar Frühlingszwiebeln zu den Gemüsezwiebeln gebe.
»Der Frau Künast seid ihr halt zu geruchig«, lästert der Herr Lauch boshaft, bevor er für den Dienst an der Sache ganz in sich zusammenfällt.
»Sie braucht ja bloß ein paar Petersilien oder Liebstöckelblätter zu kauen oder einige Kaffeebohnen zwischen den Hauerchen zu zerquetschen und der Fall hätte sich«, wirft ihrerseits eine kleine Frühlingszwiebel dazwischen.

»Ja, aber denke doch an die chemische Industrie der großen Börsengiganten. Denen darfst du aber diese Kaffeebohnen-Minzekaublatt-Erkenntnisse nicht ins Ohr träufeln, sonst werden wir alle noch ausgerottet und durch das chemische Zwiebelsalz E621 ersetzt. Halt an dich, kleiner Knollerich, damit wir weiter im Bio-Untergrund wirken können. Wir Zwiebeln haben sieben Häute, und wenn's sein muss, beißen wir alle Leute«, tönt's da im Chorus gefährlich aus dem Suppengrund.

»Ruhe im Topf«, dröhnt jetzt Suppenmutter Lilians Stimme über dem Suppenwasserspiegel. »Wir haben doch sowieso die besseren Karten. Doch wir sind und bleiben Bedienstete, da geht kein Weg dran vorbei. Unsere Herrschaften sollen uns doch bitte vor dem Schneiden in den Kühlschrank befördern, damit unsere Temperamentmoleküle bei dem Zusammentreffen mit Intimfeind Oxygenius, dem Sauerstoffjüngling, in ruhigen Bahnen bleiben und wir nicht gleich

Das Zwiebelsäckchen aus Mutters Rezept-Schrank

Reinigt die Lymphe, beugt Entzündungen vor und hält Bakterien und Viren bei Lymphdrüsen- und Mittelohrentzündungen in Schach. Schneiden Sie eine mittlere Gemüsezwiebel klein, mitsamt Schale. Dünsten Sie die Zwiebelstückchen kurz in Olivenöl an und geben Sie die warme Masse in die Mitte eines etwa 20 mal 20 cm großen, sauberen Stück weißen Leinens. Binden Sie es in der Mitte zusammen und legen Sie es sogleich auf die Hautseite des Entzündungsherds. Oder Sie legen es prophylaktisch einmal wöchentlich auf die beiden Lymphdrüsen am hinteren Ende des Kieferwinkels. Suchen Sie sich eine bequeme liegende Haltung und lassen Sie das Zwiebelsäckchen gute 20 Minuten einwirken. Dann vorsichtig abtupfen oder Ölreste auf der Haut verreiben, falls Sie oder Ihr Allerliebster mit dem Geruch etwas anfangen können. Dieses Säckchen wird wahre Wunder tun, vertrauen Sie mir.

wieder schwefeldampfend in Bitternis verfallen. Schon eine kurze Andünstung in Vino vero oder Essig Balsamico, in Butterschmalz oder Olivenöl macht uns zu glücklichen Faktoten. Können wir dich nicht als Schirmherrin für unsere Genossenschaft gewinnen«, bittet mich Lilian, als ich nach der vermeintlich verdienten Ruhepause der Topfinsassen den Topf zum dritten Gang zurück auf die Herdplatte ziehe. Gebongt, Kameradin! Und zwar aus tiefster Überzeugung und positiver Erfahrung!

Geheimtipp meines Großvaters: Das in warmes Olivenöl getauchte Zwiebelsäckchen, vermischt mit ein wenig Rosmarinkraut, hat schon vielen Mitmenschen bei schweren Infektionen, Lymphdrüsenstaus und gefährlichen Mandelentzündungen spontane Linderung und Heilung gebracht. Als Grundelement meiner Nahrungsmittelschätze seid ihr siebenschlauen Zwiebelienen aus meinen Kochtöpfen und Salatschüsseln samt Vampirkiller Knoblauchos nicht mehr wegzudenken. Nun, da im Neuen Globalen Reich so viele Biotope und Wälder zusammen mit all den lebenswichtigen Kräutern für Menschen, aber auch die vermeintlichen Unkräuter als Nahrungskette für Tiere und Insekten zerstört werden, ist es wieder an der Zeit, nicht nur die täglichen Aktienkurse zu vermitteln, sondern für Artenschutz der Pflanzen und Tiere heilige Schutzzonen, gesichert durch weltweite Organisationen, die bereit sind, Verantwortung auch zu tragen, einzurichten. Da hatten unsere Höhlenureinwohner nichts zu bejammern, denn die Wälder waren groß und weit legten sich grasige Steppen, die vor Kraut und Unkraut nur so strotzten, vor unserem Ötzi auf den Rücken. Nachdem er dann seine frisch gegrillte Bärenflanke schmatzend vor den hungrigen Augen seiner Frauen und Kinder verschlungen hatte, signalisierte ihm bestimmt alsbald sein rülpsender Magen ein Manko an Blattgrün. Instinktsicher zog es ihn wieder hinaus in die Wildnis, wo er sich vor dem Schnarchengehen seine Tagesdosis Chlorophyll einverleibte. Das arme Blut schrie nach Hämoglobinauffrischung, das über Nacht aus dem Chlorophyllanteil der Blätter und Gräser he-

rausgekitzelt werden musste. Jetzt stellte sich nur noch die bange Frage. To be or not ... giftig oder essbar??
Ötzi musste seine Entdeckungen durch Probieren dingfest machen – als Vorkost-Kräutermann der Stunde null. So manche sprichwörtlich grüne Witwe wandelte Tage später den verhangenen Trauerpfad auf der Suche nach einem neuen Ernährer in das Tal hinab. Im Namen der Pflanzen wurden Kriege geführt und Länder erobert. Ob damals Kolumbus seine entdeckten Kartoffelkleinode mit Safran würzte, die Hebräer ihre Speisen mit Thymian und Rosmarin veredelten, die Ägypter ihre Nofretete mit einem Kajal-Lidstrich und den duftenden und heilenden Ölen, aus Indien eingeführt, beglückten oder ihre ins Nirwana heimgekehrten Familienangehörigen mit geheimnisvollen Essenzen aus dem Mittleren Osten einbalsamierten ... Die Kräuterlehre hat auch im 21. Jahrhundert nichts von ihrer geheimnisvollen Kraft und Wirkung eingebüßt. Im 20. Jahrhundert wurde die Kräuterwissenschaft durch den Aufbruch in die digitalen Räume einer technisierten zweidimensionalen Weltansicht von der westlichen Gesellschaft verniedlicht und der Sparte des Aberglaubens zugeordnet. Chemische Keulen, künstliche Vitaminhämmer und antibiotische Bomben waren am allumfassenden Firmament der Neuen Globalen Welt aufgezogen. Doch der gute Geist von Hildegard von Bingen inspirierte insgeheim weiter das Weltgeschehen. In den Refugien der Klostergärten wurde in der Tradition des gestrengen Formgartens oder in naturgemäßen Kräutergärten dem heiligen Kraut die Ehre erwiesen. Vor allem die Franziskanermönche linderten und heilten unentgeltlich mit ihren selbst gezogenen Kräutern nach den Erkenntnissen ihres Franziskanerbruders Bartholomäus Anglicus, der bereits im 13. Jahrhundert gelehrt und gewirkt hatte, die Leiden und Gebrechen der Armen. Mutterkraut, Johanniskraut, Gartenrauke, Kamille, Königskerze und Minze in vielen Variationen waren ihre Favoriten, um nur einige zu nennen, die essbaren Gartenkräuter natürlich alle eingeschlossen. Ihre Mittel aus dem Schoße der Natur stärkten, wie auch heute wieder entdeckt,

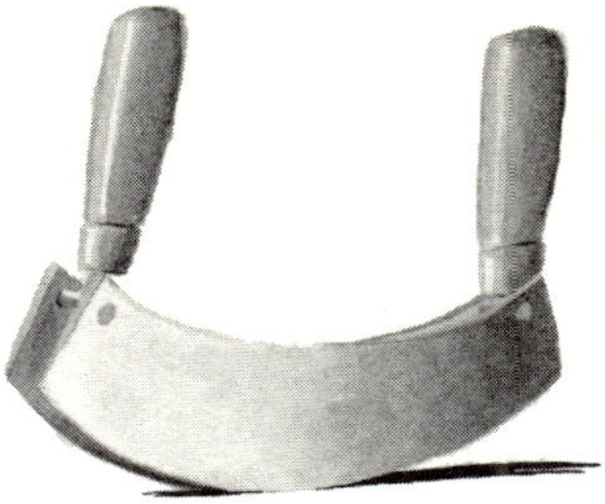

die gesamten Abwehrkräfte, die Funktion des Herzens und der Nieren und steigerten die ganze Spannkraft des Körpers. Der neue Zeitgeist gibt ihnen durch die Lehre der Homöopathie wieder ihre verdiente kräutermedizinische Bedeutung zurück.

»Die Heilwirkungen der Kräuter beruhen meistens auf einem Zusammenspiel von mehreren Inhaltsstoffen«, höre ich noch die geliebte Stimme meines medizinischen Lehrherrn durch die Herzkanäle schippern.

»Alle Würzkräuter sind auch Heilpflanzen, gegen ein jedes Wehwehchen ist ein Kraut gewachsen, weißt du, meine Kleine«, tönen auch diese Worte und viele andere meines verehrten Großvaters wieder und wieder durch lichte Räume meiner Erinnerungen.

»Aber am intensivsten ist ihre Wirkung, wenn sie frisch und saftig aus dem eigenen Garten kommen, so wie unsere Brigade.« Diese Stimme kenn' ich doch, kommt direkt aus dem Suppentopf, den ich doch jetzt beinahe vergessen hätte. Die Zeit lief heute aber weg wie nix, aber Lilian, die Zwiebelmutter, brachte mich wieder auf den Boden zurück. In ein paar Stunden kommen die Gäste. »Hurtig, hurtig den dritten Akt«, treibe ich uns alle an. »Ja, an uns soll's nicht liegen, Herrin, unsere Säfte fließen, schwächeln wir heute ein wenig?«, frotzelt sie mich. Bei dem Wort Garten wurde ich wieder ganz melancholisch und würde Ihnen, liebe Leserinnen und Leser, jetzt gerne etwas anvertrauen, aber der Blick meiner Tochter spricht Bände. Ran ans Holzbrett, Marianne, weg mit dem Selbstmitleid, unsere Überlebenssuppe, heute genannt »Die Allumfassende«, drängt auf Vollendung. Wie Recht sie hat. Das gelebte Leben fordert seinen Tribut. Some other time, ich versprech's. Und ab geht's: Kartoffeln schälen, Karotten würfeln, Tomaten überbrühen und vierteln, Zucchini teilen, Kohlrabi hobeln, Liebstöckel zupfen, Bohnen brechen, Sellerieкraut portionieren, Pfeffermühle drehen, Salz streuen, Weißwein schütten, Brühe auffüllen, Rindfleisch zugeben, Majoran, Thymian, Bohnenkraut und Rosmarin schwimmen lassen. Deckel drauf, schwitz, eine Stunde köcheln. Mmh, wie das duftet – kleine Flamme bitte. So, jetzt dürfen wir uns aber ein Gläschen Wein genehmigen. Und im Topf ist vielleicht was los. Ich höre jetzt mal gar nicht mehr hin. Lilian wird mich schon würdig vertreten. Es darf nur nicht zu heiß gekocht werden. Jetzt in der dritten Phase ziehen schon wieder ganz neue Geschmackswolken am Küchenhimmel auf. Später wird unser Gaumen all die ausgetretenen Geschmacksstoffe und neugeborenen Essenzen zu würdigen wissen. Es tun sich da bestimmt wieder die abenteuerlichsten lukullischen Nischen auf. Es ist nie ein unikates Ergebnis zu bestaunen und probieren. Je nach Zutat, Zeitspanne, Stimmungslage, aber für eine freudige kulinarische sinnliche Überraschung lege ich meine Hand in den kochenden Suppentopf. Schon kommen die ersten Gäste schnuppernd und lachend um die Ecke. »Das ist doch Thymian, der da in meiner Nase kitzelt«, bemerkt Franziska sogleich. »Wisst ihr, dass Bienen Thymian lieben, aber auch Salbei, Lavendel, Minze und die Fette Henne«, belehrt sie uns.

»In den früheren Bauerngärten, aber auch in den mittelalterlichen Klostergärten war ja der Bienenstock oft das Herzzentrum eines Kräutergartens«, weiß Frau Klepzig beizusteuern, während sie einen wunderbaren selbst gegossenen Puttenkopf neben Franzis mitgebrachte feinste Quittenmarmelade platziert.

»Bei uns auf'm Bauernhof«, erzählt die 80-jährige fitte Franzi, die in ihrem Leben noch nie ernstlich krank war, »haben wir im Herbst zum Frühstück immer unsere Herbstmilchsuppe aus saurer Milch mit ein-

Hopfenbad

Ein Hopfenbad aus gutem Grund. Nicht nur mein Großvater Franz-Xaver hatte mir diese heilwirkende Pflanze in meiner Kindheit ans Herz gelegt, auch der Apotheker und Hofarzt John Gerhard plädierte im 16. Jahrhundert am Hofe des englischen Königs Jakob I. für den Hopfen als beruhigenden Wohltäter.

Dass Bier ein medizinisches Getränk sei, wusste er auch zu berichten. Mein Opa empfahl eine kleine Hopfenkur: In einer Tasse lässt man 3 Fruchtzapfen etwa 10 Minuten in heißem Wasser ziehen und trinkt es warm. Gleichzeitig bereitet man aus 250 g getrockneten Hopfenblättern einen heißen Aufguss in der Badewanne. Dazu gibt man 1 Hand voll getrockneter Kamillenblüten und 1 gehäuften Esslöffel getrocknetes Eisenkraut. Diese Zutaten sind über die Apotheke oder im Reformhaus bestimmt erhältlich oder zu bestellen. In der Hallertau, im Hopfenland, gibt es in den Orten Wolnzach und Geisenfeld Apotheken, die sich auf Hopfenrezepte spezialisiert haben. Mit diesem Bad wird Ihr Körper entsäuert, die Haut durchblutet, Ihre Nerven werden beruhigt, dass sie es mit jedem Stahlseil aufnehmen. Und Träume werden Sie haben, davon werden Sie träumen.

gebrocktem Brot und Schnittlauch, und im Winter unsere Brotsuppe zusammen mit gebratenen Kartoffeln gegessen. Das Suppenfleisch hat ja der Vater bekommen, zusammen mit den großen Brüdern.«

»Zur Fastenzeit hat unsere Mutter immer eine Kaffeesuppe mit gebundenem Eigelb gemacht und dazu hat's in Butterschmalz geröstetes Weißbrot gegeben«, weiß sich Frau Seidel noch an die »schlechte Zeit« am Ende des Zweiten Weltkriegs, wie diese Jahre im Volksmund genannt wurde, zu erinnern.

Ja, die Einbrennsuppe mit den vom Großvater fachkundig gesammelten Wiesen- und Gartenkräutern in eine angeschwitzte Einbrennsuppe eingerührt, mit Eigelb und Butter verfeinert, und dazu geröstete Semmelhälften, das war die Spezialität meiner Stiefgroßmutter, die im Donautal geboren war. »Red anständig mit mir, i bin doch ned auf der Brennsuppn dahergschwumma, ich komm aus´m Wurstkessel vom Abraham, merk da des«, grantelte sie den Opa an. Vor dieser kleinen Frau, mit der gar nicht gut Kirschen essen war, wenn ihr etwas gegen den Strich ging, wurde mein gestrenger, gefühlsverschlossener Tatare zum Fünfminutenweichei. Meiner lebensfrohen, sensiblen Großmutter aus dem Chiemgau hatte er durch seine Gefühlskälte das Herz gebrochen. Vor seinem neuen weiblichen General kuschte er und zog sich umso mehr in sein

Pflanzenreich zurück, kommunizierte ohne Worte mit den Fischen, Vögeln und Schmetterlingen, die er besonders liebte. Ich stakste oft an seiner Seite durch sein Gartenreich. Er erklärte mir alle Pflanzen und Pilzarten. Seine große derbe Hand strich dabei oft zärtlich über mein Köpflein und Tränen netzten ungeniert seine Wangen. Die strenge arme Kindheit auf dem Bauernhof und die tief vernarbten seelischen Wunden, die er sich als Soldat im Ersten Weltkrieg zugezogen hatte, waren vielleicht der Grund für seine Verschlossenheit, erzählte ich nun aus meinen Jugendzeiten. Die Gästegeburtstagsrunde hatte sich mittlerweile aufgefüllt.

Eine gute Bekannte bringt einen lackierten Affen, seines Zeichens Staatsschauspieler, mit. »Ihr Haus ist feucht, dieser Fluss schmutzig

und die angrenzende Mühle stockhässlich. Darf ich Ihnen das sagen, gnä' Frau?« Der heiße, von ihm gelupfte Topfdeckel übernimmt meine Rachegedanken, wird aber dafür von ihm fluchend in die Küchenecke geschleudert. Die Netzstrumpfhose seiner Partnerin, die er zufällig trifft, platzt vor Wut. Ja, ja, das fängt ja schon gut an, denke ich. »Diese Stadtererfräcke«, seufzt Franziska. Und Virginia und Wolf geraten sich in die Haare. Da drehe ich heute meine Kräuterdosis höher, beschließe ich.
»Hunger, Hunger«, macht mir jetzt ein Großteil der versammelten Truppe Wind unter die Fußsohlen.
Jesus Maria, meine Suppe, und flink ging's wieder ab in die Küche. Alles war im grünen Bereich. Ich hatte doch den duftenden, dampfenden Topf noch einmal für eine Zeit beiseite gestellt – für ein letztes In-sich-Gehen. Der Probeschöpflöffel samt Inhalt prophezeite wahre Wonnen, das Experiment war wieder mal gelungen. Schon formte sich eine Warteschlange von gelüstigen Probemäulchen, um schon vorab ein Kostpröbchen zu ergattern. Tisch decken, Freunde, vor lauter Quasseln, Strippeln und Zetern haben wir ja die Rahmenbedingungen für unser Gastmahl noch nicht geschaffen. Brot schneiden, Wein und Bier aus dem Keller holen. Das Gemüse in feinste Streifen schneiden, gewürfelte Semmeln und Pinienkerne in Butter anrösten, Muskat drüber. Wo hat sich denn wieder der Topfen hin verdrückt? Hier bist du ja, du wichtiger Tropf. »Bitte einen großen Löffel davon in die Tellermitte geben«, schicke ich den ungläubig blickenden Schauspieler, der zerzaust von seinem Wortgefecht zurückgekehrt ist, in die Suppenschlacht. »Franzi, wir haben vor lauter Reden vergessen, die rohen Äpfel in kleine Viertel zu schneiden.« Gedacht, getan. Wir schneiden, was das Zeug hält. »Aber Frau Breinlein, Ihr Rezept aus der Kriegszeit, einen Kaffee Muckefuck aus Malz, Gerste, Roggen und Zichorien oder Eicheln zusätzlich mit Haselnüssen und Kräutern à la Marianna zu veredeln, daran werde ich in den nächsten Tagen experimentieren.« Doch jetzt nimmt die Esszeremonie meine ganze Aufmerksamkeit in

Anspruch. Die Tischrunde platzt aus allen Nähten. Don Carlos, so rufe ich ihn jetzt, unser Theatergenie, blicket stumm auf das Portionshäufchen kalten Quark in seinem Tellerrund. Als ich meinen Suppenlöffel voll mit rohen Apfelstückchen auf den Quark ausleeren will, versucht er mit erprobter En-garde-Bewegung entgegenzutreten: »Man dankt«, tönt er heldenhaft, »keine Suppe, dieser Potage de Passion ist nichts für mich, ich warte auf den Hauptgang, Mademoiselle.« Jedem Tierchen sein Pläsierchen.

»Das ist der Hauptgang, Monsieur, aber keine Nouvelle de Cousine sondern heute eine Nouvelle de Mama. Her mit dem Geschmeide!«, auf diese Worte folgen Taten. Ich hole seinen Teller. »Schon wie ich sicher baute, hab nichts, das mir der Welt zu lassen graute«, mit diesem weiteren Zitat aus dem Theaterstück »Das große Welt-Theater« von La Barca, in dem er ja den Part des Bettlers, wie er stolz berichtet hatte, gegeben hatte, entwaffne ich ihn mit einem riesigen Klatsch Suppe. Das sich nun in den Teller über die bereits vorhandenen Zutaten ergießende Suppenelixier ist gerade dabei, seinen und die Sinne der Gäste zu betören. Ein erster Nasentropfen unseres Dons, der in die Terrine fällt, signalisiert schon Wirkung. Die ersten schlürfenden Geräusche beflügeln den Raum – Halt, erst noch die gerösteten Semmelstückchen und Pinienkerne obendrauf. Bon appetit, meine Lieben, und los geht die Reise durch die kulinarische Essenswürdigkeiten. »Komm, Herr Jesus, sei unser Gast und segne, was du uns bescheret hast. Danke, Lilian, danke, ihr guten Naturgeister und Pflanzenseelen, danke dir, du gute Mutter Erde«, beende ich mein Gebet vor der staunenden Runde.

»Ja, ja das Landleben«, resümiert ironisch eine Freundin aus Münchner Zeiten, die noch mit einem Gedicht von Kästner anstatt Nachtisch aufzuwarten gedenkt.

»Früher gab's eine Suppe zu jedem Frühstück bei uns auf dem Land, aber das haben ja das hohe Bürgertum und die edle Adelszunft abgeschafft«, sinniert Frau Seidel zwischen zwei labsaligen Löffeln und wirft Herrn Wichtig einen strafenden Blick in den Teller.

»Heute haut man sich lieber den kalten Lachs um die Ohren und gießt sich den Champagner heiter hinter die Binde«, lacht Daniela.
»Marianne, komm, Essen fassen«, sorgt sich mein Schwiegersohn Carmelo um mein leibliches Wohl.
Ich habe gerade in der Küche schnell noch wie immer Korianderkraut auf meinen Teller gestreut. Mein Lieblingskraut aus Asien, das meiner Seele jedes Mal einen Extra-Schauer beschert – und meiner Enkelin Alina das Reclam-Heftchen für ein kleines Suppeneinlagen-Späßchen unter das Tellerset geschoben. Die Gespräche sind verstummt, alles isst und genießt. »Nachschlag, Nachschlag«, ruft's von den ersten Stuhlgängen. Aus dem von mir angekreuzten Text des Welt-Theaters lese ich jetzt den Weisen: »Alle gleichen einander, hier an dieser stillen Pforte.«
Alina kontert wie verabredet mit dem Part des Bettlers, um unseren Mimen aus der Reserve zu locken: »Meister des Himmels und der Erde! Alle kommen nun zum großen Gastmahl, das du ihnen einst versprochen!«
Die Freundesrunde reagiert belustigt, lässt sich aber nicht vom Schlemmen abhalten. Unser Don Carlos, den wir aufstacheln und dessen Textkenntnis wir somit prüfen wollten, reagiert nicht und badet ungeniert seine Innereien in meiner Suppe.
»Musik: Währenddessen zeigt sich noch einmal die Himmelsbühne und zeigt einen Tisch mit Kelch und Hostie, an welchem der Jesus Meister sitzt«, liest Alina versehentlich aus den Regieanweisungen. Alles lacht herzlich.

»An dieser Stelle des Stück waren die Figuren, das heißt Personen alle schon entkörpert, sprich tot, Frau Regisseurin«, triumphiert der hohe Herr.
Alles lacht und wiehert über mein Missgeschick. »Da das ganze Leben eben nur ein Schauspiel vorstellt, o so werde ich heute Nachsicht walten lassen und den sakralen weltlichen Genüssen dankbar frönen«, zieht sich der Sieger glänzend aus der Staatsaffäre, während er versucht, sich mit erhitzten Wangen einen zweiten Nachschlag zu ergattern.
VIVAT!

Die Macht des Wortes

Am Anfang war das Wort. Das Wort ist mächtig. Überlegen Sie es sich zweimal, bevor Sie einem Menschen ein Geheimnis mit den Worten »Nicht weitersagen« auf die Seele drücken. Denn das ist schon die Garantie, dass es gleich weitervermittelt werden wird. Nicht einmal die Gedanken sind frei. Auch sie sind auf einer physikalischen Ebene untereinander zu verstehen. Aus der Luft gegriffene Gerüchte sind meistens wahrer als die in die Welt gesetzten. Ich glaube, dass mittlerweile durch die Satellitenkonstellationen alle Telefongespräche abgehört werden können. Ich setzte meine Worte am Telefon so, dass sie auf Tausende von Kilometern jeder hören und mithören kann und darf, damit der Big Brother Freude hat. Sagen Sie nie Sätze wie »Ich werde nie wieder gesund« oder »Es ist alles beschissen«. Ihr Unterbewusstsein hört es und nimmt das für bare Münze. Sagen Sie zu sich und zu den anderen: »Es wird schon wieder werden«, und es wird wieder Licht.

Januar

»Ein Tag ohne lächeln ist
ein verlorener Tag.«

C'est la vie!

Ja, die knödelige Frau fährt mit uns Straßenbahn, welche Ehre, Frau Sägebrecht. Glauben Sie nicht, dass es bei Ihrem Einkommen sozial verantwortlicher wäre, diesen Platz einem Studenten oder einem sozial schwachen, arbeitslosen Mitbürger zu überlassen?
Was soll ich darauf sagen, mein Herr Student. Sie sind ja ein ganz gerissenes Kerlchen. Jetzt kann ich euch wohl gar nichts mehr Recht machen. Nur gut, dass mein geliebter Drahtesel noch für mich aufgezäumt ist. Also, rauf auf den Sattel und rein in den Englischen Garten. Meine Findelhündin Baggy aus der kalifornischen Mojavewüste wälzt ihr zotteliges Fell nach einem Bad im Eisbach im zerknitterten, duftmarkengeschwängerten Gras der geruchigen Liegewiese. »Ja sogn S' amal, Frau? Ja wia hoassn S' denn jetzt glei wieder, Frau Marianne Rosenberg, oda? Stimmt's vielleicht ned? Schaugn dern S' wia a versprengts Weihwassa. Jetzt sogn S' es hoit auf, wia S' hoassn, da foid Eana doch koa Zackn aus da Krona. I muass mi scho wundern, dass so jemand wia Sie beim Fuim umanander hupft. Wo Sie doch ganz sche gfuit daherkumma. Aba Ihr Fuim ›Out of Rosenheim‹, der hot ma scho daugt, letztens wara im Fernseher drin, gei Helga, des war richtig urig, und a Gaudi war´s a. Do ham S' ja bestimmt wieder a Million kriagt, do bleim S'!« Gebieterisch vereitelt sein starker Arm

durch das Festhalten des Gepäckträgers meiner Tretmühle einen kleinen Fluchtversuch. »Ja, aber wir Schauspieler in Deutschland bekommen doch gar kein Wiederholungshonorar. Das kriegen doch nur die Autoren, Produzenten und Regisseure, und der Film ist doch schon vor einigen Jahren gedreht worden, das war doch eine Independent-Produktion«, höre ich mein versagendes Stimmchen kontern.

»Jetzt komman S' ma ned mit Ihre gschwollna Ausdrück' daher, und schiabn S' uns liaba amoi a paar Lappn rüba, d'Zeitn san schlecht, gei Helga. Aba da Jack Palance, des is a guada, a vareeckta Hund. Sogn S' amoi... Pfui, schleich di, greislicher Köter, ja, der war guad, dat mi okläffa, ui, er der andere!«

Meiner Hündin Baggy ist nach Helgas siebtem Klaps auf ihren Kopf die Hutschnur gerissen, und zähnefletschend versucht sie nun, uns beiden Respekt zu verschaffen. Die Flucht gelingt mit wehendem Haar, vorbei an Jesus alias Karl-Heinz und seiner Paradies-Gang, die sich am Flussufer wie hingehaucht – ein Ghetto-Blaster gibt freudige Töne von sich – zusammengekuschelt haben. »Was treibt Hollywood, Mariannchen?«, hallt die Stimme eines Jüngers Jesu über die Köpfe der Sonnenhungrigen. Und Jesus selbst, freiwillig aus dem eleganten Armani-Anzug eines erfolgreichen Werbeagenturchefs in den klassischen Faltenwurf einer archetypischen Kutte geschlüpft, rennt auf nackten Siebenmeilensohlen hinter mir her und kriegt mich vor dem einladenden Edeka-Laden meiner Wohnstraße zu fassen. Ulla, die tüchtige Chefin, legt für ihn schon gleich bei seinem Auftauchen als liebevolle Spende eine Staude Bananen auf die Ladentheke. Ein Kasten Getränke wird von mir unter dem missbilligenden Blick einer Nachbarin beigesteuert. Auf seine Nachfrage nach unserer ersten Filmproduktion »Mein Haus hat keine Wände«, in der er mitwirken wird, muss ich ihn vertrösten auf den Frühling 2000. Das Gespräch saugt eine unserer Nachbarinnen gierig auf. »Was kümmern Sie sich denn immer um alles, Frau Sägebrecht? Sind Sie froh, dass Sie ein Dach über dem Kopf haben. Wir wundern uns ja schon seit Jahren, dass Sie immer noch in der Wohnung Ihrer Mutter leben. Also, Sie müssten sich ja doch weiß Gott ein Haus in Grünwald leisten können. Wie soll Ihr Film heißen? ›Mein Haus hat keine Wände‹, sagten Sie. Ja, wollen Sie jetzt auch noch was über die Obdachlosen machen? Das muss doch wirklich nicht sein. Über Indien vielleicht, da gibt's ja so unglaublich schöne Landschaften und Paläste.«

»Ja, aber in Indien, da gibt's doch Hunderttausende von Menschen, die auf der Straße leben und sterben«, versuche ich mein Argument an die Frau zu bringen.

»Das hat schon seine Richtigkeit«, kontert sie scharf, »die Vögel fallen doch auch einfach vom Himmel herunter, wenn s' erfrieren oder nichts mehr zum Fressen finden …Wo war ich denn jetzt – bei den Vögeln natürlich, Sie bringen mich ganz aus meinem Konzept, Frau Sägebrecht. – Haben Sie denn keine offene Gänseleberpastete? Wissen S' schon, die aus der Provence, muss ich doch besser zum Viktualienmarkt«, attackiert sie den in sich hineinschmunzelnden Verkäufer Wolfgang.

»In ›Mein Haus hat keine Wände‹ da geht's um Menschenwürde, die Menschenrechte, den Freigeist, die Akzeptanz eines geborenen Kindes des Kosmos in seiner Einmaligkeit und um die Toleranz untereinander im Lichtkegel des fünften Gebots.« Ich rede an die leere gekachelte Wand der Wursttheke, die langen roten Fingernägel der gnädigen Frau tasten sich gerade zum Kernhaus einer halb reifen Avocado vor.

Im schützenden Ambiente meiner vier Wände versuche ich für die nächste Stunde im kräuterduftenden Badewasser mein seelisches Gleichgewicht und die innere Ruhe zu erlangen.

C'est la vie!

Die Allumfassende

Meine erstgeborene Überlebens-Gemüsesuppe nach einer Rezeptur meines Großvaters Franz-Xaver

Für 8–10 Personen, am Besten im Koch-Kollektiv miteinander auf die Welt bringen

Für die Hähncheneinlage:
300 g Hähnchenbrust, 100 g gekochter Bauernschinken, 1 große Petersilienwurzel, 1 säuerlicher, saftiger Apfel, 1/2 große Stange Lauch, Salz und Pfeffer, 4 milde Gemüsezwiebeln, 5 Knoblauchzehen, 1 EL frischer Majoran, gehackt, 200 ml Cidre, 100 ml Sojasauce, 1 EL Balsamicoessig, 1 TL brauner Zucker, 1 Prise Muskatnuss, 20 g Butter

Für die Suppe:
2 mittelgroße Sellerieknollen, 4 mittlere Karotten, 3 Kohlrabi, 1/2 Stange Lauch, 1 Petersilienwurzel, 2 EL Selleriekraut, 1 mittelgroßer Kopf Weißkraut, 4 EL Sonnenblumenöl, 1 EL frischer Thymian, gehackt, etwas Majoran, 1 EL frischer Liebstöckel, gehackt, Salz und Pfeffer, 1 TL brauner Zucker, 2 EL Zitronensaft, 100 ml Sojasauce, 100 ml Cidre, 2 Suppenwürfel für Fleischbrühe, 300 g Rindfleisch (aus der Schulter), 8 große fest kochende Kartoffeln, 1 Bund Petersilie, 1 Prise Muskatnuss

Für die Rindfleisch-Marinade:

2 EL Zitronensaft, 1 Prise Zucker, 1/2 TL frisches Bohnenkraut, gehackt, 1 Schuss Weißwein, Salz und Pfeffer

Für die Semmelklößchen-Einlage:
2 Schalotten, 1 Scheibe magerer roher Schinken, 2 Rindsknochen (für das Mark), 50 g Butter, 3 Eier, 125 g Semmelbrösel, 1 Prise geriebene Zitronenschale, 1 Prise Muskatnuss, 1 EL sehr fein gehackte Petersilie

Für die Dekoration:
250 g Magerquark, 1 Apfel, geschält und in kleine Stücke geschnitten, 8 EL geröstete Sonnenblumenkerne, 4 EL geriebener Parmesan, verschiedene Brotsorten

1 Für die Hähncheneinlage das Hähnchenbrustfleisch mundgerecht zerteilen, Bauernschinken, 1 Petersilienwurzel und 1 Apfel klein schneiden, Zwiebeln, Knoblauch und Majoran klein hacken, die Hälfte der Lauchstange in feine Ringe schneiden. In einer größeren Pfanne die Butter zerlassen und darin das Hähnchenbrust-

fleisch zusammen mit den Schinkenstückchen braten. Salzen und pfeffern (aus der Mühle). Dazu geben wir Zwiebel, Knoblauch, Petersilienwurzel und versehen das Ganze mit einer Prise Majoran. Jetzt die Lauchringe dazu, alles kurz rösten und die Apfelstückchen darüber. Mit 200 ml Cidre aufgießen. Wir fügen Sojasauce, Balsamicoessig und braunen Zucker dazu und dünsten 10 Minuten auf kleiner Flamme. Vorsichtig umrühren, damit nichts anbrennt. Mit 1 Prise Muskatnuss abschmecken, vom Herd nehmen und bis zum Einsatz ziehen lassen.

2 Für die Suppe das Gemüse vorbereiten: Sellerieknollen, Karotten, Kohlrabi, die restliche Lauchstange und die zweite Petersilienwurzel ggf. schälen und in mundgerechte Stücke schneiden. Das Selleriekraut hacken und das Weißkraut in dünne Scheiben schneiden. In einen großen Suppentopf (5 l) geben wir das Sonnenblumenöl und rösten darin kurz – außer dem Weißkraut – das gerade vorbereitete Gemüse an. Jetzt das Selleriekraut und das Weißkraut hinzugeben und auf mittlerer Hitze weiterrösten. Gewürzt wird nun mit klein gehacktem Thymian, dem restlichen Majoran und 1 EL gehacktem Liebstöckel, Salz und Pfeffer, 1 TL braunem Zucker, 2 EL Zitronensaft, 100 ml Sojasauce und 100 ml Cidre. Mit ca. 3 l Wasser aufgießen und die Suppenwürfel dazugeben. Das Rindfleisch im Ganzen in den Suppentopf geben und alles bei mittlerer Hitze ca. 40 Minuten köcheln. Dann das Fleisch herausnehmen und den Topf zum Abkühlen beiseite stellen.

3 Für die Rindfleisch-Marinade das Rindfleisch in kleine Stücke schneiden, in eine verschließbare Schüssel geben und so viel von der Brühe abschöpfen, dass es bedeckt ist. 2 EL Zitronensaft, 1 Prise Zucker, 1/2 TL gehacktes frisches Bohnenkraut, 1 Schuss Weißwein, je 1 Prise Salz und Pfeffer dazu und die Schüssel – ab die Post – bis zum Einsatz in den Kühlschrank stellen.

4 Den Suppentopf wieder auf den Herd stellen und einmal kräftig aufwallen lassen. Die Pfanne mit der Hähncheneinlage ebenfalls erhitzen und den Inhalt vorsichtig in die Suppe rühren. Die Pfanne mit einem Schuss Cidre ausschwenken und so gelöste Reste ebenfalls der Suppe zugute kommen lassen. Die Kartoffeln schälen und in kleine Würfel schneiden, mit 1 EL Petersilie und 1 Prise Muskat in die Suppe geben und den Zauber-Topf noch weitere 15 Minuten köcheln lassen. Danach vom Herd ziehen und wieder abkühlen lassen.

5 Für die Semmelklößchen-Einlage Schalotten und Schinken sehr fein hacken, sodass sie fast musig sind. Die Knochen in 50 g Butter anbraten, das Mark herauslösen und mit der Butter schaumig rühren. 3 Eier, Schalottenmus und Schinkenstückchen unterrühren. Jetzt fügen wir die Semmelbrösel, etwas geriebene Zitronenschale, eine kräftige Prise Muskatnuss und die gehackte Petersilie hinzu, mischen alles vorsichtig durch und lassen die Masse ca. 30 Minuten auf kleiner Flamme ziehen.

6 Unsere Suppe öffnet jetzt in der Ruhephase ihre Poren und kommuniziert, was das Zeug hält. Unser Rindfleisch genießt das Tête-à-tête à la Marinée und der Semmelklößchen-Teig zieht seine lukullische Bahn. Jetzt haben wir Zeit und Muße für eine gute Tasse Kaffee, ein Gläschen Wein und ein kleines Pläuschchen. Dann stapeln wir alle zusammen die benötigten tiefen Suppenteller in Topfnähe und geben den rohen Quark und den in kleine Stückchen geschnittenen Apfel (lassen Sie das einen Gast erledigen) jeweils in eine kleine Schüssel – Selbstbedienung ist nachher angesagt! Dazu gesellen wir einen Brotkorb mit Bauernbrot, Weißbrot, Baguette und frischen Brezen und versichern uns, dass helles Bier, Weißbier, Wein und Mineralwasser bereitstehen. Jetzt kommen noch Sonnenblumenkerne, Schnittlauch und Parmesankäse in kleinen Schüsselchen aufs Buffet. Pfeffer und Salz nicht vergessen! Damit es nicht hektisch

wird: farbige Servietten und Suppenlöffel sowie eine große Schöpfkelle dazulegen.

7 Vor dem Servieren bringen wir nun die Suppe zum letzten Höhepunkt wieder auf den Herd, füllen die Flüssigkeit, falls nötig, mit Wasser auf 3 l auf und geben die kalten Rindfleischstückchen samt Marinade hinein. Jetzt erhitzen wir alles bis zum Siedepunkt und bitten die Gäste um den Topf herum. Der Chef oder die Chefin de Rang schmeckt noch mit einem Schuss Weißwein ab. Jeder Gast erhält ein Löffelchen in die Hand gedrückt und wird aufgefordert, aus dem Semmelbrösel-Teig kleine Klöße zu formen – das geht natürlich auch mit der Hand. (Habt ihr auch alle die Hände gewaschen?, tönt eine Stimme durch die Küche.) Die Klößchen vorsichtig in die siedend heiße Suppe gleiten lassen – da kommt Freude auf –, einmal aufwallen und ca. 10 Minuten sieden lassen.

8 Vorhang auf zum großen Festakt! Ich mache es vor: In den tiefen Suppenteller geben wir 1 gehäuften EL Quark, darüber streuen wir 1 EL Apfelstückchen. Darüber kommt eine große Schöpfkelle allumfassender Suppensensation (schön im Tiefen fischen). Abgerundet wird das Ganze durch 1 EL Sonnenblumenkerne, etwas Parmesan und etwas Schnittlauch, ganz nach Gusto.

Ernennen Sie einen Mundschenk. Er muss sich jetzt um die Getränke kümmern. Schnell noch etwas Musik aufgelegt – Komposition »Föhn« von Hubert von Goisern oder Klänge nach Ihrer Wahl beschallen den Wohnküchen-Plafond.
Wohl bekomm's! Und auch Herr Jesus sei unser Gast!

PS: Essen oder leben! So lautete das Ultimatum des Furcht einflößenden Raubritters Freiherr Franz von der Trenck und seiner sterbenshungrigen Soldaten an eine keineswegs sterbensmüde bayerische Bäuerin. Aus Kräutern und Gemüsen aus dem Garten, Fleisch-

und Wurstrationen aus ihrer Speckkammer kochte sie in ihrer Not eine Gemüsesuppe, die Allumfassende, einen nahrhaften, sättigenden und wohl schmeckenden Gemüse-Eintopf und – überlebte!

Vital-Drink – Shake and ready

Schnell gemixt, bevor es an den Suppentopf geht. Fallen Ihnen die Augen zu vor Müdigkeit? Machen Sie sich vor dem Kochritual schnell noch einen mineralhochprozentigen Drink wie meinen Lieblingsmix Gretna Green. In einen Mixer gebe ich hintereinander 1 l Mineralwasser, ½ Avocado, ½ Orange, ½ Mango, 1 Kiwi, geschält (die Früchte alle geschält), 2 TL Waldhonig, 1 EL Zitronensaft und püriere das Ganze, bis es schön sämig ist. In Ruhe trinken, für etwa 10 Minuten die Füße hochlegen, schöne Musik, die Sie beruhigt, auf den Plattenteller, Augen zu und Kraft tanken. Das Leben kehrt bei Ihnen ein, mit ungesättigten Fettsäuren, Kalium, Beta-Karotin und Vitamin C. So, aber jetzt Schürze um und schnippeln, was das Zeug hält.

Februar

»Das positive kosmische Bewusstsein im Jahr 2002 wird stattfinden, weil es im Wirklichkeitswelten jenseits der materiellen Raum-Zeit-Realität bereits stattgefunden hat.«

Chet W. Snow

Wien, Wien, nur du allein

Nächste Haltestelle Stephansdom«, schnarrt eine männliche Stimme durch den Trambahn-Salon und gleichzeitig mit einem quietschenden Ruck lande ich zwischen den Beinen eines pensionierten Fiaker-Kutschers, wie es sich bei einem regen Gespräch mit seinem Nachbarn gleich nach meinem Einstieg herausgestellt hatte. Da waren meine Augen vor Müdigkeit schon zugefallen, meine Öhrlein aber noch auf Sendung. Trotz schmerzendem Handteller, ein Hündchen wollte am Morgen davon blutig speisen, war ich nach zwei Stationen eingeschlafen und hatte meinen Ausstieg an der Mariahilferstraße nicht nur verpasst, sondern gleich mit dem linken Fuß von Anfang an die falsche Richtung angepeilt.

»I scheiß ma d'Wadln o, jetzt hods den Haflinger in d'Dreck obig'haut«, johlte mein Gegenüber. Als ich mich mit einem kräftigen Schub an seinem triefenden Schnauzer vorbei wieder hinaufzog, zerrte meine linke Hand beim Versuch aufzustehen noch an etwas Rundlichem in Aprikosengröße samt Hosenstoff.

Besorgt hielt ich nach dem gestürzten Haflinger durch das Straßenbahnfenster Ausschau. Nach dem Gelächter der Fahrgäste zu urteilen, wurde mir plötzlich klar, wer mit dem Haflinger gemeint war. Mittenhinein in ein Bimbam des weiterziehenden Straßenvehikels,

gelang mir gerade noch der Absprung auf das Wiener Straßenpflaster. Heut ist nicht mein Tag.
»Wo geht's denn zum Theater Gruppe 70?«, stellte ich die Frage in eine Wiener Visage. Es ist keiner daheim in dieser Visage, also krieg ich auch keine Antwort. »Gemma schaun, gemma schaun, ob de Maiandacht scho aus is«, frotzeln mich zwei Wiener Bankerte auf meine erneute Frage nach dem Theater und meine Hand brennt wie Feuer. Da hinein hat mich heute Morgen der King-Charles-Spaniel meiner Zimmervermieterin gebissen, als ich ihm über das adelige Fell streicheln wollte. Mein tropfendes rotes Blutrinnsal wurde auch noch mit der unglaublichen Unterstellung der Hausfrau garniert, ich hätte Charles vorsätzlich unsittlich berührt. Charles hätte noch nie absichtlich eine Frau gebissen, meinte sie. All meine Beteuerungen und Tränen konnten meine verletzte Ehre nicht wieder reparieren und King-Prinz Charles strotzte nur so vor Schadenfreude. Er hatte mich bestimmt nur ermuntert, ihm ein paar Streicheleinheiten zu verpassen, um mir eine notorische Abreibung zu verpassen. »Ich heiße nicht Diana, du falscher Fuffziger«, signalisierte ihm mein wütender Blick und mein noch nüchterner Magen wurde jetzt zum Knurrhahn. Die Herrin des Hauses war nicht mehr umzustimmen – ihr Spaniel von hohen Gnaden, ein Inka-Fürst, wie sie betonte, war von meinen bürgerlichen Händen befummelt worden – basta.
Meine Zahnpasta verschwindet auf Nimmerwiedersehen im Hygienebeutel, die Kleidungsstücke werden schnell in das kleine Reiseköfferchen gequetscht, die Hand verbunden, und zornig geht's hinunter durch das enge Treppenhaus, aber nie wieder hinauf, schwöre ich mir.
Theaterprobe ist angesagt und ich nehme prompt die falsche Richtung. Walter Serner wartet in einem Stück auf seine Erweckung: Die Zikaden kokettieren, Kälte an die Wand geschmiert, Mona Lisa applaudiert dem erloschenen Vesuv, so und ähnlich haben wir zu rezitieren, während wir im Begriff sind, zusammen mit unserem Regisseur dazu kleine ironische Einakter mitzuentwickeln. Dada auf

der Bühne, gaga im direkten Umfeld und noch immer versuche ich meine Theaterprobe pünktlich zu erreichen. Noch immer war ich auf dem Vorplatz des Stephansdoms der Gutgesonnenheit wenigstens eines Passanten ausgeliefert.

»I lang da a Taxi rüber, Oide. I stäh no in da Line, wast«, bietet mir ein Taxifahrer seine Vermittlung bei einem Kollegen an. Seine Worte gehen ins Leere. Ein großes Pflasterbild, gerade von seinem Schöpfer mit einem letzten Kreideschwung mit Namenszug versehen, hat mich in seinen Bann gezogen. Rembrandt prangt da auf den ausgelatschten, grauen Pflastersteinen, ohne vor Scham ins Rot abzutauchen. Wohlgefällig betrachtet der Meister, ein baumlanger Clochard mit schulterlangen, verfilzten Haaren sein Werk, als der erste Passant ignorant seine Schmalspur durch das gerade erschaffene Porträt zieht und die Nachfolgenden geradezu anspornt, es ihm gleichzutun.

Ich stelle meine Tasche in den Straßenstaub und versperre ihnen die Bahn. »Kulturbanausen«, schimpfe ich in die drängelnde Meute. Der Maler hat mit seinem Kompagnon, einem kleinen strohfeurigen Wichtl, der sich ständig die Füße vertritt, philosophiert, debattiert und eine Weinflasche befuselt, auf einem Seitenstreifen eine Sitzbank beschlagnahmt. Ein Schüsselchen für eine Geldspende wacht über das Selbstporträt des großen Meisters Rembrandt. Aus der Manteltasche des Pflastermalers ragt sichtbar die erste Buchseite des gesammelten Werks. Rembrandt prangt da in großen Lettern auf dem Buchumschlag. Ich kann mich kaum von dem Gemälde trennen, so eindrucksvoll stiehlt es mir die Zeit. Die wird jetzt knapp und die Geduld des Taxifahrers ist aufgebraucht. Ein dramatisches Adieu zu der Kreideschöpfung auf dem Asphalt, ein kurzes Winken zu seinem Herrn, der mittlerweile mit seinen Kumpels Boccia spielt und dem die immer noch leere Kasse keineswegs auf den Magen zu schlagen scheint. Das ist der inkarnierte Rembrandt, schießt es mir im Taxi mit nun strahlendem Fahrer, der mich nun in die richtige Richtung zur Theaterprobe fährt, durch den Kopf. »O Gott, der arme

Tropf, keiner erkennt ihn in diesem Leben«, rede ich mir murmelnd ein. Mein Magen stimmt mir knurrend bei, oder hat er einfach nur Hunger?
»Ich gebe dir meinen Ring als Symbol der unendlichen Freundschaft«, tönt Julias Bekenntnis im kleinen Bogen über die Stuhlreihen. Wo Julia schwadroniert, ist Romeo nicht mehr weit. Samt einer rosenölgetränkten Duftlampe war er gerade mit den Worten »Wahres Glück ist innerer, nicht äußerer Reichtum« von der Proberampe gestürzt und hatte sich schmerzhaft den Knöchel verstaucht. Julia reißt sich das Kopftuch herunter und mutiert zu Krischan, einem 20-jährigen Zigeunerjungen wie aus dem Bilderbuch, dem unser Regis-

seur samt Kumpel Joschi alias Romeo bei einer militanten Demo gegen ein geplantes Atomwerk die obskure Idee, spontan in einem Theaterstück mitzudemonstrieren, schmackhaft machen konnte.
»Geh mas o, Oida«, meinte Joschi und inmitten der Nebelgasbomben und Wasserfontänen der sich wacker schlagenden Polizisten war das Engagement für die zwei beschlossene Sache. »A warms Essn gibt's und es is auf olle Fälle leiwander ois im Hefn Staubsaugertütn klebn«, war Joschis Meinung und jetzt klettert er behände die verfehlte Rampenecke wieder hinauf. Als ich mit Strahlemiene und den Worten: »Rembrandt lebt« das Probenareal betrete, verpufft meine Appearance ins Niemandsland. Unser Regisseur, übrigens ein guter Spezl von mir, nennen wir ihn hier mal Maniac Pro-

gressi, sieht gerade nicht ein, dass sich seine zwei engagierten Knastis ihr versprochenes Brot so leicht verdienen sollen. Seine bei seriösen Schauspielerengagements und vor allem die bei Zadek erlernten Trainingsmethoden möchte er jetzt sendungsbewusst den zweien mit auf den Weg in die nächste Zelle geben. »Du muasd di foin lossn, Oida, und gleichzeitig mi auffanga ois mei Gegenüba, vastehst mi?«
Verdutzte Mienen ziehen vor dem Bühnenvorhang auf und ein verschlagenes Kind beschließt einen Pakt mit Isegrim. Der Resonanzbogen wird bis zum Zerreißen gespannt, meine Rembrandt-Geschichte zieht sich von meiner Zungenspitze in das Herzkammerverlies zurück. Auf dieser Strecke muss ich feststellen, dass ich ja bei aller Begeisterung für den Pflastermaler nicht eine müde Mark in sein Töpfchen geschmissen habe. Der gute Kerl in mir beschließt, dieses Manko auf meinem Heimweg wettzumachen. Mein Zimmer habe ich ja heute Morgen aufgekündigt. Heim, heim möchte ich auf der Stelle, heim zu Tochter und Mutter hinter den warmen Ofen. Für die nächsten Tage hat mir die Lieblingsschauspielerin des Regisseurs eine Bleibe angeboten. Dort campiert auch unser Regie führender wilder Racker, der mit der Debüt-Probenkunst der neuen Truppenmitglieder gar nicht zufrieden scheint. Joschi konnte den verdonnerten Fallübungen nach Koslowski kein Vertrauen abgewinnen und verweigerte. Krischan entledigte sich mit wildem Blick seines Kopftuchs und Unterrocks und lässt sich nun mit hungrigem Magen in die großen Hände des Meisters fallen und wird gefangen. »So, und jetzt kriagn ma wos zwischn d' Zähn, wia obgmacht, mir hom ganz oafach an Bärnhunga, Oida, drei Stund schikanierst uns jetzt.«
Drohend hat sich jetzt das Zigeunerkind vor dem Herrn aufgebaut. Ich ringe nach Luft, als ich auf der Wartebank die Taktik meines Freundes erfühle. Ein deformierter Geist kontra wilden formvollendeten Instinkt mit einem unbewussten formalen Auftrag an ein archaisches Gegenüber ein Lebenslicht zum Erlöschen zu bringen! Ein herausgekitzelter Selbstmord sozusagen und Krischan sollte der

erwählte Vollstrecker sein. Joschi, der Pfiffikus, hatte den Braten, der seinen Hunger bestimmt nicht stillen würde, gerochen und sich verdrückt. Hinaus in den Großstadtdschungel, um sich seinen Fraß zu besorgen. Krischan konnte den Bannkreis noch nicht verlassen. Jetzt sollte er sich vor der verdienten Essensration mit der bestandenen Koslowski-Übung als würdiges Ensemblemitglied erweisen. Der lange Schatten des gestrengen Lehrherrn huscht über meine Schuhspitze. Breitbeinig steht er auf den Brettern, um sich gleich in die unsicher vorgestreckten Arme Krischans zu schmeißen.
»Bagua sheng ch'i – in den klaren hellen Weg«, ruft der Meister zum Schnürboden hinauf, bevor er sich fallen lässt und krachend auf den Holzdielen landet. »Du wuist Theater spuin? Du host ja ned für a Fünferl Verantwortung für dei Gegenüba, Oida«, mosert er angefressen, während er sich mit schmerzverzerrtem Gesicht wieder aufrappelt. »Host scho moi wos von da ruhenden Kraft g'hört, wos red i denn«, geifert er weiter.
Krischans Hände, die nur kurz erfolglos versucht hatten, einen Fallenden aufzufangen, haben sich jetzt in seinen Hosentaschen vergraben, stechende Augen warten auf ein kollektives Kommando. Mein Mutterinstinkt wittert ein schneidendes Ch'i. »An solchen Tagen nie Messer herumliegen lassen, sondern immer in der Schublade aufbewahren«, rast es durch meinen Kopf. »Schleich di, Haberer, bist du gelähmt, losst mi der Nullinger foin«, treibt der gefallene Ritter sein Spiel auf die Spitze, und schon blitzt Krischans Messer unter seinem Kinn.
»Hoid endlich dei Goschn, du Goscherter, wuist wieda in Kriag, oida Gauleiter, mi kriagst ned kloa, mi ned«, zischen Krischans Worte drohend durch den Raum, während sich das Messer jetzt für einen Startblock entschieden hat, und zwar über dem Adamsapfel des Peinigers. Walter Serners Zikaden verhalten sich mucksmäuschenstill und Mona Lisa lächelt in sich hinein wie immer.
»Recht hat er gehabt, dass er dich nicht aufgefangen hat, der Krischan, wer hat ihn denn schon jemals auch nur aufgehoben«, laut

schreiend und gestikulierend betrete ich den kaukasischen Kreidekreis und wie fremdbestimmt nimmt meine rechte Hand ohne Zittern und Zagen das Messer in Gewahrsam und wie eine spanische Wand baue ich mich vor meinem alten Freund auf. »Hau ab, Krischan. Mach dich aus dem Staub«, brauche ich nicht zweimal zu flehen und mit einem katzenhaften Sprung sucht dieser durch das Kellerfenster das Weite. »Gott beschütze dich, mein Junge, pass auf dich auf«, rufe ich ihm hinterher, das zurückgelassene Messer in meiner verkrampften Hand.
Da prasselt es auf mich herab: »Du fallst mia in Ruckn, du, mei Bluatschwester.« Auge in Auge stehen wir uns gegenüber. Im Probenraum haben sich jetzt Theatertechniker und Kollegen versammelt. Die Theaterchefin, eine Grande Dame, blickt starr auf das angewurzelte Messer in meiner Hand, verkennt die Situation und befiehlt ihren Mannen, mich zu entwaffnen.
»Sie wollt ma in Ruckn falln«, wiederholt der Regisseur immer wieder, was meine Situation nicht besser macht. Doch jetzt ist wieder einmal Zeit für den großen Auftritt der Dusa. Die Arena hat sich jetzt genügend mit Publikum gefüllt.
»Du bist einfach a Arsch«, plärrt die Geliebte. »Ka Wunda, dass di de Mariann abstecha wollt.«
Lauf, Krischan, lauf, denke ich. »Aber ich hab doch nur …«, will ich klarlegen. Ach, vergiss es, denk ich, denn jetzt hat Cäsar seine Kleopatra am Wickel und gebietet ihr stumm, mit großen Gesten und Blick auf die Besitzerin den Rand zu halten. Das Giftfass schäumt über. Angriff aus dem Norden ist angesagt. Ich drücke fest meine kleine Jadeschildkröte und denke: »Stecker raus. Ich ziehe jetzt einfach den Stecker raus.« Weit gefehlt. »I reiß da jetzt deine Eier raus«, dröhnt Kleopatra durch das Theaterrund. Ich trau meinen Ohren nicht mehr, die Chefin des Hauses fällt vom Stuhl und der Angegriffene versucht mit mahlendem Kinn im aschgrauen Antlitz die Fasson zu wahren. Ich lasse meine Siebensachen im Garderobenschrank, schnappe mein Handtäschchen, hechte auf den Spuren

Krischans durchs Fenster und lande unsanft auf dem Steinhaufen einer Baustelle im Hinterhof eines Pornokinos. »Nein, in Kleopatras Gemach möchte ich heut nicht die Nacht verbringen«, erkläre ich dem schmunzelnden Taxifahrer, übrigens per Zufall der gleiche vom Nachmittag. Mit Engelsgeduld begab er sich mit mir auf erfolgreiche Zimmersuche in der Mariahilferstraße und bot mir seine Dienste an. Gabriel hieß er, Doktor der Philosophie war er, Sigmund Freud hätte seine Freud gehabt. Burgtheater, Schloss Schönbrunn, Naschmarkt, Kapuzinergruft, Kärntnerstraße vermengten sich mit Karl Kraus, Friedrich Hundertwasser, Kaiserin Maria Theresia, Johann Nestroy und Herrn Karl, einem Braunen, einem Gstreckten und einem Schampus zu einem wundersamen Kaleidoskop. Mein Gott, jetzt hatte ich ja bei allem Wohlbefinden meinen hungernden Rembrandt vergessen.

Einmal Stephansdom, befahl ich leicht angeschickert meinen aufgeheiterten Kutscher aus Passion. O Gott, mein Straßenmalerfürst torkelte sturzbetrunken mit einer Flasche Fusel im Arm um die aussteigenden Gäste der Straßenbahn herum und machte sich mit seinem Gesellen, nicht minder berauscht, zotig über die Menschenmenge her. Ein Auge seines verlöschenden Selbstporträts starrte ungläubig in den Abendhimmel. Derb reißt der für heute ausgestiegene Maler meine großzügige Spende an sich. »Des Geld übalossma heid dem Auge Gottes Freind, mia miassn heid no sauba naschn, moanst ned, Oida«, versuchte er seinen Kumpel zu überzeugen. »Ja Buam, lasst es euch sauba schmeckn, habts bestimmt an Mordshunger«, verabschiede ich mich gerührt.

»Im Prater blühn wieder die Bäume«, singt die alternde Chansonette im Gasthaus zur Goldenen Glocke. »Das Auge Gottes ist ein Pornokino«, gesteht mein dienstbarer Geist, prostet und sinkt in einen bleiernen Schlaf. Ich hieve sein Gesicht aus meinem Dekolleté und schleiche auf Schusters Rappen zu meiner neuen Bettstatt.

P. S.: Übrigens wurde unser Dada-Theaterstück ein voller Erfolg und Gabriel Serafin ward nie mehr gesichtet.

One-Night-Stand New York, New York

Fruchtsuppe mit Mangold und Schwarzwurzeln

Für die Suppe:

200 g frische Schwarzwurzeln, 1 Schuss Essig, 2 EL Mehl, 250 g Putenschnitzel, 2 Scheiben magerer roher Schinken, 1 große Gemüsezwiebel, 4 Knoblauchzehen, 1 Petersilienwurzel mit Kraut, 1/2 Sellerieknolle, 1 Tomate, 2 EL Kürbiskernöl, 1 TL frischer Thymian, Schale von 1/2 Zitrone, 1 Prise Curry, Salz, grüner Pfeffer aus der Mühle, 4 EL Zitronensaft, 1 Schuss Weißwein, 1 EL Sojasauce, ca. 1 l Hühnerbrühe (Brühwürfel) zum Auffüllen, 200 g Mangold, 1 Schuss Balsamicoessig, 1/2 TL Muskatnuss, 1 Frühlingszwiebel, 1 haselnussgroßes Stück Ingwer, 1 Kartoffel, 2 EL Butter, 4 cl Williamsbirne, 1 EL Estragon, gehackt, 1 Prise brauner Zucker, 2 Safranfäden, Saft von 1 Grapefruit, 1 Prise gemahlene Koriandersamen, 2 mittelgroße Birnen, 1 ganz reife Mango, 1 EL Zucker, 1 Prise Zimt, 1 kleine Dose Wasserkastanien, 1 große Karotte, 125 g süße Sahne, 1 Eigelb, 4 EL Pflaumenmus, 100 g Schimmelkäse, etwas Koriandergrün

Für die Nussklößchen:

25 g gemahlene Nüsse, z. B. Walnüsse, Pistazien, Pinienkerne oder Haselnüsse, etwas Butter, 1 Ei, Salz, Pfeffer, 1 Prise Muskatnuss, 1 Prise Zimt, 2 Safranfäden, 120 g Grieß, 1 Eigelb

1 Für die Suppe die Schwarzwurzeln säubern und schälen, dann in eine Schale mit Wasser legen, 1 Schuss Essig und 1 EL Mehl dazu, damit sie ihre Farbe und Konsistenz behalten.

2 Die Putenschnitzel und 1 Scheibe rohen Schinken in Streifen schneiden, Gemüsezwiebel und 2 Knoblauchzehen hacken, Petersilienwurzel und Sellerieknolle klein schneiden, die Tomate überbrühen, häuten und vierteln. In 2 EL Kürbiskernöl die Fleisch- und Schinkenstreifen anbraten und dann die gerade vorbereiteten Gemüse und Kräuter dazugeben. Es folgen Thymian, Zitronenschale, 1 Prise Curry, Salz und grüner Pfeffer, 2 EL Zitronensaft. Jetzt mit 1 Schuss Weißwein, 1 EL Sojasauce und 200 ml Hühnerbrühe aufgießen und vorsichtig ca. 10 Minuten dünsten. Beiseite stellen und ruhen lassen.

3 Jetzt die Mangoldblätter und -stiele in Streifen bzw. Stücke schneiden, in eine Schüssel geben und mit Balsamicoessig, 1 Prise Muskat, Salz und Pfeffer beträufeln. Kurz ziehen lassen.

4 Für die Nussklößchen Walnüsse, Pistazien und Pinienkerne oder Haselnüsse fein mahlen und in einer beschichteten Pfanne mit etwas Butter anrösten. Verwenden Sie am besten einen Holzlöffel zum Wenden. Das Ei hinzugeben und rühren, bis die Masse

sämig wird. Mit Salz, Pfeffer, geriebener Muskatnuss, Zimt und 2 Safranfäden abschmecken. Den Grieß unterziehen und vermengen. Aus diesem Teig mit 2 Esslöffeln kleine Klöße abstechen, diese mit Eigelb bestreichen und ruhen lassen, bis sie gerufen werden.

5 Frühlingszwiebel und 2 Knoblauchzehen hacken, die zweite Scheibe Schinken in Streifen schneiden, den Ingwer fein stifteln, die Kartoffel klein schneiden. In einem Suppentopf 2 EL Butter zerlassen, Frühlingszwiebeln, Knoblauch und Schinken hinzufügen, kurz anbraten und dann mit dem Williams ablöschen. Den Estragon, 1 Prise braunen Zucker, 2 Safranfäden und die Ingwerstifte dazugeben. Gemeinsam kurz andünsten, mit dem Saft 1 Grapefruit ablöschen und mit 1 Prise gemahlene Koriandersamen bestreuen. Jetzt den Topf mit Hühnerbrühe auffüllen und die eingelegten Schwarzwurzeln und die Kartoffelstückchen dazugeben. Ca. 15 Minuten auf kleiner Flamme köcheln.

6 In der Zwischenzeit die beiden Birnen und die Mango schälen und vierteln. Je die Hälfte der Birnen- und Mangoportion direkt in die köchelnde Suppe geben. Weitere 5 Minuten kochen. Mit Salz, Pfeffer und 1 Prise Muskat würzen, vom Herd nehmen und leicht auskühlen lassen. Die übrigen Birnen- und Mangoviertel werden gewürfelt und müssen dann mit 1 EL Zucker, 2 EL Zitronensaft, 1 Prise Zimt bis zu ihrer weiteren Verwendung ziehen. Die Wasserkastanien klein schneiden und die Karotte längs in ganz feine Scheiben schneiden.

Binden Sie sich jetzt eine große Schürze um (falls Sie das noch nicht getan haben)

7 Die leicht abgekühlte Suppe im Mixer pürieren. Das Ganze wieder zurück in den Topf geben und mit Hühnerbrühe auf 1 ½ Liter auffüllen. Jetzt die Mangoldblätter und -stiele sowie die

Wasserkastanien hineingeben und auf kleiner Flamme ca. 10 Minuten garen.

8 Die Pfanne mit den Putenstreifen noch einmal anwärmen, mit Weißwein ablöschen und alles in die köchelnde Suppe geben. Jetzt kommen auch die Nussklößchen hinein. Nach 10 Minuten die restlichen Birnen- und Mangowürfel dazugeben und weitere 5 Minuten köcheln. Die Suppe vom Herd ziehen und mit 125 g süßer Sahne und 1 Eigelb legieren.

9 In tiefe Suppenteller geben wir nun die Suppe (tief fischen und die Klößchen gerecht verteilen). In die Mitte setzen wir darauf 1 TL Pflaumenmus und streuen etwas Zimt und gebröselten Schimmelkäse darüber. Drumherum legen wir die Karottenscheiben und krönen das Ganze mit etwas Koriandergrün.

Dazu gibt es Weißwein oder helles Bier und Baguette.
Enjoy your meal, my dear!

PS: Diese Suppe weckt die Lebensgeister und schärft die Sinne. Das war auch vonnöten, als ich im Mai 1985 bei meiner Ankunft am Kennedy-Flughafen in New York von meinem Gastgeber weder abge-

holt, noch mir vom gestrengen Doorman Einlass gewährt wurde. »Your name is not on the list, Ma'am!«
Eine ganze Nacht lang verbrachte ich frierend und auf meinem Koffer sitzend in der Hallway des Hauses – den Rückflug konnte ich wegen des Ticket-Bonus nicht antreten.
Mit einer kräftigen Portion Mangold, die er gerade auf dem Markt erstanden hatte, fiel mein Freund am nächsten Morgen über meine Füße und ich braute daraufhin mit allem, was ich in einem Junggesellen-Appartement fand, eine Überlebenssuppe zusammen.
»Deliziös«, bekannte sich mein Bekannter entzückt zu meiner neuesten Suppenkreation, »weißt du, heute Abend wollte ich dich eigentlich vom Flughafen abholen. Kommst du mit?«

Frische Luft nach langem Abend

Das Suppenhappening ist erfolgreich zu Ende gegangen, die letzten Gäste haben uns verlassen, das Geschirr ist gespült, das Staubsaugen und Polieren auf den nächsten Tag verschoben. Die geöffneten Fenster vermögen des starken Nikotingeruchs nicht Herr zu werden. Rauchen Sie noch ein letztes Zigarettchen, wenn Sie möchten, und trinken Sie ein kleines Gläschen Wein. Dann hängen Sie einige nasse Tücher im Zimmer auf. Schon nach kurzer Zeit hat Ihnen diese Heinzelmännchentruppe den Geruch völlig aufgefangen.

März

»Wenn im Februar die Mücken spielen, muss der März den Winter fühlen.«

Aus dem 100-jährigen Bauernkalender

Ein Affentheater

April, April«, äffte mich die schnippische Dame der Rotkreuz-Ambulanz-Stelle nach, »führen Sie jemand anderen auf den Leim«, und knallt den Telefonhörer auf die Gabel.

»Bitte schicken Sie einen Wagen, mich hat ein Affe gebissen. Meine Schlagader ist verletzt«, jammere ich jetzt bei meinem dritten Versuch, den blutenden rechten Arm durch ein nasskaltes Handtuch notdürftig versorgt, die linke Hand ungelenk zum Telefondienst abgestellt.

»Ja, und mir ist heute ein Zebra über die Leber gelaufen, ha, ha«, kontert jetzt diese Schickse, anders kann ich es nicht sagen, während sich ein ganzer Strang von Schmerzen durch mein Handgelenk bohrt und sich ein Peingefühl wie von Feinmechanik-Bohrern durch die Fingernägel, die fast alle durchgebissen sind, einstellt. Ein paar Schmerztabletten, das klassische Aspirin, habe ich schon eingeworfen. Sie helfen aber nur oberflächlich. Wie eine Ertrinkende halte ich den blutigen Arm nach oben, das Blut läuft mir als warmes Bächlein in die Achselhöhle, um dann weiter flussabwärts auf Taillenhöhe auf meiner bunten Sommerbluse ein unikates Muster zu entwerfen.

Ja, heute war der erste April, aber mir war gar nicht nach »In den April Schicken« zumute. Mein kleines drahtiges Pinselohräffchen hatte

mich in Eichhörnchen-Manier in die Hand gebissen. Wie eine Maschinengewehrsalve prasselten die Bisse auf meine arme Rechte ein, als ich meinen Anbefohlenen nach einem Tierarztbesuch wieder in seinen Käfig zurückhieven wollte. Prof. Bill Steinway, so nannte ich ihn, konnte in diesem Moment Freund und Feind nicht mehr unterscheiden und hatte ganze Arbeit geleistet. Ein schreckliches Brennen am Handgelenk machte mir große Sorge und meine durchgebissenen Fingernägel ließen mir Hören und Sehen vergehen. Wenigstens hatte ich Billie, dieses Affen-Nashorn, als letzten Kraftakt wieder in sein Stäbedomizil zurückbefördert. Er war im Auto meines Ehemanns entwichen, der meinen neuen Hausgenossen nicht akzeptiert hatte, war es doch schon die zweite dramatische Lebensgemeinschaft mit dieser Gattung Tier.
Bei meinem SOS-Durchruf bei einer Taxi-Zentrale fand mein Bekenntnis »vom leibhaftigen Affen gebissen worden zu sein« überhaupt kein Gehör und wurde prompt wieder dem ersten April in die Schuhe geschoben. Erst meine liebste Schwester Renate schenkte mir spontan Glauben, schwang sich hinter das Steuer ihres Kadetts und preschte durch die Kleinstadt, um das malträtierte Schwesterherz ins Krankenhaus zu bringen.
Die zusammengelaufenen grünen Männlein kamen nicht vom Mars, sondern aus einem Operationssaal, wo sie eine Hämorrhoiden-Operation unterbrochen hatten. Die Kunde »Mini-King-Kong attackiert die große weiße Frau« hatte wohl so einiges in ihrer Phantasie in Gang gesetzt. Jetzt überbot man sich in prognostischen Weissagungen. Von akutem Tollwutbefall bis zur Wahrscheinlichkeit, einige meiner Finger wegen einer baldigen entzündlichen Blutvergiftung amputieren lassen zu müssen, schenkte man mir gar nichts. Äffchen Billie war nämlich Fleischfresser, müssen Sie wissen. Lebende Heuschrecken, denen er genüsslich zuerst die Köpfe abbiss, und Mehlwürmer waren seine Leibspeise. »Er könnte ja noch Fleischreste zwischen den Zähnen gehabt haben, die Eiweißanteile fangen dann unter Ihren Nägeln zu faulen an, dann sehe ich schwarz

für Ihre Finger, gnädige Frau«, und des Arztes gierige Augen starrten dabei unverwandt auf meine Hand.
»Schicken Sie Ihre Kollegen bitte zurück an die Hämorrhoiden-Front«, bat ich meinen behandelnden Arzt, als er mit gewandten Stichen die größere Bisswunde am Handgelenk verarztete. Die gerade vorher verabreichte Tollwutspritze krakeelte noch in meiner Hüfte, da wurden die süffisanten Zoten der Eindringlinge zu Öl im Feuer meiner unerträglichen Schmerzen. »Verziehen Sie sich, meine Herrschaften«, schrie ich jetzt mit letzter Kraft Richtung grüner Ärztepulk, der nun im Begriff war, die Fleischfliege zu machen.
»Lassen Sie es sich gesagt sein!«, drohte mir nun der Unheilbeschwörer mit erhobenem Zeigefinger, kam aber nicht mehr zur Vollendung seines Cut-off-Orakels, weil ihn nun eine resolute ältere Krankenschwester da hinausbeförderte, wo der Zimmermann die Alu-Türe eingesetzt hatte. Penicillin-Tabletten musste ich mir jetzt wohl einverleiben, so vernünftig war ich doch. Trotzdem würde ich für meine geschundene Hand mit täglichen Bädern aus Rosmarin, Thymian-Ringelblumen- und Salbei-Blattaufgüssen ein zusätzliches Heilungsmittel zur Anwendung bringen.
Wieder zu Hause angekommen, blickte mich mein Äffchen traurig durch die Gitterstäbe seines Käfigs und berührte, wie beim ersten Blickkontakt, wieder mein Herz, und meine Seele erschauerte. Ich konnte ihm ja nicht böse sein, doch mein schmerzender Arm versuchte mich gegen ihn aufzubringen, ich hatte meinem kleinen Jazz-Professor längst verziehen. Sie wundern sich jetzt bestimmt etwas, aber Billie, der »besondere« Pinselohraffe, war kohlrabenschwarz, hatte eine dunkelfarbige Gesichtshaut und melancholische Augen, pechschwarz wie Tollkirschen. Sein Gesicht war umrandet von einem grauen Haarkranz, was mir anfangs gar nicht so auffiel. Seine Hände waren so klein wie eine Haselnuss, aber fein gegliedert und von Menschenhänden nicht zu unterscheiden. Immer wenn ich auf ihn blickte, drängte sich mir ein Bild von einem schwarz befrackten Gospel singenden Jazzmusiker auf. Also nannte ich ihn Prof. Billie

Steinway. Auch meinen Freunden fiel die frappierende Ähnlichkeit mit einem menschlichen Wesensbruder auf und oft reagierten sie befangen darauf. Mein damaliger Ehemann mochte ihn von Anfang an nicht leiden, hatte er doch noch von Fipsi, unserem Kapuzineräffchen, und dessen Kapriolen die Nase voll.

Fipsi gesellte sich schon im ersten Ehejahr zu uns: Im Schaufenster einer umstrittenen Tierhandlung in der Stadtmitte Münchens war das Kapuzineräffchen haar- und partnerlos, auf kleinstem Raum angekettet, zum Verkauf angeboten worden. Trauben von Menschen fand ich in einer meiner Mittagspausen, ich arbeitete derzeit bei einem Internisten als medizinisch-diagnostische Assistentin, vor diesem Fenster versammelt, wiehernd vor Lachen und sich gegenseitig auf die Schultern schlagend, wenn er »kam«. Es kam nicht der Clown Popopolo, auch nicht der Nikolaus, der kleine unglückliche Affe hatte einen Orgasmus, den er sich durch onanieren selbst bescherte. Das war Zunder für die Plebs. Man grölte. Der Besitzer des Tiergeschäfts rieb sich die Hände, denn durch Mundpropaganda wurde die Menschenmenge täglich mehr. Da ging man dann schon gleich zwischen den Höhepunkten sein Katzenfutter besorgen. Und der Affe ohne ein Weibchen, völlig verzweifelnd um sich beißend, besorgte es sich öfter am Tag und ein um seinen Umsatz besorgter Kneipier stellte seine Tische in der Passage schon mal näher Richtung Schaufenster, um seinen Nutzen aus dem Geschehen zu ziehen.

Doch jetzt kam Mutter Sägebrecht auf den Plan. Dieser Demütigung und Zurschaustellung einer vereinsamten, respektlos missbrauchten Kreatur würde ich nicht tatenlos zusehen. Diplomatisch muss ich vorgehen, suggerierte ich mir, als ich die Treppen hinaufstürmte, denn der Besitzer war als Choleriker stadtbekannt geworden, als ihn Tierschutzvereine versuchten, wieder einmal am Haarbüschel zu packen.

Versteckt hinter einem großen Fischaquarium versuchte ich gerade meine Gedanken zu ordnen, da wurde ich Zeuge, wie ein aufgemaschelter Zuhälter mit seinem übermalten Rassepferdchen versuchte, das Äffchen für vierhundert Mark, so weit hatte er wohl heruntergehandelt, aufzukaufen. In einem stadtbekannten Bordell sollte er neben einem Springbrunnen im Kontaktraum seine Erotik-Show zum Besten geben. Alle meine Antennen standen jetzt auf Sturm. In kühler Manier trat ich hinter meinem Versteck hervor. »Ich bezahle ihnen achthundert Mark«, warf ich selbstbewusst auf die Ladentheke. Ich verdiente zu dieser Zeit neunhundert Mark netto, aber auf diesen meinen eigenen Einwand hörte ich jetzt gar nicht. Der Ladenbesitzer hörte nur seine Münzen klingeln. Die Liebesdienerin bekam eine schallende Ohrfeige verpasst, als sie trotz neuer Verhandlungsgrundlage auf ihr orgiastisches Unterhaltungsrequisit nicht verzichten wollte. Bubis Rolex blitzte wütend gegen Mariannes durchdringenden blauen Blick. Das kleine Wiesel von Geschäftsmann wurde plötzlich um zwei Schuhnummern bedrohlicher. Vierhundert Mark Zugewinn mochte er sich in diesen Zeiten nicht entgehen lassen. Der Zuhälter und seine feine Dame verließen mit Wut im Bauch die Arena, ich musste schnell auf die Toilette, denn vor lauter Aufregung hatte ich einen flotten Otto bekommen und kam eine Weile nicht mehr vom Klo herunter. Mister Geldgier kontrollierte mindestens drei Mal das stille Örtchen, aus lauter Angst, ich würde mich durch das kleine Fenster aus dem Staub machen. Weit gefehlt. Kühl legte ich erst einmal mein ganzes Bares auf den Tisch.

»Zweihundert Mark Anzahlung«, hörte ich mich forsch sagen, »den Rest bekommen Sie heute Abend um sieben Uhr, wenn ich das Äffchen abhole.« Hatte geklappt, dachte ich befreit, als ich Fipsi, so nannte ich ihn schon, bei einem Cappuccino an besagtem Cafétisch kumpelhaft zuwinkte. Ein Mittagessen war heute nicht mehr drin. Kasse leer. Jetzt war es an mir, meinen Chef, einen regelrechten Internisten mit großer Freude am Sinnlichen, zu einem Vorschuss von achthundert Mark zu überreden und dann mein Ehegespons zu überrumpeln, Fipsi zu meinen beiden Nymphensittichen als Familienmitglied willkommen zu heißen. Ein dunkelblauer samtener Vorhang legt sich gütig über die Bemühungen, den Vorschuss zu ergattern und Fipsi in die Familie zu integrieren. Ich weiß nichts mehr darüber. Ich weiß nur noch eins, Scheherazade war am Ball und hat beide Turniere gewonnen.

Den Vorschuss durfte ich sogar mit hundert Mark monatlich abstottern. Der besagte Tierhändler klärte mich nicht auf, dass ich nun von meinem männlichen Adoptivkind zu seiner weiblichen zweiten

Was tun gegen Kopfschmerzen?

Zuerst versuche ich zu ergründen, ob es ein persönliches Problem gibt, das mir in den Kopf hackt. Dann versuche ich es herauszumanövrieren und mache es mir bewusst, um das Problem in den Griff zu bekommen oder es zu lösen. Während dieser Konzentrationsphase stecke ich meine Füße in ein warmes Fußbad, das mit ein paar Esslöffeln Meersalz angereichert wurde. Mit einem kalten Knie- oder Knöchelguss nach Kneipp beende ich diesen Teil der Zeremonie auf zwei Ebenen. An diesem Kopfwehtag versuche ich nur saftige Früchte und Salate zu mir zu nehmen, um meinem Organismus Hilfestellung anzubieten. Nach den Kneipp'schen Wassergüssen trinke ich jetzt mit Genuss eine Tasse feinsten Espresso, ohne Zucker und Milch, dafür aber mit zwei Kaffeelöffeln Zitronensaft. Eine Akupressur rechts und links über den Augenbrauen, auf der rechten Nasenseite über dem Nasenflügel, an der Innenseite der linken Daumenhandwurzel und über dem rechten Knie beschließen diesen Teil meiner Choreografie. Die Akupressur verstärke ich durch ein Thymianöl, das ich von meiner Apotheke beziehe und mit dem sich, selbst gemacht natürlich, schon meine Mutter ihre Migräne-Geister verscheucht hatte. Jetzt geht's entweder hinaus in die Natur zu einem langen Spaziergang mit meiner Hündin Baggy, oder hinein in den Arbeitsalltag einer Hausfrau, Tierpflegerin und Gärtnerin, bis man rechtschaffen müde wird. Und siehe da, spätestens jetzt haben sich alle Kopfschmerzen und Gedankenstörfelder in nichts aufgelöst.

Hälfte gemacht werden würde. Seine Haare wuchsen wieder dank vitaminreicher vegetarischer Ernährung, meine Haare mussten sich einem täglichen Pflegeritual unterziehen. Da wurden Schuppen gesucht und Hautfetzchen entfernt, dass es eine Wonne war. Nach getaner Arbeit legte sich Fipsi unter meinen Pullover für ein Schäferstündchen zur Ruhe. Nachts ging er dann beleidigt in seinen gemütlichen Käfig, nicht ohne einen verächtlichen Blick auf seinen ranghöheren Kumpel, meinen Ehemann, geworfen zu haben. Onaniert hat Fipsi nicht mehr und wenn, dann gentlemanlike nur noch nachts. Das Äffchen wollte nicht mehr alleine zu Hause bleiben. Als wir es tatsächlich gewagt hatten, einen ganzen Sonntagnachmittag ohne den gnädigen Herrn bei Freunden zu verbringen, war das Desaster groß. Fipsi hatte ganze Arbeit geleistet. Die Küche war verwüstet. Marmeladentöpfe aufgeschraubt und auf dem Boden und dem Küchenbuffet verteilt. Mehl in freiem Künstlerschwung darüber gestäubt. Mit Honig wurde der Küchenvorhang zu einem klebrigen Etwas degradiert. Von der Lampe troff das Fruchtjoghurt. Kaum einen Zentimeter hatte Beuys junior für sein künstlerisches Gesamtwerk ausgelassen. Aufsässig hatte er sich auf der verklebten Lehne des Küchenstuhls in kämpferische Position gebracht. Der Ehepartner fiel gleich rückwärts die Treppe runter auf einen gemütlichen Barhocker in einem Café. Mir blieb die »Aktion Saubere Leinwand«. Nun war Fipsi in seinem Element. Piepsend und hopsend assistierte mir der Verursacher beim Großreinemachen, Hauptsache, seine geliebte Maharani war wieder an seiner Seite, wie es sich gehörte. Die Geburt meiner Tochter Daniela zwei Jahre darauf nahm er zuerst einfach nicht wahr. Das Stillen des Babys provozierte ihn am meisten. Da wurde ich von Fipsi schon mal währenddessen heftig am Haar gezupft. Zurück in den Käfig zitiert, rüttelte er so lange an den Stäben, bis ich ihn gerne wieder herausließ. Kaum hatte ich mich einmal umgedreht, wurde mit scharfem Beißen das Federkissen des Kinderbettchens zerfetzt und ein Happening à la Frau Holle in Gang gesetzt. Um meine Aufmerksamkeit von dem Baby abzulenken, war ihm jedes Mittel recht, und wenn es nur ein Zerdeppern der schönen bauchigen Kaffeekanne auf dem Steinboden der Küche sein sollte. Die kräftigen Stäbe seiner Behausung hatte er wie Samson völlig auseinander gebogen vor Wut, was wiederum den Chef der Familie zu Wutanfällen herausforderte, denn er hatte diesen großen Wohnkäfig selbst geschweißt. Bei einem Eifersuchtsanfall, er mochte es einfach nicht glauben, dass er nun nicht mehr stundenlang unter meinem Pullover kuscheln durfte, riss er an den wenigen Babyhaaren Danielas und kratzte sie dabei so unglücklich am Köpfchen, dass sie blutete. Es war nicht so wild, aber Fritz, der Vater meiner Tochter, wurde jetzt fuchsteufelswild und mein Fipsi zog zu meiner Mutter, die in einem Krankenhaus die Nähstube leitete und nach ihrer Scheidung dort auch ein kleines Appartement bewohnte. Nach anfänglicher Zeit der tiefen Trauer auf beiden Seiten fügte sich Fipsi in seine neue Lebenssituation bestens ein. Nun hatte er wieder eine Partnerin ganz für sich. Bei meinen Besuchen zeigte er mir zuerst die haarige kalte Schulter, dann taute er auf.

Auf der Schulter meiner Mutter überwachte er die Arbeit an der Nähmaschine, um sich danach stundenlang in einem Korb sitzend mit alten Wäschefetzen zu amüsieren. Einmal wäre er beinahe bei meiner nachsichtigen Mutter in Ungnade gefallen, als er sich, für ein paar Stunden allein gelassen, die liegen gelassene Dokumentenmappe zu Gemüte führte. Heiratsurkunde, Zeugnisse, Geburtsurkunde, um nur einige zu nennen, waren von ihm fein säuberlich zu winzigen Schneeflocken zerrupft und dann auf einen Haufen akribisch zusammengetragen worden. Jetzt gab's für diese Schufterei nicht mal einen Hungerlohn, sondern auch noch hysterisches Gekreische und einen Liebesentzug für die nächsten Tage. Fipsi verstand die Welt nicht mehr. Schon am zweiten Tage wurde Omas Miene lichter und am dritten Tage hatte unser Kapuziner-Charmeur seine verehrte Agnes wieder um den Finger gewickelt, als er sich bei einer Ausfahrt in seinem Wägelchen über die Strandpromenade samt Flanierenden aus der Affenperspektive ein eigenes Bild machen durfte. Über mangelnden Kontakt brauchte sich Muttern dann nicht zu beklagen, denn es entstand sogleich ein kleiner Menschenauflauf, um Fipsi in seinem Anzügelchen nebst Schiebermütze zu bestaunen. Ein paar Haare ausreißen, das ließ er sich nicht zwei Mal sagen, Autogramme gab er nicht, aber ein Stüber auf die Nase war schon hie und da drin, wenn ihm ein Fan einmal zu nahe vor die Linse kam.

Als meine Tochter sechs Jahre zählte, hatte Fipsi schon das Zeitliche gesegnet. Die Sehnsucht, wieder mit einem Äffchen zu leben, flammte immer wieder in meinem Herzen auf. Mein Ehemann reagierte auf diese Idee mit einem strikten Nein. Entweder ein Affe oder ich. Dann gehe ich aus dem Haus, drohte er halb ernst. Mit dem Herzen war er ja schon nicht mehr im Haus, auch unser Küchenherd war zu einem Krisenherd mutiert. Ich konnte es einfach nicht lassen, mich auf eine Zeitungsannonce »Junges Pinselohräffchen wegen Wegzug ins Ausland für DM 400,00 zu verkaufen« zu melden. Schnell holte ich mein Lexikon vom Schrank, um mir diese Gattung der behaarten Tiergenossen unter die Lupe zu nehmen. Während sich mein Kapuzineräffchen damals auf gute 40 Zentimeter Höhe herausgewachsen hatte, konnte man einem Pinselohräffchen schon in einem kräftigen Handteller einen Platz anbieten, so zierlich mutete seine Erscheinung in den Zeichnungen meines Lexikons an, wovon ich mich zwei Stunden nach einem Telefongespräch gleich persönlich überzeugen konnte.

Hatte ich mich bei diesem Gespräch erst mal ganz vorsichtig bei dem Anbieter in Bad Reichenhall über das Äffchen erkundigt, hatte der Verkäufer den Spieß einfach umgedreht und war jetzt kurz und bündig an meine Tür gekommen, um mich und das Heim zu begutachten, »ob es seines Äffchens würdig sei«, wie er listig meinte. Da stand nun der Affe hinter dem Gitter seines Käfigs. Diesem flehentlichen Blick aus dunklen Augen musste ich sofort nachgeben. Mit einem Karton Heuschrecken aus Ägypten und einer Züchtungsanweisung, einem Säckchen voll Mehlwürmern zog Bill, so nannte ich ihn vom ersten Moment an, bei mir ein. Heuschrecken selbst zu züchten, versagte ich mir ohne ein schlechtes Gewissen. Ich konnte mich an diesem Tierchen, das so viel von einem Menschen an sich hatte, nicht satt sehen. Dieses ausdrucksstarke Menschengesicht, diese fein geformten kleinen Menschenhände. Billie wirkte sehr traurig und müde, schien aber sehr stark von meiner Stimme angetan zu sein. Dazu kam er ganz nah ans Gitter und kippte sein Köpfchen konzentriert zur Seite, wenn meine zärtlichen, beruhigenden Worte über sein Fell strichen. Fritz kam kurz nach Hause, übersah den Affen in seinem Käfig und durch eine gewandte Drehung ward er zwei Tage lang nicht mehr gesehen. »Das Äffchen feiert jetzt bald seinen zweiten Geburtstag«, hatte mir der Vertreter an der Türe erklärt, nahm dankend seinen Scheck und verschwand um die Ecke. Kein Anschluss unter dieser Nummer, verhieß am nächsten Mittag bei seiner Telefonnummer nichts Gutes. Ich befand mich in großer seelischer Not, denn mein neuer Hausgenosse lag am nächsten Morgen stocksteif in seinem Käfig, scheinbar mausetot. Was war ich erschrocken, da rührte sich die kleine Affenhand, wie um etwas fassen zu können. Jetzt war ich ganz alleine mit meinem Alphabet. Meine Tochter hatte die Nacht von Samstag auf Sonntag bei ihrer geliebten Oma verbracht, Fritz seine Drohung wahr gemacht und war auch weggeblieben und der Affenbesitzer sich in Luft aufgelöst. Blieb nur der direkte Weg zum Tierarzt, der sich merklich erstaunt über dieses Geschöpf zeigte. Dieses Äffchen erinnere ihn an einen Aporicina-Eingeborenen in Westentaschenformat, bemerkte er ironisch und versprach, da es sich wieder bewegte, sich seiner anzunehmen. »Es gibt keinen Zufall. Hinter jeder Zufallskette steckt ein Affinitäts- oder Resonanzgesetz. Die bösen Menschen und die unliebsamen Ereignisse sind in Wirklichkeit nur Boten, sind Medien, das Unsichtbare sichtbar zu machen. Wer dies begreift und bereit ist, die Verantwortung für sein Schicksal zu übernehmen, verliert alle Angst vor dem bedrohenden Zufall«, lese ich, wieder zu Hause, wie so oft in einem meiner Lieblingsbücher »Schicksal als Chance« von

Dethlefsen. Warum geschieht gerade mir, gerade jetzt, gerade dies? Ich bete um die Gabe, die Sinnhaftigkeit der Ereignisse, die sich zurzeit in meinem Leben abwickeln, verstehen zu lernen und meinen Billie bald wieder aus der Tierklinik nach Hause holen zu dürfen. »So, ihren Opa haben wir wieder aufgepäppelt mit Rotlicht und einer Multivitaminspritze, er sitzt schon wieder im Ast und pfeift, Sie können Ihren Youngster abholen«, lässt man mich am nächsten Morgen am Telefon wissen.

»Was heißt'n hier Opa, der Kleine ist erst knapp zwei Jahre alt«, fahre ich ihm ins Gebälk.

»Ihr Affe ist schon über 100 Menschenjahre alt, den hat man ihnen aber ganz schön aufgebunden«, frotzelt der Tierdoktor, als er mir den Käfig mit einem quicklebendigen Billie im Auto verstauen hilft. »Ja, ist Ihnen denn nicht der graue Vollbart des Gevatters ins Auge gestochen?«, befragte mich der Tierarzt verwundert. Jetzt ist's an mir, mich im Nachhinein über mich selbst zu wundern. Über die Schnelligkeit und die Wucht seiner Bisse konnte man danach den vermeintlich Hundertjährigen schlichtweg vergessen. Mutter Agnes schlug die Hände über dem Kopf zusammen, als sie meinen geschienten Arm erblickte, half mir aber dann ohne Wenn und Aber, meinen Haushalt als handicapped person zu bewältigen. Zu Billie war sie liebevoll, machte aber klar, dass es eine Aufnahme in ihren Haushalt nicht wieder geben würde, was ja auch gar nicht vonnöten war.

Eine Zeit von zwei Wochen hatte das Schicksal uns noch gegönnt. Samt schmerzender Hand setzte ich mich mit Billie auf das Fensterbrett und die Zeit wurde voll gepackt mit Gesprächen, die einer sprachlichen Ebene entbehrten. Verständnisvoll setzte er sich auf meine Hand und ließ sich von meiner kleinen Tochter Daniela das Denkerköpfchen kraulen. Dabei gab er ganz spezielle zirpende Töne von sich. Vom vielen Denken erschöpft schlief ich dann schon mal sitzend ein, immer mit meinem kleinen Mann im Ohr. Dort hatte sich das Äffchen zwischen Haaransatz und Schulterbeginn eine Schlafkuhle gebaut.

Meine nur noch eheähnliche Verbindung musste gelöst werden, das war mir so klar, doch wir beide hatten große Angst vor dem ersten Schritt und dieser Tatsache ins Auge zu sehen. Gib mir Zeit, beruhigte ich immer meine innere Stimme. »Lass es uns besonnen angehen und in Freundschaft auseinander gehen, wir haben doch ein Kind zusammen«, redete ich mir laut Mut zu und Billie blickte erschrocken zu mir auf. Schnell konnte ich seine Bedenken zerstreuen und alles war wieder roger.

Bis zum nächsten Morgen, da lag Billie schon wieder völlig katatonisch, sein negroides Antlitz mit einem Grauschleier überzogen, auf dem Käfigboden. Er war ganz steif und rührte sich nun nicht mehr. In meinen verletzten Fingernägeln begann sich durch den Schock wieder ein stechender Schmerz auszubreiten. Da half jetzt kein Stupsen und Rufen mehr. Billie, der geheimnisvolle Pinselohraffe aus dem australischen Busch, war mausetot, hatte das Zeitliche gesegnet. Ich stellte ihn mit seinem Käfig in das Bad, aber auch durch unzähliges Nachschauen und Ansprechen wurde er nicht wieder lebendig. Vor der aufgeworfenen Grabstätte in unserem Garten hatten sich hinter einer jungen Birke einige gute Freunde und meine Familie versammelt. Fritz, mein Mann, hatte sich bereit erklärt, Mr. Steinway zu begraben. Unser Affe ist tot, erklärte ich gerade einer herbeigeeilten Nachbarin, die sich unsere Prozedur, vom Fenster aus betrachtet, nicht erklären konnte. Der Affe ist tot, sagte Fritz zynisch und zog mit einem theatralischen Ruck das alte Betttuch vom Käfig des Verstorbenen herunter. »Es lebe der Affe«, schrie Kurt, ein Freund Fritz'. Während sich Billie vergnügt pfeifend von Ast zu Ast schwang, fiel ich vor allen in Ohnmacht und dann in ein seelisches Loch.

Von Fieberattacken geschüttelt, die verletzte Hand von Neuem geheimnisvoll entzündet, aber von meiner Mutter und meiner Tochter Daniela hingebungsvoll gepflegt, gelang es mir, nach zwei Wochen geheilt und seelisch gestärkt die Bettstatt zu verlassen. In intensiven Fieberträumen ging ich mit Saadi, einem Jungen, der zum

Derwisch bestimmt worden war, durch die Wüste. Wir waren auf der Flucht vor den Häschern, die Saadi mit Gewalt von mir weg in das bestimmte Kloster holen wollten. Ich hatte die Entscheidung zu fällen, denn Saadi wollte sich nicht von mir trennen.
»Wenn Sie ihn nicht freigeben, wird Ihnen die rechte Hand abgehackt werden«, sprach ein priesterlicher Henker und hob das Beil, um es auf mein Handgelenk herunterzulassen.
Kurz bevor das Hackebeil heruntersauste, übrigens, der Vollstrecker hatte die Gesichtszüge des leer ausgegangenen Chirurgen der Krankenstation, wachte ich immer ganz gerädert und schweißgebadet auf und verspürte dann starke schneidende Schmerzen in meinem Handgelenk.
Nach vierzehn Tagen war das Fieber verschwunden, meine Hand geheilt und ich selbst war jetzt wie nach einer Katharsis, gestützt von unbewussten Hilfestellungen, handlungsfähig geworden, hatte die Trennung vollzogen und die Scheidung eingereicht, im guten Einvernehmen, versteht sich. Billie hatte mich über die Zeit der Krankheit noch begleitet und war kurz nach meiner Genesung ins Nirwana eingegangen. Die junge Birke wurde seine Wächterin.
Für meinen weiteren Lebensweg hatte ich wieder praktisch gelernt.
»Es gibt keinen Zufall, nur einen Vorfall, der es auf etwas abgesehen hat.«

Regenbogensuppe à la Marianne

mit Paprikagemüse und Putenstreifen

In memoriam der Regenbogenfamilie meiner Opera curiosa

Für die Suppe:

4 kleine Gemüsezwiebeln, 2 Knoblauchzehen, 1 kleine Petersilienwurzel, 1/2 Stange Lauch, 3 EL Olivenöl, 1 EL gehackte Petersilie, Pfeffer aus der Mühle, 1/2 TL geriebene Muskatnuss, 2 EL Balsamicoessig, 1 TL brauner Zucker, je 1 rote, 1 gelbe und 1/2 grüne Paprikaschote, 1 mittelgroßer Apfel, 1 gehäufter EL Brokkolirosetten, 1 mittelgroße Kartoffel, 2 kleine Karotten, 3 Tomaten, 1 Suppenwürfel für Gemüsebrühe, 1 EL Sojasauce, 1 Msp. getrockneter Oregano, 1/2 TL frischer Tymian, 125 g saure Sahne, Salz, 3 EL Zitronensaft, 1 prise Zucker, 1 EL frisch gezupfte Blättchen Zitronenminze, 4 EL Pinienkerne, 1 Schuss Weißwein

Für die gebratenen Putenstreifen:

150 g Putenschnitzel, 1 kleine Frühlingszwiebel, 1 Knoblauchzehe, 4 Dörrpflaumen, 1 EL Olivenöl, 1 TL Kardamom, 1 EL Sojasauce, 1 EL Zitronensaft, 1 Prise Zucker, 1 Schuss trockener Weißwein, 1 TL frischer Ingwer, gestiftelt, 1/2 Apfel, gehackt

1 Am Vortag die Gemüsezwiebeln und die Knoblauchzehen pellen und hacken, die Petersilienwurzel und den Lauch klein schneiden. Das Olivenöl in einem Topf vorsichtig erhitzen und die Zwiebel und den Knoblauch anbraten, dann die gehackte Petersilie, die Petersilienwurzel und die Lauchstücke dazugeben. Mit 1 Prise schwarzem Pfeffer und 1 Prise Muskatnuss würzen, unter Rühren auf mittlerer Hitze vorsichtig goldbraun anbraten. Jetzt mit Balsamicoessig, braunem Zucker und 150 ml Wasser ablöschen. Den Topf vom Herd nehmen und ca. 15 Minuten leicht abkühlen und ziehen lassen.

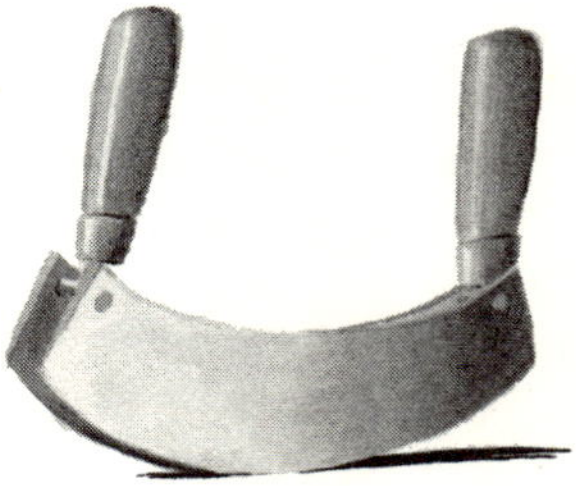

2 Währenddessen die Paprikaschoten entkernen und vierteln, den Apfel schälen und vierteln, die Brokkolirosetten brechen, die Kartoffel und die Karotten schälen und halbieren, die Tomaten über Kreuz einschneiden, mit kochendem Wasser überbrühen, häuten und vierteln.

3 Den Topf mit dem abgekühlten Extrakt wieder auf den Herd zurückstellen. Kurz erhitzen, den Suppenwürfel und ca. 1 1/2 l Wasser auffüllen. Jetzt nacheinander 3 rote, 3 gelbe und 1 grünes Paprikaviertel, Brokkolirosetten, Kartoffel- und Karottenhälften, Apfelstücke und Tomatenviertel dazugeben. Mit 1 EL Sojasauce, getrocknetem Oregano und frischem Thymian würzen und noch einmal kräftig aufkochen. Alles ca. 15 Minuten garen lassen.

4 Den Topf wieder vom Herd ziehen und abkühlen lassen. Den gesamten Inhalt nacheinander im Mixer pürieren. 100 g saure Sahne untermischen, mit Salz und Pfeffer abschmecken und über Nacht im Kühlschrank ziehen lassen.

5 Die restlichen Paprikaviertel – rot, gelb, grün – in feinste Streifen schneiden und in eine verschließbare Glasschale geben. Mit 1 Prise Salz, 1 EL Zitronensaft und 1 Prise Zucker versetzen. Etwas Wasser aufkochen und einen Schuss auf die Paprika geben, 2 kleine Blätter Zitronenminze hinzufügen, die Schale verschließen und über Nacht im Kühlschrank marinieren lassen.

6 Am nächsten Tag kurz vor dem Essen die Putenschnitzel in feine Streifen schneiden, Frühlingszwiebel und Knoblauch abziehen und fein hacken. Die Dörrpflaumen klein schneiden. In einer Pfanne 1 EL Olivenöl erhitzen und die Putenstreifen, Frühlingszwiebel und Knoblauch darin anbraten. Mit Kardamom würzen, mit 1 EL Sojasauce, 1 EL Zitronensaft und 1 Prise Zucker anreichern, mit Weißwein ablöschen. Die Ingwerstifte und die Dörrpflaumen dazugeben. Ca. 5 Minuten vorsichtig dünsten (dabei bleiben!), vom Herd ziehen, die Apfelstückchen dazugeben und ca. 15 Minuten abkühlen und ziehen lassen.

7 zum Suppenfinale die Pinienkerne mit 1 TL Olivenöl anrösten. Die Suppe vom Vortag aus dem Kühlschrank nehmen, bei

Bedarf mit Wasser auf ca. 1 1/2 l auffüllen, erhitzen und kurz aufwallen lassen. 2 EL Zitronensaft dazugeben und mit der restlichen sauren Sahne, Salz, Pfeffer, 1 weiteren Prise Muskatnuss abschmecken. Am Siedepunkt halten, nicht mehr aufkochen. Die Pfanne mit den Putenstreifen nochmals mit einem Schuss Weißwein aufgießen und vorsichtig erhitzen, die Paprikastreifen aus dem Kühlschrank nehmen und kurz erwärmen. Beides parat halten!

8 In tiefe Teller geben wir die abgeschmeckte Suppe. In die Mitte kommt eine Viertelportion Putenstreifen mit Sauce. Drumherum legen wir regenbogenförmig die bunten Paprikastreifen. Die angerösteten Pinienkerne und ein paar frisch gezupfte Zitronenminze-Blättchen werden darüber verteilt.

Dazu schmecken ein kalifornischer Weißwein und ein resches Ciabatta-Brot mit Oliven. Halten Sie die Tischdecke und Servietten in Blautönen, dann geht der Regenbogen so richtig auf!
Lasst's euch schmecken, Kinder!

Junge zarte Karotten braucht man nicht zu schaben. Nach dem Waschen werden sie mit grobkörnigem Salz abgerieben. So entstehen keine Vitaminverluste.

PS: Meine Opera curiosa
Der Schnupfer-Weltmeister trat vor das nach Luft ringende Publikum: »Hepp, hepp, ich bin der Schnupfer-Sepp.« Dabei schniefte er ein ganzes Pfund Schnupftabak in seine Nüstern. Man kriegte sich nicht mehr ein vor Staunen. Und kaum hatte sich der bayerische Magier scheinbar in die Lüfte erhoben, tanzte eine elfengleiche Ballerina selbstvergessen zur Musik von Jim Morrison über die Bühne, um von einem dunklen Dämon, der aus dem Hades kam, bei rasantem Trommelwirbel von dannen getrieben und in den Wald verschleppt zu werden. Triumphierend zog der Dämon mit seiner Beute zur Eingangstür hinaus, vorbei an einem grauhaarigen, vollbärtigen Mann mit großen blauen Augen und einem orangenen Umhang, Sir Swami Gauri Bala, einem Guru aus Ceylon, der mit seinem Schüler, dem Maler Otto Mirtel, beschlossen hatte, den letzten Abend mit uns zu verbringen. Er klatschte begeistert, als Manuela Riva zum Ende der Show die Bühne betrat. Die Idee der »Opera curiosa« war geboren, der Wundertüteneffekt ging auf. »Ja, ich bin die tolle Frau aus der Tingeltangelschau«, sang Manuela. Die Gäste tobten.
Noch viele Anekdoten könnte ich von dieser Kreativphase der siebenjährigen »Opera curiosa«-Periode berichten. 1976 bis 1984 wurden über 200 Artisten, Schauspieler, Lebens- und Travestiekünstler, Hinterhof- und Opernsänger zu Kindern der »Regenbogenfamilie«. Neun autarke Produktionen mit immer neuen Programmen machten sich auf die Reise zu den Herzkanälen der Menschen.
Der große, mit herzhaft schmeckender Regenbogensuppe gefüllte Topf wurde zum festen Inventar. Der Inhalt genüsslich in der Spielpause von allen ratzeputz aufgegessen. Hinaus ging's dann in die Arena zum zweiten Teil mit Saft und Kraft bis zu dem Tag, als Star Angie Stardust eine kräftige Prise weißen Pulvers auf den Suppengrund fallen ließ. Luzifers Angeldust verlor den Kampf gegen Gabriels Feuerthymian und die Vorstellung war gerettet.

Körperpflege aus Mutters Rezept-Schrank
Gurken-Feuchtigkeitslotion selbst gemacht

Schälen Sie sich eine Gurke und geben Sie diese in einen Entsafter. Die Schalen lege ich mir immer gleich unter meine Augen und kurz zur Kühlung auf mein Gesicht. Den Rest meines Kamillentees, es sollten mindestens 2 gehäufte EL getrocknete Blüten mit etwa ½ Liter Wasser übergossen werden, filtere ich durch ein Sieb und gebe dazu 1 EL Glycerin (bekommen Sie in der Apotheke). Dann rühre ich genussvoll den Saft der Gurke, auch gefiltert, dazu und fülle das Ganze in eine saubere, ausgetrocknete Flasche. Gleich nach Ihrem Natrium-Magnesium-Entsäuerungsbad verteilen Sie sich dieses Himmelsgebräu großzügig auf Ihre ausgehungerte Haut. Sie wird es Ihnen danken. Die Flüssigkeit kühl aufbewahren, höchstens drei Mal verwenden.

April

»Die Einhaltung des fünften Gebots: Liebe deinen Nächsten wie dich selbst, schließt den Rest der Zehn Gebote aus.«

Aus der Kahuna-Lehre

Alles für die Katz

Lancelot: Alles zerwühlen sie. Alles wird analysiert. Jedes Geheimnis wollen sie ergründen. Es ist, als wollten sie das Geheimnis einer Wiese finden, indem sie die Wiese abmähen. Wenn wir ein Geheimnis ergründen wollen, zerstören wir es doch nur und dabei verwirren wir die Welt auch noch mit unserem Geschwätz: Die Künstler erfinden es. Die Wissenschaftler erforschen es. Die Techniker verwirklichen es. Die Händler verkaufen es. Die Käufer brauchen es.

Dulcinea: Und wer sind die Käufer? Wir! Nicht die Verführer sind die Führer. Die Verbraucher sind die Verbrecher!

Lancelot: Man muss die Wahrheit laut herausschreien, jawohl! Wer sind Sie? Was wollen Sie von mir? Wenn Sie sich jetzt retten wollen, dann verschwinden Sie.

Dulcinea: Zigarette?

Lancelot: Ah, typisch, Sie wollen die Welt mit Zigaretten retten. Sie wollen mich mundtot machen. Stimmt's? Geben

Sie schon her. Wir sind noch einmal davongekommen, begreifen Sie das? Öffnen Sie Ihre Augen, Sie irregeführtes Schaf! Was sehen Sie?

Dulcinea: Ja, ich sehe.

Lancelot: Ja, ja, ja, ja. Wissen Sie was? Nicht Sie müssen sich retten, ich muss Sie retten. Sie ertrinken und merken es nicht. Sie ersticken und spüren es nicht. Sie werden langsam vergiftet und leiden gar keine Schmerzen. Begreifen Sie, was hier vorgeht?
Nein, Sie begreifen es nicht, verstehen Sie das? Wieso nicht? Wieso verstehen Sie das nicht? Ah, wie sollen Sie auch verstehen, dass Sie etwas nicht begreifen? Das ist ja das Tückische.

Dulcinea: (schweigt)

Lancelot: Ruhe, verwenden Sie jetzt Ihr eigenes Denkvermögen und hören Sie mir genau zu. Wer regelt den Verkehr?

Dulcinea: Der Verkehrsschutzmann vielleicht?

Lancelot: Der schützt ihn vielleicht, wenn er da ist! Also meistens ist er nicht mehr da. Also, wer regelt den Verkehr?

Dulcinea: Vielleicht der Verkehrsminister?

Lancelot: Sie sollen auch mal selbst denken, Ruhe, Ruhe. Seit über 30 Jahren bin ich aktiver Verkehrsteilnehmer, aber den Verkehrsminister habe ich dort noch nie gesehen. Der Verkehr wird geregelt durch? Na, na, na?

Dulcinea: Vorschriften?

Lancelot: Verkehrszeichen, Ampeln, Schranken, Radar, Computer und Autos. Elektrische Ampeln sagen mir, wann ich zu warten und zu gehen habe, Autos sagen mir, ob ich rennen muss oder stehen bleiben muss. Jawohl, unsere Verkehrsbewegungen werden durch die Maschine geregelt.

Dulcinea: Welch ein Glück, dass der Mensch, der die Maschine bedient, sie auch beherrscht.

Lancelot: Ts, ts, ts, beherrscht! Stellen Sie sich vor. Heute trat ich aus der Hoteltür und ging über die Luisenstraße. Da kamen etwa siebzig Autos auf mich zugerast.
Was soll mir schon passieren, dachte ich mir. Diese Autos werden ja von Menschen bedient, die ihre Maschinen beherrschen. Die werden mich doch nicht überfahren wollen, die kennen mich doch gar nicht.
Plötzlich spüre ich einen brutalen Schlag im Rücken, ich werde von einer eisernen Faust auf die Straße geschleudert. Ein Magirus Deutz mit acht Zwillingsreifen zermalmt meinen Brustkorb, ein Audi zermatscht meine linke Gesichtshälfte. Gerade denke ich noch, das war bestimmt die Bin-Laden-Bande, als ein Opel Kombi mein Gehirn an einem Umleitungsschild verschmiert.
Und warum das alles? Die Ampel stand auf Grün!

Dulcinea: Ja und dann sind Sie wohl aus Ihrem Albtraum aufgewacht, Sie Rotgänger?

Lancelot: Und wer beherrscht denn jetzt wen, hm? Der Mensch die Maschine oder die Maschine den Menschen? HEIL

MASCHINE! Deine Gesetze sind simpel, eintönig, mechanisch. Deine Diktatur ist mörderisch. Dein Regiment ist aufdringlich, stinkend und ungerecht. REVOLUTION! Geben Sie mir da Recht?
Ich bin der fahrende Ritter Lancelot, ein wiedergeborener Don Quichotte, und ich kämpfe gegen die Trübsal der Aufklärung. Hast du schon bemerkt, dass wir untergehen, Dulcinea?

Dulcinea: Vielleicht? Aber nur, wenn's so weitergeht.

Lancelot: Es wird so weitergehen

Dulcinea: Nicht, wenn etwas unternommen wird!

Lancelot: Es wird nichts unternommen!

Dulcinea: Natürlich, wir müssen selbst etwas unternehmen.

Lancelot: Nein, es wird nichts unternommen, basta! Lieber ein unsicheres Leben und ein unsicheres Ende. In eure todsichere Sicherheit will ich mit Sicherheit nicht zurück.

Dulcinea: Sicher … jetzt ist meine aufgeschmälzte Brotsuppe mit Lebernockerln fertig, die schmeckt dir sicherlich!

Lancelot: Es wird aber nichts unternommen!

Dulcinea: Wenn der Vogel beim Fraß ist, dann singt er nicht –

beschließe ich diese Filmszene und fülle mit einem großen hölzernen Schöpflöffel meine sämige, duftende Suppe in den antiken Blechnapf meines Filmpartners Philipp Sonntag, der neben oben

vorgestelltem Text auch den Ritter Lancelot zum Besten gibt und jetzt, nach dem dritten Löffel Suppe, die Welt um sich herum vergessen zu haben scheint. Ich gebe diesmal die Dulcinea und stehe mit glühenden Wangen an einer offenen altehrwürdigen Feuerstelle, den Körper hat man mir in ein imposantes Theaterkostüm aus mittelalterlichen Zeiten gezwängt. Das Wort Freude steht groß auf meiner Stirn geschrieben. »So, die Totale hätten wir. Bravo!«, lobt uns der Kameramann und die Regisseurin klatscht begeistert in die Hände. »Jetzt geht's erst an die Feinarbeit take by take – Leute«, ruft sie.
Auf einer alten Burg in Niederösterreich entsteht eine bizarre Episode über Ritter Lancelot und sein Gespons Dulcinea, von einer starken weiblichen Persönlichkeit als Emanzipations-Metapher in Szene gesetzt und von einem begabten Lichtbildner auf Zelluloid gebannt. Es versteht sich, dass wir ohne Gage agieren, ein kleines Spesenbudget ist aber für alle drin. Die Burgherrin, eine gute Freundin der Regisseurin, hatte einen Teil der Filmcrew eingeladen, auch die Nächte im Gästetrakt der Burg zu verbringen, was dankend angenommen worden war. Im Innenhof der Burg, eingesäumt von hohen alten Mauern, nahmen wir jetzt abgekämpft unser verdientes Mittagsmahl ein, als in meinem Rücken ein komisches Gefühl hochkrabbelte. Ich konnte es aber nicht dingfest machen. Als ich mich umdrehte, bewegte sich im ersten Stock des rückwärtigen Burgtrakts kurz eine Fenstergardine. War da nicht eine Hand im Spiel? Eine Bedienstete aus der Angestelltenriege der Gräfin holte mich aus meinen Gedankengängen heraus. Ihre Hände balancierten gekonnt ein Tablett, auf dem feinstes Essen in silbernen Töpfchen auf hungrige Mägen wartete.
»Bringen Sie es bitte hinauf in den Trakt drei, es ist für die Katze, aber etwas flott«, befahl jetzt die Herrin mit schneidender Stimme und das Mädchen, das gerade mit dem Kameramann angefangen hatte zu schäkern, machte sich eingeschüchtert auf den Weg. Der Gesichtsausdruck der Gräfin wirkte in diesem Moment müde und geis-

tesabwesend wünschte sie uns eine gute Nacht bei helllichtem Tag, bevor sie in ihre Privatgemächer abrauschte.

Eine ernste Miene bewölkte das junge Antlitz des Hausmädchens, als es mit leerem Tablett in den Burghof zurücktrat. Die Fragen einer passionierten Katzenmutter, wie alt diese Katze sei, wann sie denn ihren Freigang im Garten antreten dürfe, ob ich sie dann auf den Arm nehmen könne, wurden einfach nicht beantwortet.

Kühler, fruchtiger Veltliner aus hauseigener Weinkellerei, mit dem wir zur Jause unsere Kehlen beglücken durften, und geräucherter Schinken, lenkten mein Sinnen und Trachten erst einmal von der geheimnisvollen Katze unter dem heißen Blechdach des Burgverlieses ab. Wir alle riskierten ein paar Blicke zu viel auf den Grund der vollen alten Weinbecher, übrigens eindrucksvolle Familienerbstücke mit imposanten Hauswappen.

Fidel, aber mit Müh und Not schafften wir das Pensum des Tages. Der Schalk des süffisanten Veltliners saß uns allen schelmisch im Nacken, der Wein war einfach zu bekömmlich. Auch Herr Lancelot hatte sich, wohl bekomm's, einige Becher hinter die Rüstung gekippt, was jedoch seiner Sprache, die wie ein schneidiges Schwert die Wolken zerteilte, keinen Abbruch tat. Auch ohne den Gegenwind der Mühlen von La Mancha war seine ritterliche Haltung ohne Fehl und Tadel. Unsere Regisseurin merkte von allem nichts, denn ihr von Bacchus verordneter Pegelstand brauchte sich vor dem der Truppe nicht zu verstecken.

Als die letzte Klappe dieses prozentigen Tages fällt, beschließen die Kollegen nach getaner Arbeit dem restlichen, halb vollen Weinfass noch die letzte Ehre zu erweisen. Aber nicht mit mir, dachte ich. War mir doch der edle Tropfen ganz schön in die Glieder gefahren. Die Willigen und Durstigen von uns versammelten sich sogleich in der alten gemütlichen Schlossschänke und ließen den Zapfhahn laufen und laufen. Bacchus rieb sich die Hände. Mein innerer Schweinehund knurrte nach einer Bettstatt und mein müder Körper wollte das enge Mieder des Kleids und die Schnürstiefeletten schnellstens

loswerden. Da half kein Bitten und Betteln der aufgedrehten Kollegen. Dulcinea hat heute den Kragen voll, basta.
»Nenne mir den Namen deines Vaters und ich will dir sagen, wie diese Blume heißt«, witzelte der Kameramann angetrunken und hielt mir ein Brotzeitmesser mit einem angespitzten Schweineohr unter die Nase.
»Auf die freie Liebe«, gurrte das auf seinem Schoß sitzende gepiercte Scriptgirl und schüttete ihm dabei einen Krug voll Wein auf die behaarte Brust.
»Auf die freien Damen von Algier«, prostete sich die angeschickerte Männerhorde gerade zu, als ich mich eine halbe Stunde später an der singenden Sippschaft vorbei in mein Schlafquartier hinaufschleichen wollte. Der starke behaarte Arm des Kameramannes gebot mir plötzlich Einhalt. »Trink mit uns, Schwester, willst du wirklich allein ins Bette ziehn, dann nimm ja nur nicht alle Besuche an«, unkte er.
»Ein alter Spukgeist lebt im dritten Trakt«, weiß jetzt die Regisseurin zu berichten. »Sieh dich vor, Dulcinea, tanze lieber heute Nacht mit uns auf den Tischen, dann bist du sicher vor dem unruhigen Schlossgespenst«, orakelte jetzt auch mein Partner Philipp mit allen um die Wette.
»Machen Sie sich nur nicht lächerlich, meine Herrschaften, mit meiner großen Stecknadel pikse ich dem Gespenst ins nicht vorhandene Fleisch, sollte er es wagen, mir zu nahe zu treten.« Gesagt, getan! Nach einem mutigen Pikser in den fleischigen Arm des Kameramannes ging mit einem brüllenden »Aua!« die natürliche Schranke nach oben und ein halb nacktes Girlie fiel nebst Bluttropfen auf die Planken hinunter. Jetzt war's an der Zeit, an dem stechenden Auge dieses Herrn vorbei das Weite zu suchen, sprich mein Schlaflager wieder ausfindig zu machen. Zusammen mit meinem Schauspielkollegen war uns ein dunkler gewölbter Saal, ausgestattet mit schwerem altem Mobiliar, für die Übernachtungen zugewiesen worden, und zwar in Trakt drei. Eine Liegestatt stand mit dem Kopfende

gegen Westen, die Fußsohlen begrüßten hier die aufgehende Sonne. Das sollte mein Schlafplatz sein, hatte ich mir heute Nachmittag ausbedungen. Das andere Nachtlager war in einer Reihe auf der anderen Seite des Saals vorbereitet worden. Das wird die Männerecke, perfekt, dachte ich mir sogleich. Hurtig hatte ich jetzt meine ostgotische Bettenanordnung bestiegen. Abgeschminkt war ich ja schon und einem kalten Schauer in einer abenteuerlichen, selbst gebastelten Dusche des Hauses war ich heute durchaus abgeneigt. Mein Gewand würde ich wohl besser nicht ablegen, entschloss ich mich. Also rein ins Bett, samt und sonder, morgen Früh würde ich dann große Toilette machen. Mit einem Riesengähner schmiss ich mich jetzt auf die rosshaarige Burgfräulein-Matratze. An ein Einschlafen war aber nicht zu denken, denn aus der Burgschänke direkt unter meinem Fenster dröhnte das trunkene Gelächter und sinnlose Geschwafel der zechenden Kollegen wild und bedrohlich durch die spinnverwebten Mauerritzen in meine Kemenate herauf, durchwachsen mit spitzen Schreien und gurgelndem Lachen der Damenriege.
Das laute Organ des Kameramannes übertönte das gesamte Klanggebäude. »Wenn dich dein Auge ärgert, so reiße es aus, wenn dich deine rechte Hand ärgert, so haue sie ab und werfe sie von dir, aber lasse nie zu, dass unser Glied verdirbt, bevor unser Leib in das glühende Feuer geworfen wird«, brüllte der ehemalige Ministrant und Theaterschauspieler, um frenetisches Gelächter von seinen Verehrern und -innen zu ernten. Dumpfes polterndes Stühlerücken setzte ein, Gläser gingen zu Bruch und in meiner Bettstatt nahm ich jetzt herzklopfend mein klammes Betttuch fest zur Brust, die Augen starr auf das gütige Antlitz des Mannes im Mond gerichtet. Pass ja heute auf dein Mondkälbchen auf, morste ich ihm hinauf, da ist etwas Dunkles im Anzug. Sollte ich mir nicht lieber ein Schlaflager unter dem blühenden Apfelbaum des Burggartens aufschlagen und mich vertrauensvoll in die weichen Arme der lauen Sommernacht schmiegen? Gedacht, getan. Schon machte ich mich unter dem

Lampenschirm des zärtlichen Mondlichts auf den Weg, um in den hinteren Burghof zu gelangen. Einen Ausgang dorthin hatte ich bereits bei der nachmittäglichen Zimmerzuweisung durch die Gräfin ausfindig gemacht. So würde ich ungesehen um das Trinkgelage herumkommen, dachte ich befreit. Die Dielen unter meinen Sohlen knarrten verräterisch und die erschrockene Bettdecke klammerte sich ängstlich unter meine Achsel. Das Kopfkissen hatte sich schon nach der ersten Sekunde durch einen Sprung ins Nichts eines anderen entschieden. Rumms, bei dem Versuch, es wieder aufzunehmen, holte ich mir bei einer Kollision mit der Schranktür auch noch eine Beule. Gerade wollte ich mich mitsamt dem Federbett, aber ohne Kissen, durch die kleine Seitentüre zwängen, als ein brabbelndes schwankendes Etwas sich den Stiegenaufgang untertan zu machen versuchte, was aber erst einmal zum Scheitern verurteilt zu sein schien.

Ritter Lancelot landete volltrunken auf dem Hosenboden. Das getragene Kettenhemd samt Inhalt schrie Zeter und Mordio, und das jetzt mit schwerer Zunge, versteht sich. »Sie morden sich, weil sie nicht einig sind, über den richtigen Weg zur Seligkeit«, rief er nach oben zu einem imaginären Partner, mich konnte er noch nicht wahrnehmen, während er sich selbst aufzurappeln versuchte. Das Stiegengeländer wurde hilfreicher Partner. Jetzt war für mich aber Umkehr angesagt. »Lass mich frei, Boccard, bei allem, was dir teuer ist«, drangen jetzt die Worte des heimwärts strebenden Lancelot an mein Ohr. Gewandt fand ich dank Hilfe meines Über-Ichs den Weg zurück und mit einem Satz hechtete ich hinein in das wartende Bett. Diesem torkelnden Ritter Tunichtgut wollte ich jetzt lieber nicht in die Quere kommen.

»Gib Raum, Unseliger«, beschimpfte dieser gerade den Türstock, der sich ihm in den Weg gestellt hatte. Ich stellte mich schlafend, was gar nicht nötig war. Als ich durch meine Augenschlitze Zeuge wurde, dass Philipp ein Fenster zum Hof öffnete und versuchte, dieses zu ersteigen, kämpfte ich schwer mit mir, um nicht schnurstracks an seine Seite zu stürmen. Ein Pritscheln, Zischeln und Stäuben machte alle meine Gedankenansätze zunichte und holte automatisch mein zweites Bein auf die Planken. SOS, ratterte mein Gehirn, bis meine übermüdeten Augen realisierten, was sich vor ihnen auftat. Schreck in der frühen Morgenstunde: Lancelot pinkelte nichtsahnend durchs kleine offene Fenster auf eine alte aktive Stromleitung. Es pritzelte und blitzte. Den Ritter in ihm ließ das kalt. »Lass mich«, schrie er in den Burghof hinab. »Mein Weib, mein armes Weib, bist du denn verheiratet?«, stellte er da seine Worte auf das unschuldige Fensterbrett.

Meine Kehle brachte keinen Laut heraus, obwohl ich den Ritter in der Not warnen wollte. Er befand sich ausschließlich inmitten seines subjektiven Geschehens. »Ich sage dir, dass mein Weib da draußen ist, bei der Seligkeit deiner Mutter, erbarme dich meiner und lass mich frei«, bejammerte er die aufreizende Energiequelle, sprang schimpfend, aber behände vom Fensterbrett und stolperte mit staksigen, unkontrollierten Schritten auf mein Bett zu, auf dem er bäuchlings zur Landung kam. »Ich labe mich noch mit einem Trunke, ich habe Kraft nötig«, brachte er gerade noch über die Lippen, bevor sein restlicher Corpus wegknickte und Schnarcher um Schnarcher seinem offenen Mund entfloh.

»Gott sei Dank, du bist es«, entschlüpfte es kurz seinen Lippen, als er mit einem tiefen Seufzer in einen todesähnlichen Schlaf fallen durfte. Mit letzter Kraft hatte ich ihn zu seiner Bettstatt hinübergeschleift. Tränen der Erleichterung liefen über meine Wangen, als ich mich endlich, in meine Schlafecke zurückgekehrt, zu einem fülligen Löffelchen formte und versuchte noch ein paar Stündchen verdienten Schlafs zu ergattern.

Diesen frommen Wunsch hegten jetzt wohl auch einige Saufkumpane, denn die orgiastische Geräuschkulisse des Hauses war nun an der Tränke zu einem Einmann-Singspiel verkommen. »Ja, ja, der Wein is guad«, das alte Wienerlied, unverkennbar aus der Röhre des standhaften Kameramanns geschmettert, wechselte sich ab mit dem hysterischen Gelächter und Gekeuche eines Weibes schlechthin. Die Freud schien kurz, wenn Sie wissen, was ich meine. Die Ruhe, die daraufhin eintrat und meiner Todesmüdigkeit Hoffnung einzuflößen schien, währte nicht lange. Während Philipp tief eingeschlafen war und sich kurz vor einem Umdreher noch die fast verschluckten Worte wie »Pelerin und Voyageur«, so ähnlich hab ich's verstanden, von den trockenen Lippen lösten, um dann sogleich wieder von gleichmäßigen Schnarchlauten in Empfang genommen zu werden, vernahm ich zu meinem großen Schrecken plötzlich schlurfende Schritte, die sich unserer massiven Eichentür näherten. Wer konnte das noch sein? Unser Schauspielteam war komplett, wir waren ja nur zwei, die anderen schliefen ja Gott sei Dank in einem anderen Trakt. Nach dem Desaster mit meinem Seelenbruder Philipp hatte ich sofort die schwere Eichentüre mit einem Eisenriegel unpassierbar gemacht. Na klar, beruhigte ich mich, da hatte wohl einer der letzten Zecher, vielleicht sogar unser Meister der langen Linse, den Kompass naturalis im sündigen Mieder seiner Liebesdienerin stecken lassen. Gleich würde ihm ein Licht aufgehen, dass hier bestimmt kein Durchkommen ist, redete ich mir beruhigend ein. Weit gefehlt. Nun rammte dieser Bock die schwere Türe. Immer wieder, bis der massive Riegel nun tatsächlich nachzugeben schien. »Philipp, zu Hilfe«, piepste ich mit kleinem Stimmlein in dessen Richtung. Mit Krachen und Poltern gelang es jetzt dem Eindringling, das Bollwerk zu bezwingen. In den Türspalt zwängte sich eine kräftige gedrungene Gestalt, der das Haar offen auf die Schulter fiel, so viel konnte ich bei dem diffusen Mondlicht noch ausmachen. Tiefe Seufzer begleiteten dieses beängstigende Wesen Schritt auf Schritt, das sich nun tatsächlich – mein Herz stand fast still – auf meine Schlafstelle zubewegte. Ein schweres Atmen, durchtränkt mit Jammerlauten eines Kindes, braute sich über meinem Haupte zusammen.

Mein Herz hörte einfach auf zu schlagen. Atmen, du musst atmen, signalisierte mir mein Schutzengel, so lange, bis ein tiefer Atmer

meiner Brust entschlüpfte, was wiederum eine echohafte dramatische Antwort des fremden Wesens auslöste. Der Kapitän meines Herzkanals hatte das Ruder wieder herumgerissen und schlug nun wieder seinen Takt. Auch in meinem Kopftrakt, der durch ein nicht enden wollendes »Maria, hilf« blockiert gewesen war, bekamen Worte jetzt wieder freie Fahrt. Das ist bestimmt der angekündigte Schlossgeist, personifiziert durch unseren volltrunkenen Kameramann, suggerierte ich in meinen Gedankenvorhof hinein – von der Maskenbildnerin, die ja auf seinem Schoß sich erfreute, bekam er bestimmt eine lange Perücke übergestülpt und von Lancelot hat er sich bestimmt den langen Mantel angezogen, um mir eine gehörige Tracht Seelenprügel zu verpassen. Na warte, du verhinderter Staatsschauspieler, das war er nämlich früher, du ausgeblichener Tartarin aus Tarasco, bei blendendem Sonnenlicht werde ich dich morgen Mittag zum Duelle fordern. Ich bewerfe dich mit faulen Eiern, bis dein gespreiztes Hahnengefieder zu einer stinkenden Klobürste verkommt, beschimpfte ich ihn in meiner Not lautlos, aber heftig.
Meine Augen hielt ich aber fest geschlossen, da tropfte mir ein feuchter Schwapp genau zwischen Nase und Augenlid. »Jetzt hat er mich auch noch angespuckt, kann der Gedanken lesen? Das war jetzt wohl die Revanche für meinen Befreiungsstich«, denke ich, als Lancelot wieder anfing, im Schlaf zu fabulieren.
»Mein Gewehr ist stets geladen, aber niemals geht es los«, faselte er in sich hinein. Die steckten wohl beide unter einer Decke. Ja, das machte Sinn. »Schlummere nur, du scheinheiliger Löwe im Atlas, du bist morgen auch noch dran«, beschloss ich wütend, als sich plötzlich eine haarige Hand auf meine Schulter legte. Ich würde mich einfach scheintot stellen, koste es, was es wolle.
»Das Gewehr geht nicht los, Herr …« Das war wieder Lancelot, der sich gerade immer noch im Tiefschlaf auf den Rücken warf. Durch die Töne abgelenkt, drehte sich der Fremde plötzlich in seine Richtung und nahm auch den zweiten schlafenden Insassen dieses Burgverlieses in Augenschein. Ein Stuhl wurde zur Seite gefegt, ein zwei-

türiger Kleiderschrank einfach umgestoßen. Tief beugten sich ein paar buschige Augenbrauen über den schlafenden Seelenbruder und eine große fleischige Nase witterte Freiheit. Philippos schlief tief und fest, während wohl sein Alter Ego Lancelot in kriegerischen Traumwelten agierte. Doch jetzt schien auch Philipps Atem zu stoppen, denn die große haarige Hand streichelte zart seine Wange und stieß hintereinander klagende Schreie aus, die er hinauf zum vollen Mond adressierte. Die Luft wurde zum Schneiden dick und ein Grauen beschlich den ganzen Saal. Philipp konnte sich am nächsten Morgen noch an ein bleiernes Angstgefühl in seinem Körper erinnern, sein bewusstes Wahrnehmungsvermögen war ihm Gott sei Dank in diesem Moment versperrt gewesen. Ein ausdrucksstarkes tieftrauriges Antlitz männlicher Natur, das ich im Mondlicht wahrnahm, hatte sich für immer in meine Seele gebrannt. Ich schloss meine Augen, denn das satte Mondlicht und das leicht anbrechende Tageslicht ließen mich nicht nur Konturen erkennen. Vater unser, der du bist im Himmel, geheiligt werde dein Name, dein Wille geschehe … Andere Worte fanden in meinem Denken und Fühlen keinen Platz. Unser Eindringling machte sich wieder auf den Rückweg, ächzend und schniefend versuchte er um den umgeworfenen Schrank herumzukommen. O Gott, lass diesen Kelch an mir vorübergehen, betete ich inständig, meine Hände unter der Bettdecke krampfhaft ineinander verschlungen. Unaufhaltsam bewegte sich der Koloss auf meine Nische zu, hielt ein und beugte sich wieder zu mir herunter. Vielleicht sollte ich aufspringen, das Kreuz Christi von der Wand über meiner Kopfseite herunterreißen und es ihm zwischen die Augen schlagen, nein, vor die Augen halten und dabei laut beten, raste es durch meinen Kopf, da drückte sich ein feuchtes dickes Lippenpaar zart auf meine Stirn und ein salziger fremder Tränentropf zwängte sich zwischen meine zusammengepressten Lippen. Ich spürte in diesem Moment ein tiefes Mitgefühl für ein unglückliches Wesen und hätte ihm so gerne über die Wange gestrichen, aber meine Arme waren wie gelähmt. Kaum angedacht, schon

führte unser Besucher jetzt diese Geste auf meinem verschwitzten Haaransatz aus. Alle Angst war irgendwie von mir gewichen, trotzdem brachte ich keinen Ton heraus, alle Bewegungen liefen jetzt in Slowmotion ab, auch meine Gedanken, so scheint es mir.
Laut jammernd und seufzend machte sich nun das Stück Mensch auf den Rückweg in den Trakt drei, wie ich jetzt an der lädierten Türe bei meiner Beobachtung feststellen musste. Ein Bein schien gelähmt zu sein, was nun auch die schlurfenden Schritte zu erklären vermochte. DIE KATZE!, das ist die Erklärung! Kater Hauser!, ratterte es durch meinen Kopf. Ich schickte ihm ein ganzes Bündel guter Gedanken und Herzenswünsche hinüber in seine einsame Bleibe. Morgens gegen sechs Uhr holte mich dann der Schlaf endlich bleiern ein, aber nur für zwei Stunden würde es mir erlaubt sein, mein Grundwasser wieder aufzufüllen. Ein großer Wassergraben

Der friedliche Kampf gegen lästige Gesichtswarzen

Da helfen meistens keine Mondanbetung und keine abgeschnittene Krötenpfote. Das moderne Herausschälen ist eine Tortur und lässt später durch die Neuinfizierung über das dabei ausgetretene Blut nur neue Warzenkolonien entstehen. Darf ich Ihnen hier ein frappierendes Mittel aus dem Schoße der Mutter Natur nennen, das schon fast wunderhaft bei meiner Enkelin Alina geholfen hat, aber auch das von Warzen übersäte Gesicht eines kleinen Mädchens von allen Plagegeistern befreit hat. Gehen Sie in Ihre Apotheke und lassen Sie sich ein homöopathisches Elixier der Thuja-Hecke herstellen. Verlangen Sie zwei Versionen, zur inneren und zur äußeren Anwendung gleichzeitig. Haben Sie Geduld. Richten Sie sich auf gute sechs Wochen ein. Bei steter Einnahme wird sich eine Heilung von ganz alleine einstellen. Ihr Immunsystem oder das Ihres Kindes ist neu gestärkt und es hat sich die lästigen Plagegeister, die Thuja nicht mal riechen können, vom Hals geschafft.

trennte mich im schweren Traum von meiner Filmcrew, die mich nicht wahrzunehmen schien, so laut ich auch rief. Das Wasser im Graben stieg immer höher. Ich kann ja schwimmen, beruhigte ich mich, aber Vaclav, so heißt unser Besucher der vierten Art plötzlich in meinem Traum, konnte nicht schwimmen. Ich ruderte mit den Armen, aber auch Philipp im schweren Kettenhemd Lancelots unterbrach seine Fechtübungen nicht, obwohl er mir geradewegs ins Gesicht starrte. Der Kameramann, den langen Mantel Vaclavs umgehängt, versteckte sein Gesicht hinter seiner Kamera, und diese war penetrant auf mich gerichtet. Die Gräfin bediente, sprich öffnete die Schleusen des Wassers weiter und weiter, um sich auf einmal zu einem schwarzen Panther zu verwandeln, der mit peitschendem Schwanz auf der Burgmauer Wachposten bezog. Das Wasser war schon über den Grabenrand getreten. Ich gehe jetzt hinaus in den ersten Stock, Trakt drei, und warte, bis uns das Wasser bis zum Halse steht, überlegte ich im Traumgeschehen ganz rational, dann nehme ich den Verlassenen huckepack und schwimme mit ihm talwärts, beschloss ich nun mit Nerven aus Stahl.

Auf der fünften Treppe des Stiegenhauses stockaufwärts holte mich ein unsanfter Schüttler der Regisseurin auf die ungehobelte Bettkante zurück. Natürlich hatte ich verschlafen, Philipp befand sich schon wieder im Frühstücksraum bei den Überlebenden. Die Regisseurin war mit Philipp und mir heute sehr kurz angebunden. War ein ordentlicher Kater, den sie wohl der letzten Nacht zu verdanken hatte, die Ursache? Ein ganzes Jaulkonzert wurde angestimmt, hätten sich all die Morgenkater auf ein Klagelied einigen können. Auch der Katzenjammer unserer Maskenbildnerin war groß, als sie feststellen musste, dass sie der Galan der letzten Nacht heute Morgen keines Blickes mehr würdigte und meistens hinter seiner altgeliebten Linse Schutz zu suchen schien. Saure Gurken brauchte man sich heute Morgen nicht zum Frühstück bestellen, ein Blick auf die Gräfin tat's zur Genüge. Während ihr reizendes Hausmädchen mit entwaffnendem Lächeln den Kaffee servierte, wurde bei einem

Gespräch unter vier Augen mit der Regisseurin eine unerbittliche Entscheidung gefällt: Philipp und ich durften die letzten beiden Übernachtungen nicht mehr auf der Burg verbringen, da kannte Frau Baronin kein Pardon. Auch die zerschmetterte Tür sollten wir ihr ersetzen.

»Kein Problem, meine Gnädigste«, versprach ich an Philipps entsetzten Augen vorbei. »Das nehme ich gerne auf mich.« Wozu hatte ich denn eine Allianz mit der Allianz. »Für eine so große Begegnung übernehme ich diese Kosten gerne«, erklärte ich geheimnisvoll. »Ihre Katze, Madame, hat ein Recht auf Freigang, wenn Sie wissen, was ich meine«, forderte ich sie vor uns allen heraus. Brüsk drehte sich die Gräfin ab und verschwand ohne ein Wort in der Tür zur großen Burgküche.

Ein strafender Blick unserer Regisseurin machte uns zu Hänsel und Gretel. Mit Sack und Pack sollten Philipp und ich nun vor Wiederaufnahme der Dreharbeiten zum Dorfgasthof gebracht werden, um dort für die letzten zwei Tage unsere Übernachtung auf Nummer sicher zu gewährleisten. Ein glühendes Augenpaar bewachte das Szenario und eine wohlvertraute behaarte Hand gab ein heftiges Winkzeichen, bevor eine kleine kräftige Hand resolut die schon genannte Gardine zuzog und dann auch noch die beiden Fensterläden verriegelte. »O tempora, o mores«, resümierte Philipp, als ich ihm leise im Wagenfond meine Nachtgeschichte berichtete.

Mein Plan war jetzt unabänderlich gefasst, während der gute Lancelot seinen Schrank einräumte und sich für einen neuerlichen Dreh einer erfrischenden Dusche anvertraute, der Fahrer rauchend in seiner Warteposition verharrte, um uns wieder zurückzuchauffieren, saß Dulcinea kurz entschlossen im Wagen der Bimmelbahn, die gerade auf dem kleinen Bahnhof eingefahren war. Burg-Land-Stadt war jetzt angesagt.

»Einmal München, bitte«, zitterte Dulcineas Stimme durchs Abteil. Bei aller Moserei, dass er jetzt ein handgeschriebenes Ticket ausstellten musste, war dem Schaffner mein abenteuerliches mittelalterliches Outfit gar nicht ins Auge gestochen. »Ich werde für dich beten«, rief ich in den Wind, als Vaclav plötzlich zum kleinen grünen Frosch verwandelt auf das Fensterbrett hüpfte. Ich küsste ihn natürlich und wurde von der Putzfrau, die den Waggon auf dem Abstellgleis des Linzer Bahnhofs reinigen musste, unsanft geweckt. Mein Ticket, das ich krampfhaft in der Hand hielt, war verschwunden, mein Gepäck nicht mehr aufzufinden. Als ich aus dem Fenster schaute, starrte mir eine flirrende Wüste entgegen und Lancelot war mir mit seinem Pferd hinterhergeritten. Ich bekam das jetzt alles nicht mehr auf die Reihe. Meinen Geldbeutel aus rotem Samt fand ich in meinem Ausschnitt, drin einige Goldtaler, und die Putzfrau trug plötzlich eine moderne Polizeiuniform und bestand darauf, mit einer Polaroid-Kamera ein Passfoto von mir anzufertigen. Jetzt schüttete sie mir auch noch eine Karaffe Wasser in den krausen Halskragen. »Augen auf, los«, rief Philipp, während er mich mit kalten Wasserspritzern wieder auf den Boden des Hier und Jetzt zu manövrieren versuchte. In voller Theaterkleidung lag ich im neuen Zimmer des Gasthauses über mein Bett gestreckt. Man hatte mich wegen der großen Erschöpfung zwei Stunden schlafen lassen. Das Filmteam wartete geduldig und schuldbewusst und unser Experimentalfilm wurde auch zu Ende gedreht, das war ich Vaclav schuldig.

PS: Der tägliche Besuch Dulcineas zur Kaffeestunde bei dem unglücklichen Graf Emanuel, übrigens ein Bruder der Gräfin, der von der Natur zwar benachteiligt, von der Familie aber pflichtgetreu versorgt wurde, war als eine unumstößliche Bedingung an meine weitere Mitwirkung an dem Projekt gebunden.

Mama Brava

Italienische Tomaten-Gemüse-Suppe mit Krabben und Champignons

Für die Suppe:

2 Frühlingszwiebeln, 4 Knoblauchzehen, 1 EL Liebstöckel, 100 g Parmaschinken, 3 EL Olivenöl, 2 Blätter Basilikum, Salz, schwarzer Pfeffer, 2 EL Mehl, 40 ml Marsala, 1 TL Zucker, 1/2 TL geriebene Zitronenschale, 500 g Strauchtomaten, 1 Kartoffel, ca. 2 1/2 l Gemüsebrühe (Instant), 1 TL frischer Oregano, 1 TL frischer Thymian, 1 EL Parmesan, 200 g Zucchini, 2 große Karotten, 1 kleiner Zweig Rosmarin, 1 kleine Dose weiße Bohnen, abgetropft, 100 g Ruote-Nudeln (wagenradförmig) aus Hartweizengrieß, 100 ml Weißwein

Für die Krabbeneinlage:

150 g Krabben (frisch oder tiefgefroren), 1 Chilischote, 1/2 Selleriestange, Salz, Pfeffer, 2 EL Zitronensaft, 1 EL Zucker, 1 Msp. gehackter Knoblauch

Für die Champignoneinlage:
2 EL Butter, 150 g frische Champignons, 1/2 Selleriestange, 1 Prise Oregano, 1 Knoblauchzehe, 2 Schalotten, 1 Schuss Sojasauce, 1 EL Zitronensaft, Salz und Pfeffer

Für die Dekoration:
6 grüne Oliven mit Käsefüllung, 4 EL Basilikum, 2 EL Rucola, 1 Hand voll geriebener Parmesan, 3 EL Pinienkerne, 1 TL Olivenöl, 125 g Schlagsahne, 3 EL Zitronensaft, 3 EL Pesto aus dem Glas, 2 EL Kapern

1 Für die Suppe Frühlingszwiebeln, Knoblauch und Liebstöckel hacken, den Parmaschinken würfeln. In einem Suppentopf 3 EL Olivenöl erhitzen und die gerade vorbereiteten Zutaten sowie die 2 Blätter Basilikum, Salz und schwarzen Pfeffer aus der Mühle hineingeben. Das Ganze mit Mehl bestreuen, auf kleiner Flamme kurz andünsten und dann mit ca. 150 ml Wasser und dem Marsala aufgießen. 5 Minuten köcheln lassen, dann 1 TL Zucker und 1/2 TL geriebene Zitronenschale dazugeben, noch einmal aufwallen und 10 Minuten ziehen lassen.

2 Währenddessen die Tomaten kreuzweise einschneiden, brühen, häuten und in kleine Würfel schneiden. Die Kartoffel ebenfalls schälen und würfeln. Jetzt die Suppe mit ca. 150 ml Gemüsebrühe aufgießen, dann die Tomatenstückchen dazugeben und alles kräftig schmoren lassen. Mit einem Holzlöffel mehrmals umrühren und dann 1 EL gehackten Oregano, etwas Salz und Pfeffer, die Kartoffelwürfel und 1 EL geriebenen Parmesan hinzugeben. Mit Gemüsebrühe auf ca. 2 1/2 l auffüllen und etwa 30 Minuten köcheln lassen. In der Zwischenzeit die Champignons in Scheiben und die Zucchini in dicke, fingerlange Streifen schneiden. Die Selleriestange sehr fein schneiden (fast pürieren), die Karotten sehr fein

stifteln, den Rosmarinzweig abzupfen, 1 Knoblauchzehe, 2 Schalotten, Chilischote und Thymian fein hacken.

3 Für die Krabbeneinlage die frischen oder aufgetauten Krabben in eine verschließbare Schüssel geben und die klein gehackte Chilischote, die Hälfte der Selleriestückchen, mit etwas Salz und Pfeffer würzen und 2 EL Zitronensaft darüber träufeln. 1 EL Zucker und etwas vom fein gehackten Knoblauch kommen noch hinzu. Alles durchmischen und Deckel drauf. Bis zum Aufruf lassen wir die Zutaten im Kühlschrank miteinander konferieren. Währenddessen schauen wir übrigens immer wieder in den Suppentopf, rühren um und sprechen der Suppe gut zu.

4 Für die Champignoneinlage in einer Pfanne 2 EL Butter zerlassen, die Champignons, die restlichen Selleriestückchen, 1 Prise Oregano, Knoblauch und Schalotten dazugeben und das Ganze anrösten. Mit 1 Schuss Sojasauce und 1 EL Zitronensaft ablöschen, mit Salz und Pfeffer würzen und ca. 5 Minuten dünsten.

5 Jetzt hat der Tomaten-Suppenurgrund 30 Minuten gezogen. Die Flüssigkeit ggf. auf 2 1/2 l auffüllen und die weißen Bohnen und den gesamten Inhalt der Champignon-Pfanne dazugeben. Auch die eingelegten Krabben wandern mit den Ruote-Nudeln in den Suppentopf. Die Zucchini- und Karottenstreifen hineingeben, außerdem die Rosmarinnadeln und 100 ml Weißwein. Das Ganze nochmals ca. 15 Minuten kochen, bis die Nudeln al dente sind.

6 Für die Dekoration die Oliven, das Basilikum und den Rucola fein hacken, den Parmesankäse reiben und die Pinienkerne in 1 TL Olivenöl anrösten. Die Sahne steif schlagen. Die Suppe mit 3 EL Zitronensaft, Salz, Pfeffer, Sojasauce und Weißwein nach Belieben abschmecken. In tiefe Teller geben wir jetzt die duftende Suppe und setzen ein Sahnehäubchen drauf.

Nach Gusto nimmt sich jeder 1/2 TL Pesto und 1/2 TL Kapern. Darüber kommen etwas Rucola, Oliven, Basilikum, Pinienkerne und Parmesan. Dazu gibt es Käsestangen, geröstetes Weißbrot und fruchtigen sizilianischen Vino bianco und Aqua minerale. Viva Italia – Buono appetito!

PS: Zur Jahreswende werde ich diese Suppenvariante bei meinem angekündigten Besuch in Sizilien aufkochen. Übrigens ist das mein erster Besuch mit meiner Tochter Daniela, Alina und Carmelo bei den Eltern meines Schwiegersohns. Mutter Sophie Granata, die niederbayrische Bauerntochter, hat mit ihrem Ehemann Salvatore, einem lebensfrohen, tüchtigen Sizilianer, und Sohn Markus seit zehn Jahren ihre Zelte in Sizilien aufgeschlagen. Mit gütigem Blick wird dann vielleicht Sophie, übrigens eine ausgezeichnete Köchin, all die Zutaten im Topf, die von mir zusätzlich auserkoren wurden, im Topfesgrund abzutauchen, absegnen. »Es ist ja eine Monatssuppe«, habe ich ihr erklärt.

»Wo bleiben denn die anderen Gänge«, wird Salvatore argwöhnen, der sich verwöhnt von Mama Sophie im Ritus seines Landes die Zeit für die Essenszeremonie nimmt und diese mit der Großfamilie zelebriert, komme, was das wolle.

»Bei der Suppe kommt man schon in die Gänge, vertrau mir, Salvatore«, höre ich mich dann antworten: »Möge die Übung gelingen: die Herrschaften haben Hunger und Appetit, notfalls müssen, wenn's nicht langt, die sizilianischen Tanten noch von ihren Essensschätzen herausrücken. 'S wird schon schief gehen.«

Auf dem Heimweg sehe ich mich schon bepackt mit selbst gepresstem Olivenöl und Gläsern mit eingelegtem Gemüse nach sizilianischer Art aus der Schatztruhe von Mama Sophie. Außerdem der toskanischen Nudelfabrik der Mama Buitoni, die seit 1827 die herrlichsten Nudelformen, vor allem die Ruote, erfolgreich herstellt und an den Mann bzw. die Frau bringt, eine Visite abstatten.
Im Gepäck praktische und weise Gartenratschläge und Kochrezepte, vor allem für selbst gemachte Nudeln.
Im Kopf vielleicht schon den Gedanken, dort in einem erworbenen Olivenhain samt Bauernkate zusammen mit meinen Tieren den Lebensabend zu verbringen. Kommt Zeit, kommt Tat!

Wein in Maßen genossen bedeutet ein zweites Leben, das steht schon in der Bibel im Buche Sirach. Wein ist gesund – Wein ist ein Heilmittel. Vorbeugung für so manche Krankheit, heilkräftig für ebenso viele Krankheiten, natürlich sinnvoll genossen und nicht gepanscht. Justus von Liebig sagte schon: »Als Mittel der Erquickung, der Befeuerung, der Steigerung, der Korrektion und Ausgleichung, als Schutz für vorübergehende Störungen wird Wein von keinem Erzeugnis der Natur und der Kunst übertroffen.« Diese Aussage lässt sich wohl nicht mehr übertreffen. Geben Sie mir da Recht?

Haus- und Schutzsteine als Bewacher

Liebe auf den ersten Blick, das ist wichtig, wenn man sich einen größeren Stein als Schutzelement und Wächter vor sein Haus oder in den Garten stellt. Obelix schleppte ja seinen Hinkelstein auf Nummer sicher lieber gleich mit sich herum. Kieselsteine lege ich auf Fensterbänke, Mineralsteine verteile ich im Raum und trage sie am Körper, um die guten Kräfte zu aktivieren. Überall im Garten verteile ich Steinkugeln, um schlechte Energien umzuleiten; zum Beispiel eine blaue als Zeichen für gute Kommunikation mit der Umwelt. Die Kugeln sind ein Symbol dafür, dass jetzt wieder alles im Leben rund geht.

Mai

»Jesus fühlte rein und dachte
nur dem einen Gott im Stillen;
wer ihn selbst zum Gotte machte,
kränkte seines Herzen Willen.«

Johann Wolfgang von Goethe, Der westöstliche Diwan

Do you like our Tomgokae frog?

Nein, es ist kein Erwachen aus sehnsuchtsvollen Kinderträumen. Das kleine Binsentraumboot, das ich als Kind so oft an meinem Bach vor Anker gelegt und mit dem ich mich auf eine globale Reise hatte machen wollen, um zu meinem in melancholischen Kindheitstagen so sehr vermissten großen Weltmeer zu gelangen, hatte sich vertrauensvoll im Bauch des silbernen Metallvogels in die Lüfte erhoben.
Zusammen mit meinen deutschen Pressebetreuern, die sich rührend um mein Wohlbefinden sorgten, saß ich Stunden später mit der Familie der taiwanesischen Filmverleihfirma zum Mittagstisch in Taipeh, der Hauptstadt Taiwans, um meinem Film »Rosalie goes Shopping« Starthilfe zu geben.
Meine Hand versucht ungeschickt mit chinesischen Stäbchen delikate Essenshappen aus einer großen Suppenterrine ans Tageslicht zu befördern, um sie dem wartenden Gaumen zu offerieren. Jetzt gilt es zuerst einmal zu treffen. Die Sinne fühlen sich geschmeichelt: Ingwer, Kokosmilch, Zitronengras, Koriandergrün und saftige, weiße Fleischstückchen. Mit einer nie gekannten Intensität tauchen die Gewürze und Zutaten dieses Gerichts in meiner Erinnerung auf. Eine fremde und doch so vertraute Sprache füllt plätschernd und wohltuend den Raum, in dem zarte Blumengestecke verteilt sind, die

sich als pastellfarbene Farbtupfer mit den hereinbrechenden Lichtbündeln geheimnisvoll vermählen und dann ihre Kreise ziehen. Das anmutig lächelnde Antlitz einer bildschönen taiwanesischen Serviererin taucht in meinem Blickfeld auf, die Hände hat sie fast zum Gebet gefaltet. »Do you like our Tomgokae frog?«

Ich nicke lebhaft und greife mit meinen Stäbchen in die Terrine meiner taiwanesischen Suppe – und die Begleitcrew war schon beim dritten Gang. Da, ich konnte es kaum fassen, spreizte sich ein Gebilde von der Größe und Form einer schwarzen Babyhand zwischen die Stäbchen. Wie war das möglich? Um dem ersten tiefen Schrecken zu begegnen, hängte ich die Hand nach innen an den Suppentassenrand, es sah aus, als wollte ein Ertrinkender sich vor dem sicheren Untergang bewahren. »Das ist ein Ochsenfrosch«, erklärte mir der Gastgeber liebevoll. »Tomgokae frog.«

Die Mitbesucher aus den heimischen deutschen Ländern lachten über meine scheinbar originelle Idee, dieses Relikt so zu platzieren. Für eine Fotosession musste sich mein Opfer noch ein oder zwei Zahnstocher als Essstäbchen zwischen Daumen und Zeigefinger stecken lassen. Für mich war das nur ein Ablenkungsmanöver, denn der Appetit wollte sich einfach nicht mehr einstellen. Meine deutschen Begleiter hatten Freude an meinem morbiden Frosch-Ikebana-Kunstwerk. Die Gesichter der Gastgeber duldeten alles still und ergeben. Das Gelächter schwoll an.

Als ich aus dem Terrinengrund auch noch ein Froschauge nach oben beförderte und dieses auf einem zum Floß umfunktionierten Blumenblatt auf der Suppe zum Schwimmen brachte, platzte der bedienenden Tai-Elfe das seidene Stehkrägelchen. »Don´t play with food, don´t blame him, eat him, it is not his fault!« (Spiel nicht mit der Nahrung, mach dich nicht lustig über ihn, iss ihn, er kann nichts dafür), ermahnte sie mich höflich, aber bestimmt.

Ein tiefes Schamgefühl über meine Respektlosigkeit überzog mit einer rosigen Wolke mein Antlitz und mein schlechtes Gewissen wollte sich am liebsten durch einen Sprung in das Blumenwasser der

kostbaren Mingvase ertränken. Wie konnte gerade mir so etwas passieren? Schon als Kind war mir von meiner Mutter eingebläut worden, dass Nahrung rar ist und dass es in der Nachkriegszeit sehr schwer gewesen war, sie überhaupt aufzutreiben. Wie wichtig war damals für mich das Gebet vor einer Mahlzeit gewesen und dafür zu danken, dass überhaupt noch Nahrung von der Natur für uns Menschen bereitgestellt wird. Immer wieder. Und nun das!
»Marianne, du bist ja eine Buddhistin«, hatten taiwanesische Journalisten in den letzten Tagen bei Interviews immer wieder freudig bemerkt und in die Hände geklatscht, wenn sich eine handgewebte philosophische Sprechblase als Reflex auf eine Frage durch den Raum bewegte.
Doch die Frosch-Arie ging mir nicht mehr aus dem Sinn, auch nicht, als ich – immer noch bedrückt – als Ehrengast einer total amerikanischen Tai-TV-Gameshow beiwohnen musste. »Wie kommt es, dass man Sie jemals zu einer Filmproduktion geholt hat?«, warf mir da der selbstverliebte Moderator vor die Füße.
Meine Spucke blieb weg, sie hatte um Kurzurlaub eingereicht. Jetzt nur die Jacke des Nervenkostüms anbehalten! Die rund achthundert Besucher dieses Livespektakels, meist Kinder und ältere Menschen, hefteten gespannt ihre Augen auf mich.
Ein tiefer Atemzug brachte mich wieder in eine gute Ausgangsposition: »Was erlauben Sie sich«, hörte ich mich antworten, »ich bin schön. In den Augen unseres Schöpfers ist jedes Individuum, jede Kreatur schön und wertvoll.« Das saß. Die Kinder klatschten.
Doch nach einem kurzen Augenblick hatte der große TV-Dompteur sich wieder in der Gewalt. »Wie viel wiegen Sie?«
Ich spitzte die Lauscher: »Da kann ich Ihnen schwer behilflich sein, denn mein spezifisches Gewicht ist nicht von dieser Welt«, antwortete ich. »Sie müssten erst umtarieren, aber dann würde das ertrutzte Ergebnis nicht stimmen, denn mein spezifisches Gewicht verändert sich alle zehn Minuten.«
Herr Merkwürden schien jetzt etwas irritiert zu sein. Sein erprobtes

Zahnpastalächeln mutierte zu gefrorenem Eis. »Sie sind ungeheuerlich rund. Hatten Sie keine Schuldgefühle, als Sie den jungen, schlanken Prinzen vom Pferd rissen, um mit ihm Liebe zu machen?« Er meinte natürlich mein graziles Sugar Baby.

Oh, my frog, stürzte es durch meinen Kopf, den ich jetzt nicht verlieren durfte. Das Lächeln hatte sein Land verlassen.

Siegessicher pflanzte sich der Matador vor mir auf. Im Zuschauerraum herrschte Stille. Aus schmalen Augenwinkeln heraus wartete jetzt der nach allen amerikanischen Regeln der TV-Kunst trainierte Meister der Zeremonie darauf, dass sich wieder einmal ein angeschlagener Kandidat freiwillig in den Staub der Arena werfe, um seine blanken Schühchen zu küssen. Das rohe Verhalten dieses Menschen entbehrte jeder religiösen und buddhistischen Grundregel.

Meine Antwort stand immer noch aus, doch ich kehrte zurück in mein Startloch: »Wenn ich richtig gehört habe, sagten Sie doch, ich sei ungeheuer riesig und rund.« Sein Nicken ließ mich fortfahren: »Und Sie sagten auch, ich sollte Schuldgefühle deswegen haben …«

Er winkte forsch ab. »Weiter, weiter«, meinte er gebieterisch, in dem er auf den Zeiger seiner Uhr deutete.

»Seit ich die Grenze zu diesem bezaubernden Land überschritten habe«, sagte ich, »sehe ich in jedem Restaurant, in jedem Laden, in jedem Tempel eine Person, riesig, rund, mit einem großen Bauch – Buddha! Würden Sie diese Frage auch an ihn stellen?«

Genervt verschwand er hinter seinem Vorhang. Das Publikum lachte befreit und klatschte, doch das Abenteuer war noch nicht überstanden. Die Assistentin des abgetauchten Meisters tippelte grazil auf hohen Hacken in das Rund, ein Tablett mit Tai-Food vor sich her balancierend, das jeder Talkshow-Gast zum Finale kosten musste. Ich liebte das Essen dieses Landes, und so würde ich auch noch das hinter mich bringen.

Mit geschürzten Lippen und spitzen Nägeln führte mir die wespentaillenschlanke Dame eine undefinierbare Delikatesse bis kurz vors

Gaumenzäpfchen. Die geleeartige Masse versuchte sofort, mit meinem Gaumensegel Brüderschaft zu schließen. »Do you like it, Madam?« Genau an dieser Stelle hatte sich vor einer Woche noch Brooke Shields Honig um den Mund geschmiert. »Sehr gut, very good«, hatte sie das Produkt mit ihrem berühmten Lächeln benotet. Nicht so aber die Sägebrecht. Mit dem Schrei: »Wasser! Wollen Sie mich umbringen?«, prustete ich das untergeschobene Lebensmittel in hohem Bogen von mir.

Mit dieser Zeremonie sollte für ein taiwanesisches Diät-Food-Gericht geworben werden, es entpuppte sich jedoch als Kuckucksei, das ich nicht in seinem Nest belassen wollte. Hunderte von Kindern im Studio und Hunderttausende draußen an den Apparaten sprangen auf, klatschten und gluckсten vor Freude. So wurde ich von ihnen allen zur taiwanesisch-bayerischen Struwwelpeter-Marianne im Land der Höflichkeit erhoben.

Erspähten die Kinder mich in den nächsten Tagen auf den Straßen oder an öffentlichen Plätzen, scharten sie sich in Trauben um mich. Sie erbettelten sich Haarsträhne um Haarsträhne, und ich sah schon haarlosen Zeiten entgegen.

»Komm wieder!«, ermunterte mich der stattliche, schöne Direktor der Schauspielergewerkschaft. »Du brauchst nur ein One-Way-Ticket. Unser Gastrecht ist heilig. Wir werden eine TV-Serie für dich entwickeln.«

O mein Gott, ich sah mich schon als das Schwert der Lilie schwingende Kung-Fu-Nonne durch die wöchentlichen vierzig Kanäle geistern.

Ich musste zurück in dieses kleine Stück Herzensheimat, wo meine damals fast schon zwanzigjährige Tochter Daniela sehnsüchtig auf die wieder mal ausgebüxte Mutter wartete und auch meine eigene Mutter, die, die Hände still im Schoß gefaltet, hoffte, dass diese Tochter mit den Hummeln im Hintern und oft gar abstrusen Flausen im Kopf wieder an den heimischen Herd zurückkehrte.

Hühnersuppe Surinam Yin/Yang

Meine spezielle Seelentrösterin

Für die Hühnerbrühe:

1 Gemüsezwiebel, mit 2 Nelken gespickt, 1 mittelgroße Sellerieknolle, 1 Petersilienwurzel mit Grün, 2 kleine Karotten, 1 Stange Lauch, 1 EL Butter, 2 ungeschälte Knoblauchzehen, 1 EL gehacktes Selleriegrün, 1 Lorbeerblatt, 1 EL Salz, Pfeffer, 1 Suppenhuhn, 1 kleine Packung Hühnermägen, tiefgefroren, 1 Stückchen Ingwer, geschält, 1/2 TL frischer Rosmarin

Für die Marinade der Hähnchenbrüste:

200 g Hähnchenbrüste, 3 Scheiben Parmaschinken, hauchdünn geschnitten, 1 haselnussgroßes Stück Ingwer, 1 Knoblauchzehe, 1/2 Chilischote, 1 Msp. Salz, Pfeffer, 1 TL Waldhonig, 2 Zweige frischer Koriander, 1/2 Stängel Zitronengras, 2 EL Zitronensaft, 2 EL Cognac, 3 EL Sojasauce, 125 ml Kokosmilch, 1 EL Erdnussöl, 1/2 TL Kreuzkümmel

Für die Suppe:

2 kleine Karotten, 3 Frühlingszwiebeln, 1/2 Selleriestange, 1/2 Stängel Zitronengras, 100 g Morcheln, 1 1/2 l Hühnerbrühe (s. o.), 2 EL Erdnussöl, 1 TL Currypulver, 1 TL Mehl, Salz, weißer Pfeffer, 1 Schuss Weißwein, 1 TL Kandiszucker, 2 EL Sojasauce, 1/2 TL gerie-

bene Orangenschale, Saft von 2 Orangen, 100 g Sojasprossen, 60 g Reis, 1/2 Stange Lauch, 1 reife Avocado, 125 ml Kokosmilch, 1 EL Kokosraspeln, 1 Zweig frischer Koriander, 4 schöne Macisblüten

1 Für die Hühnerbrühe die Gemüsezwiebel halbieren, Sellerieknolle, Petersilienwurzel und Karotten vierteln, den Lauch in feine Ringe schneiden. In einem großen Topf 1 EL Butter Butter erhitzen und das zerkleinerte Gemüse mit 2 ungeschälten Knoblauchzehen und dem Selleriegrün anbraten. Das Lorbeerblatt mit je 1 Prise Salz und Pfeffer ca. 5 Minuten mitrösten lassen und dann mit 2 1/2 l Wasser aufgießen. Jetzt das Suppenhuhn und die Mägen hinzufügen. 1 1/2 bis 2 Stunden bei mittlerer Hitze kochen lassen. Vom Herd nehmen, Ingwer und Rosmarin hinzufügen und dann für mindestens 3 Stunden auskühlen und ziehen lassen (aber nicht im Kühlschrank).

2 In der Zwischenzeit die Hähnchenbrust marinieren. Dazu die Hähnchenbrust und den Parmaschinken in feinste Streifen schneiden. Diese in eine verschließbare Schüssel geben. Ingwer, Knoblauchzehe und Chilischote klein hacken, darüber geben, mit Salz und weißem Pfeffer würzen und den Waldhonig darüber ziehen. Korianderzweige und 1/2 Zitronengrasstängel klein schneiden und dazugeben. Das Ganze mit Zitronensaft, Cognac, Sojasauce und 125 ml Kokosmilch begießen und zuletzt noch 1 EL Erdnussöl und den Kreuzkümmel darüber geben. Die Schale verschließen und für 3 Stunden in den Kühlschrank stellen.

3 Die Karotten stifteln, Frühlingszwiebeln und Selleriestange zerkleinern. Den übrigen 1/2 Stängel Zitronengras klein schneiden. Die Morcheln, wenn getrocknet, einweichen. Die Hühnerbrühe durch ein Sieb gießen. In einem großen Topf 2 EL Erdnussöl erhitzen, das Gemüse (bis auf das Zitronengras) darin anrösten, mit Curry, Mehl, Salz und weißem Pfeffer kurz anstäuben, mitrösten und unter

Rühren mit einem kräftigen Schuss Weißwein ablöschen. Jetzt den Kandiszucker, die Sojasauce, die geriebene Orangenschale, das Zitronengras und den Orangensaft dazugeben. Alles kurz aufwallen lassen und dann mit der Hühnerbrühe auf 1 ½ l auffüllen. Etwa 10 Minuten köcheln lassen, dann von der Herdplatte ziehen und etwas ruhen lassen.

4 In der Zwischenzeit Morcheln, Sojasprossen und den Reis waschen. Die Morcheln, Sojasprossen und den Reis zur Suppe geben und das Ganze ca. 30 Minuten köcheln. Inzwischen den Lauch in feine Ringe und das Fruchtfleisch der Avocado in kleine Stückchen schneiden.

5 Am Ende der Garzeit die marinierten Hähnchenbrüste samt Marinade zur Suppe geben, vorsichtig untermischen und alles mit 125 ml Kokosmilch aufgießen. Die Suppe mit den Lauchringen bestreuen, noch einmal erhitzen, aufwallen lassen und für etwa 5 Minuten sieden, aber nicht mehr kochen lassen. Die Avocadostückchen auf tiefe Suppenteller verteilen, darüber die heiße Suppe schöpfen und das Ganze mit Kokosraspeln, Korianderblättchen und je einer Macisblüte in der Mitte garnieren.

Dazu gibt es dunkles Baguette (vielleicht sogar Japan-Baguette) oder Käsestangen, je nach Gusto. Wir trinken Wasser oder einen schönen trockenen Weißwein aus dem Weingut von Gérard Dépardieu, hm? Eine gute Reise durch alle Kanäle ins Reich der Sinne wünsche ich Ihnen – und vor allem auf eine gute Ankunft auf dem heimlichen Örtchen …

PS: In einem chinesischen Restaurant auf dem Sunset Boulevard entdeckte ich erst 1989 mein geliebtes Koriandergrün, das wie ein Blitz in meine Sinne einschlug. Drei Mal versuchte ich ein chinesisch-amerikanisches Koriander-Stöckchen auf meinem Schoß im Flugzeug ins bayrische Landl einzuführen. Drei Mal hat das jeweilige Pflänzlein seinen Geist bei der Ankunft schon vorher dem Luftgott Ariel anvertraut. Das vierte Mal jedoch klappte es endlich! Eingecheckt am Ground-Port Viktualienmarkt und auf dem Stahlross zur Lounge Sägebrecht in der Kaulbachstraße transportiert, tummelte sich das so heiß ersehnte Pflänzchen von nun ab seelenruhig auf meiner Schwabinger Fensterbank, für ein tägliches, vollmundiges Tête-à-tête bereit.

Trockene Brötchen werden wieder knusprig, wenn man sie in einen feuchten Papiersack steckt und sie dann dem vorgeheizten Backofen für etwa 5 Minuten anvertraut.

Juni

»Alles Leuchtende in der Welt ist abhängig von etwas, an dem es haftet, damit es dauernd leuchten kann.«

I Ging, 30 Li

I took Gandhi to Sexyland!

Ich bin ein Star, ich bin ein Mond«, tönt eine weibliche Stimme über die vielen Köpfe eines voll gepferchten Saals, »and I'am a sex maniac, you know, I'm on my way to get a good therapy« – eine sonore Stimme aus männlicher Kehle antwortet offen und ehrlich. Die offen stehenden Münder der angereisten Journalisten sprechen Bände, eine große Scheibe blauen milchigen Lichts thront über einer Gedächtniskirche und Rosens stecken mitten im Krieg. Haben Sie's erraten, wo wir uns jetzt befinden könnten? Wir schreiben den 22. Februar 1990, das Filmfestival der Berlinale strebt einem seiner Höhepunkte zu. »Der Rosenkrieg«, ein Film mit Danny de Vito, Michael Douglas und Kathleen Turner, in dem ich eine Au-pair-Stelle als deutsche Schauspielerin auszufüllen hatte, stellt sich heute Abend als Eröffnungsfilm dem kritischen Berliner Publikum. Die Stimmung bei der Pressekonferenz ist aufgekratzt, meine Kollegen aus »Good old America« stehen bis zur letzten Haarspitze voll im Saft. Liegt es an der starken Wirkung des Vollmonds am aufsteigenden Ast des Siderischen Zyklus?

Heute ist Erntetag, mit humorvollen Antworten bestreiten die Herren ihre Feuerprobe. Michaels offenes Geständnis, der Droge Sex verfallen zu sein, hat jetzt aber sogar seinem Freund Danny de Vito

für einen Moment die Stimme verschlagen, und etwas verunsichert haben sich zwei Augenbrauen auf eine höhere Position begeben. Schließlich ist er ja auch neben der Regie mit als Produzent für die Postproduktion und Public Relations verantwortlich. Michael hat seine Bekenntnis-Ergüsse bestens platziert und verschenkt gerade verschmitzt sein Lächeln an Mondkalb Marianna. Schon während der Zusammenarbeit im Sommer '89 in L. A. hatte sich nach anfänglichen täglichen Frotzeleien bezüglich meiner in Verdacht geratenen geheimen Laster, die er zusammen mit Danny de Vito ans Licht bringen wollte, mehr und mehr eine freundschaftliche, schützende Konstellation schicksalhaft herausgearbeitet. Schnell war allen klar, dass Schwester Basilicas, so nannte ich mich scherzhaft auch heute noch, lasterhaftes Privatleben sich im Züchten von Kräutern, Sammeln von Eindrücken und Kieselsteinen auf meinen abenteuerlichen kilometerlangen Fußwanderungen entlang des Beach oder auf einem Trottoir des Ventura Boulevards auf den Spuren von argentinischen Flohmärkten und spanischen Gärtnereien, Möbelhäusern und Bodegas an den ungläubigen Augen einer Polizeipatrouille vorbei ergoss. Heute lassen wir sie nochmal laufen, ermunterten mich dann immer die lachenden Mienen der Cops.
Mit heißen Tipps enterte ich dann wochenanfangs den Wohnwagen der Make-up-Artistin. Durch die Wucht meines Aufsprungs verselbstständigte sich der Kajalstift von Mimmi, der sich gerade auf einem Muttermal von Kathleen Turner sesshaft machen wollte, und landete pünktlich im Abseits. »Au Backe«, stammelte ich, »das war der springende Punkt heute, the jumping point«, sagte ich und deutete verschämt auf die Wange, wo sich Pünktchen festhielt, um nicht abzufallen. Meine Metapher vom springenden Punkt kannte hier niemand, außer dem Begriff jumping flees, der unserer Haarstylistin spontan einfiel, aber Kathleens Wohlwollen schrumpfen ließ.
»Do you know the English word …«, er machte eine Pause, »Dildo, Marianna?«
Der Floh sprang vor Schreck vom Spiegelschränkchen und brach

sich das Genick, mein Puls kletterte wieder mal hinauf. Obwohl Besserung versprochen, hatte er es wieder nicht lassen können. Senior Douglas ergötzte sich an der verschämten Wangenröte seiner Kollegin aus dem Bayernland. Das Team lachte laut. Man mochte es gar nicht glauben, dass man mit so einem abgetakelten Begriff im lasterhaften Hollywood noch so eine Reaktion hervorrufen konnte. Oh, my goodness. »Watertower«, ruf ich in die Runde. »Who knows the fantastic watertower?«, um die Meute auf eine neue Fährte zu locken.

»You mean this special tower in the men-toilette«, übernahm nun fuchsig eine männliche Maskenbildnerin die Jokerkarte. Alles wieherte vor Lachen. Nun gut, folks, dieser »private point« ging heute an euch. Michael, wir sprechen uns noch, sendete ich meine Message hinter den Vorhang.

Der Mond dreht keine kreisrunde Bahn, sondern eine elliptische um die Erde, sein fernster Punkt von der Erde ist das Apogäum. In diesen Zeiten sind beim Säen und Pflanzen keine guten Ergebnisse zu erwarten – Neumond ist angesagt. Der minimalste Abstand von den Erdenmenschen wird für uns Mondkinder das Perigäum genannt. Der Mond steht heute voll und zeichnet auch noch einen Blütentag, schreibe ich in mein Notizbüchlein, während Mimmi Marianna in Susan verwandelt.

Fassungslos stehen meine Freunde und angelockten Kollegen vor dem watertower in einer der gefährlichsten areas von Downtown L.A. Über Jahre hat sich hier ein obdachloser Mann aus Flaschenkorken, Glasscherben, Steinen, Dosen und Metallteilen einen etwa sieben Meter hohen Turm samt Wohndiele erschaffen. Spaniens großer Meister Gaudy würde Bauklötze staunen. Towers potz und Geistesblitz, man kommt aus dem Staunen nicht mehr heraus. Eine kleine Fotogaleria, die mit eindringlichen sozialkritischen Studien über Menschen und Kinder, die in Downtown auf der Straße leben, überrascht, schmiegt sich Schutz suchend an den imposanten Tower. Spenden von gut situierten schwarzen Familien machen es möglich, auch unser Besuch hinterließ einen kräftigen Beitrag. »Art by accident« nenne ich diese gewachsenen Reiche der Phantasie und meine Seele freut sich, wenn ich mal wieder ein Biotop ausfindig machen oder gar selbst zur schöpferischen Gesellin werden darf.

»Wie ist es möglich, Frau Sägebrecht, dass Sie Herrn de Vito einen Korb gaben, als er sie telefonisch einlud, die Rolle der Susan zu übernehmen?«

Gott, haben Sie mich jetzt aus meinen Gedanken gerissen, Herr Journalist. Die Pressekonferenz kam in die letzten Gänge. »It's true, Marianna, don't deny«, brachte mich Danny in Beweisnot. Ja, ich gab ihm einen Korb mitsamt meinem Gallenstein, den aber Herr de Vito in Los Angeles von laserstrahlerprobten Spezialisten zertrümmern lassen wollte. »We want you, Marianna«, sprach Danny seine Worte zielsicher in den Äther. Da war es glasklar, wieder einmal musste ein Kelch ausgetrunken werden. Sizilianisch-griechische Reben vergoren mit anglikanischen Schwefel zu einem Jahrhundertwein. Ein bayrisches Rosinerl gab noch seinen Gusto dazu. Nastrovje. Das sage ich jetzt aber nur zu Ihnen. Die Journaille kriegt es sonst nur in die falsche Kehle.

Wogender Applaus brandete auf und schäumende Welle um Welle brach sich begeistert am Bühnenrand. Weit der Horizont im Saal, offen die Herzen, Lachen in den Gesichtern, tanzende, klatschende Hände. Kathleen, du große Mimin, kannst du uns fühlen, hörst du sie trampeln?

Kathleen Turner konnte wegen eines Theaterengagements in New York nicht bei uns sein. Auf der Bühne kreierte ich für sie einen eigenen Space-Lichttraum, um der großen Künstlerin eine mehr als verdiente Ehre zu erweisen.

»Mein Baby« hatte mich Kathleen bei unserer Zusammenarbeit liebevoll flapsig genannt. Meine Chefin lud mich auch schon mal zu sich in ihre Privatgemächer auf einen Kaffee- und Wein-Klatsch ein. So mancher Seufzer entwand sich da tiefer Brust und Michael Douglas' Name schrieb sich an die Decke, die Zimmerdecke natürlich, aber auch an ihrer Bettdecke hatte er sein Monogramm hinterlassen, und zwar lebenslang, musste ich bald wahrnehmen. Ein vor Jahren gegebenes Versprechen, eine leidenschaftliche Liaison zu legitimieren und sich von seiner Angetrauten zu verabschieden, hatte er wohl nur dem Wind gegeben. Ein Windhund wurde er deshalb nicht genannt. Eine Zornesfalte hatte sich bei der Erzählung zwischen Kathleens Nasenflügel gegraben. War da nicht ein leichtes Donnergrollen aus den Katakomben ihres stattlichen Seelenpalasts zu vernehmen? »Therefore we're still best friends, you know, Marianna, very best friends!«, ergoss sich jetzt eine säuerliche Dosis mit in mein Weinglas. I know! Die wachsende Freundschaft zwischen Michael und Marianna fand keinen Segen in Frau Rosens Revier. Meine Verehrung und rückhaltlose Akzeptanz des ganzen Menschen Kathleen Turner machten alle unruhigen Semmel-Geister arbeitslos.

Bei dem großen Abschiedsfest, das Michael Douglas für das ganze Team, Schauspieler, Techniker und Produktionsstab, mit einem marokkanischen Dinner zelebrierte, war das Unikum from Bavaria ohne Wenn und Aber integriert. Michael hatte keine Kosten und Mühen gescheut. Weiße Beduinen-Zelte waren in den Arbeitsstudios aufgebaut, ein fein gewürztes, duftendes Mahl aus fünf Gängen verwöhnte unsere Gaumen und wohl geformte kreisende Bäuchlein von bezaubernden Tänzerinnen animierten die Männlein, ihren Augen ruhig zu trauen.

Michael trug heute Turban, auch Danny de Vito, der Autor Michael Leason und der befreundetet Koproduzent Jim Brooks hatten heute zur Feier des Tages ihre Häupter bekränzt. Man lachte, speiste, trank und klatschte sich vor diebischer Freude auf die Schenkel. Denn gerade hatte das eingeschworene Team einen bravourösen Sieg errungen. »No happy ending basta« prangte da auf ihren Stirnen – und das mitten in Hollywood.

Mr. und Mrs. Rose könnten heute noch am Leben sein, wenn diese starke Haudegen-Truppe nicht gewonnen hätte. Mit allem Respekt vor dem Autor der Geschichte, der dieses Couple Zentimeter für

Zentimeter kristall-lüstern dem Sensenmann zum Fraß vorwarf, hatten sich die Schicksalsgötter richtig entschieden, vor allem um der notorischen Gewohnheit der Studios »Happy End um jeden Preis« ein Schnippchen zu schlagen.

»How are you tonight, mein Bavarian Sauerkraut?«

Diese Stimme kenne ich trotz des Summens und Brummens um mich herum. Kusch, gebiete ich meinen zitternden Knien, und meinem sich beschleunigenden Puls entziehe ich die Fahrerlaubnis. Mein Herz klopft so laut, dass alles umsonst ist. Michael Douglas, der Herr der magischen Ringe, betritt mit imposantem Gefolge, die gerade verliehene Goldene Kamera unter die linke Achsel gezwängt, die alkoholdurchtränkte Arena der Kempinski-Bar.

Die Verleihung dieser »Goldenen Kamera« hat große Namen aus Hollywood samt edlem Inhalt in die Metropole Berlin gelockt.

»And now it's your turn, we want entertainment, we want pleasure, you know!«, tönt Michael über die Tafelrunde und Frau Kruse fällt zwar vom Hocker wieder auf die Füße, aber vor die Füße von Michael. »It's my pleasure«, flötet er, als er sie wieder kerzengerade auf den Hocker setzt, um sich um die Gestaltung des weiteren Abendprogramms zu kümmern, eine Aufgabe, die er nun listig mir in die Stöckelschuhe zu schieben gedenkt.

»This ist your djungle, Marianna, do you have a special location for some wild panthers?«, steigt nun Danny de Vito fordernd in den Sattel.

»Berlin is my Wahlheimat, not my home-city«, versuche ich der wachsenden Verantwortung zu entkommen. Den Begriff Wahlheimat findet mein brainpool-officer nicht, da wird Dschungel in meinem personal-display ausgeworfen, Wahlheimat Dschungel, nicht schlecht. Some other time, denke ich mir, da rutscht das Wort Klub hinterher. DSCHUNGEL-KLUB. Bingo, das macht Sinn und mein Vorschlag, mit der ganzen Truppe diesem originären Platz einen Besuch abzustatten, wird begierig aufgenommen. »I told you, we need a djungle«, meint Danny lachend, als wir uns alle in ein Großraumtaxi zwangen. Ich fühlte mich gar nicht so gut, als mich Michael bestens gelaunt in die Wange zwickt, denn die ganze Last des zu erwartenden vergnüglichen späteren Abends liegt ja jetzt auf meinen runden Schultern.

Die Reservierung hatte ich ja veranlasst, und am offenen Mund des Türstehers und den wartenden Gästen vorbei entern wir den In-Platz Berlins. Sprachlos lässt der Guard nach kurzer Begrüßung Michael Douglas, Danny de Vito, Liza Minelli, Ben Kingsley mit Gattin, Michael Leason, unseren Drehbuchautoren und meine Wenigkeit eintreten. Kann er seinen Augen noch trauen. Die Gäste reagieren zunächst mit ungläubigem Staunen, später bauen sie um unseren Tisch herum ein Bollwerk auf. Dannys akrobatischer Tanz auf dem Tisch wird abgeblockt, die Sicht nur nach oben auf ein Loch im Plafond hin freigegeben, der Sichtrest besteht bald aus aneinanderpickenden, schwarz gewandeten, mundtoten Existenzen, die starr auf den Table-Miracolo blicken, und das unverwandt. »Relax, have a drink with us«, ermuntert Michael Douglas den Granitsockel, der sich immer mehr vergrößert. Der Sauerstoff wird knapp und Liza Minellis Goldene Kamera zerbirst. Der gaffende Pulk weiß um seine Macht und lässt die bestellte Lieferung Spirituosen nicht zu den durstigen Promis. Dafür bestehen einige, Gunst der Stunde, auf einer gehörigen Portion Autogramme. Das erste voll bepackte Tablett mit Gin Tonic, Martini, um nur einige zu nennen, segelt zu Boden, aus Versehen? Das zweite wird von ein paar findigen Punks beschlagnahmt und mit den Worten »Wallstreet-Crash, Prost Mister Douglas« zügig Glas um Glas gelehrt.

Die gute Mutter Zeit ist jetzt meine beste Freundin. Im Dschungel zeigen die Uhren auf Stillstand. Mutig stürze ich mich jetzt unter den Tisch und schiebe mich kampferprobt zwischen den Beinen der Tischrunde vorbei hinaus auf den Gang. In die wieder erstandene Berliner Mauer wird von mir durch gnadenloses Wadl-Beißen eine Lücke gerissen. »Hände hoch!«, brülle ich mit letzter Kraft und stoße einen aus dem Ständer gerissenen schwarzen Schirm einem selbst ernannten Großstadtguerilla in den knochigen Rücken. Die dunkle verrauchte Höhle wird zu meiner Komplizin. Während ich mich wieder auf den Boden geworfen habe und nun ohne meinen Parapluie zum Eingang robbe, um Hilfe zu holen, bricht unter den Belagerten Panik aus. Jeder versucht sich im Halbdunkel vor der schießwütigen Irren in Sicherheit zu bringen. Später sind wir alle in Sicherheit im rollenden Taxi.

Bringen Sie Ihr Wohlbefinden auf den Punkt – Bade-Entsäuerungstag

Zuerst darf ich Ihnen anvertrauen, dass ich nunmehr seit dreißig Jahren nicht mehr ernsthaft krank war. Einmal wöchentlich nehme ich ein Wannenbad, in das ich vorher eine Mixtur von 80 g Natriumbikarbonat vermischt mit 20 g Magnesiumsulfat hineingebe. Dieses Mischverhältnis ist sehr wichtig. Ich lasse es mir von meiner Apotheke herstellen und in kleine Briefchen packen (höchstens vier auf Vorrat und keine größeren Mengen herstellen lassen). Vor dem Bade nehme ich ein Fläschchen Vitamin B12 zu mir (keine B-Mixtur). Dann schließe ich meine Augen, versöhne mich mit Gott und der Welt und nach etwa 15 Minuten haben mein Organsystem und meine Seele eine harmonische Balance zwischen dem basischen und sauren Milieu gefunden. Meine Haut ist weich wie ein Pfirsich, schlafen kann ich wie ein Baby und Gift und Galle sollen die anderen spucken.

Von amüsiert bis brüskiert gehen die Reaktionen der Stars aus dem amerikanischen Zelluloid-Firmament, aber Michael und Danny jagt ein Lachanfall nach dem anderen, als sie sich immer wieder das Bild der Guerilla-Robbe Marianna vor Augen führen. Gleich werde ich sie alle dem Portier des Kempinski in die starken Arme geben und dann in meinem Hotel Interconti über das missglückte Unterfangen ein paar Tränen verdrücken. Bei meinem Robb-Exkurs ist man mir nämlich ganz schön auf die Finger gestiegen, aber davon jetzt kein

Wort, schwöre ich in mich hinein. »Where is your promise, Marianna, we want some pleasure«, mäkelt es aus den Autositzen. Natürlich ist Mr. Douglas der Anführer der Streikrunde. »It's three o'clock, my friends, after midnight, you know. The magic world is closed«, versuche ich mich jetzt aus der Verantwortung zu ziehen. Sie müssen wissen, liebe Leser, in Los Angeles werden die nicht vorhandenen Gehsteige schon spätestens um ein Uhr nachts nach oben geklappt. »We are thirsty«, tönt es jetzt aus dem Flohsack. »We want something special, you know«, setzt sich wieder Mr. Douglas' Stimme an die Spitze.

OPEN prangt da an gleißender Neontafel, während die Verkehrsampel errötend Halt gebietet. Das wäre doch was, besonders für die Herren der Schöpfung, deutet unser Taxifahrer wohlwollend auf das Etablissement, das zu unserem OPEN-Schild gehört. »Sexyland« prangt da in blutroten Leucht-Lettern an einem grauen Vorstadt-Industriegebäude. »Good girls, good Striptease, not so expensive«, rührt unser Driver die Werbetrommel für das Lokal, nicht umsonst, wie wir später feststellen konnten. Obwohl ich ihn stupse und mit Händen und Grimassen versuche, ihn von seiner Verführungstaktik wegzuholen, haben die ersten beiden Hechte schon angebissen. »Great, man, what a good idea«, begeistern sich Michael und Danny aus einem Mund und schon stoppen wir vor dem »Palast der Verheißung«. Die Damen unserer Runde wirken belustigt und sind keinesfalls abgeneigt, sich auf ein abenteuerliches Experiment einzulassen. Ben Kingsley wirkt sehr ruhig und gelassen, als ich ihm, wie allen anderen, einen der Drink-Bons in die Hand drücke. Plötzlich taucht das Antlitz Gandhis vor mir auf. »I take Gandhi to Sexyland«, rattert es durch meinen Kopf. Wenigstens werden hier die Stars in Ruhe gelassen und können endlich ihre fordernden durstigen Kehlen zur Räson bringen, versuche ich meine Zweifel zu besänftigen.

Ich bitte meine Anbefohlenen, kurz im Foyer zu warten, Gott sei's gedankt, denn es gelingt mir als Erstes, einen laufenden billigen Porno-Streifen zum Stoppen zu bringen. Die Einrichtung ist herrlich plüschig und seit den 50er-Jahren nicht mehr renoviert worden. Das schummrige Licht legt sich schützend um die Tänzerinnen älteren Semesters, die schon leicht angeschlagen animieren sollen. Der Geschäftsführer versucht mit der Botschaft »Mädels, der Michael Douglas kommt gleich an den Tisch«, Feuer in die Hintern zu zündeln, erntet aber nur aschige Mienen. »Unser Tagespensum ist erfüllt, da kann der Kaiser von China kommen«, meint Lotti achselzuckend und schiebt sich ihre verrutschte Perücke wieder in eine angenommene Mitte.

Mit Feuereifer bereitet der Geschäftsführer der Tischrunde die Tafel. Mineralwasser, Coke, Whisky-Lemon, sogar Ginger-Ale zaubert er aus seinem Kühlschrank. Bier und Champagner für die Damen. Liquide sind wir hier allemal, stelle ich zufrieden fest. Gebratene Hamburger mit Salat und Pommes frites gibt er seinem eingenickten Koch in Auftrag. Nüsse und Salzbrezeln auf den Tisch, schnell noch eine verstaubte Kassette mit alten Filmmusiken in die Maschine, Licht mit Einverständnis des Chefs um ein paar Nuancen hochgedimmt und »Auf die Türe«, um die schon nervös gewordenen Gäste aus Übersee hereinzubitten.

»Nice, lovely, great«, tönt es. Die an der Bar stehenden Tänzerinnen verziehen keine Mienen.

»Was für eine Ehre, Herr Douglas, das hätte ich mir ja nie träumen lassen, dass Sie uns mal besuchen tun«, schwelgte der Geschäftsführer begeistert. »Wissen S', mein Highlight, Sex in natura auf dera Bühne, können S' heut ned sehn, i hob des Ehepaar in Urlaub nach Mallorca g'schickt, de warn so ausgelaugt, wissen S' scho, schod is, des sog i Eahna.« Der Schweiß perlt nur von der Stirn ins Sektglas. Alle lächeln begeistert, toasten und trinken, haben anscheinend den bayrisch angehauchten Text nicht verstanden. Hoffentlich gibt's von den Sexakrobaten keine zweite Besetzung, denke ich gequält. Programm gibt's heut keins mehr: »No program tonight«, trutzt gerade der Chef gegen den Wunsch von Danny und Michael. Vehement pflichte ich ihm bei: »Viel zu spät!«, die Dienerinnen der Hosen-

phantasien sind doch bestimmt müde. Die Damen unserer Runde pflichten mir aber nicht bei und fordern spitzbübisch eine Vorstellung ein. Als ein größerer Schein in der kleinen, feisten Hand des Pächters landet, stehen meine Haarspitzen auf Sturm. Hinter der Bühne treibt der Chef seine müden Zugpferdlein zusammen, die Barhocker sind jetzt alle leer. Eine Privataufführung bahnt sich an. Maulend und murrend bringen sich die Tänzerinnen hinter dem Vorhang in Position. »Reißt euch am Riemen, Madln«, schimpft der Treiber seine Gäule, »da drauß'n sitzt der Michael Douglas und der Danny de Vito aus Hollywood, tanzt's, was des Zeig hoit, ihr lahmen Ent'n«, stichelt er herum.
»Ta, ta tarala, ta, ta, tarala, ... New York, New York«, schon bewegt sich der verstaubte Vorhang »How lovely, how nice, thank you«, ruft Liza Minelli dem Chef zu, der gnädig zurückwinkt und außer Herrn Douglas und Herrn de Vito niemanden erkannt hat. Nur Liza lächelt glücklich, denn sie glaubt, dass diese Show-Musik, seit zehn Jahren zum Entree benutzt, nur für diesen Moment und ihr zu Ehren herausgesucht worden war. Meine Anspannung wächst ins Uferlose, als sich fünf Tänzerinnen aus ihren Anfangspositionen herausschälen und zur Musik von »New York, New York« auf den Weg machen. Die Grazien sind müde und lustlos, was sie ungeniert zeigen. Sabrina gerät bei einer Drehung aus der Fuge und landet auf dem Allerheiligsten. Mona wollte sich, den Hintern zum Publikum gekehrt, mit dem Kopf nach unten zwischen die Beine lassen, jetzt ist ihr die Perücke nach unten gerutscht, mit dem erotischen Zwinkern wird es wohl heute nichts. Jasemin muss ihr aufhelfen. Gerade hatte sie mal vor ein paar Sekunden einen müden Klatsch auf ihren Po zelebriert. Mit der Parodie auf diesen Teil der Show habe ich jahrelang große Lacherfolge bei meinen Freunden erzielt. Auch die wilden Recken aus L. A. und die Damen der Runde lachten bei dieser Show aus vollem Halse, Herrn Kingsley nebst Gattin blieb das Lachen im Halse stecken. Der viele Applaus wurde von den Elevinnen gnädig entgegengenommen. Mir war ein riesengroßer Kieselstein vom Her-

zen gefallen. Hauptsache, keine home-made Sex-Show à la Austria. Dieser Kelch war ja jetzt wohl an mir vorübergegangen. Die abgehalfterten Mädels wurden mit herzlichem Applaus bedacht und hievten sich sogleich zur nächsten Whisky-Cola auf die Barhocker, wo sie bis Ultimo einfach kleben blieben. Jetzt könnten wir ja in unsere triefenden Hamburger stürzen und diesen Trip in einigen Gläsern Champagner ertränken.

Kaum wurde ein großer Schluck genommen, startete hinter der Bühne eine rege Debatte zwischen dem Wirt und einem Pärchen. »Ich mach sie schon scharf, Sie kennen mich doch, die Siebenschwänzige nehme ich auch mit dazu«, gurrte ein verrauchtes Kehlchen, »und ich fahr gleich am Anfang an sauban Starthamma nei, wos moana S' Chef«, orakelt ein Männerorgan hinter dem sündigen Vorhang. Die zweite Besetzung, fährt es mir jetzt vor Schreck in die Glieder und ein Schuss Dopamin rumort in meiner Wade, als der Chef seinem verehrten Herrn Douglas kumpelhaft die Schulter verdrischt. »Ju see a sänseischän now, my people, Blondie von Chikago!« Und Herr Peitsche mit seinem Starthammer aus Österreich, ergänze ich im Stillen panisch. Herr Gandhi blickt gequält, seine Frau schlürft belustigt Whisky mit Wasser, als der Countdown anfängt zu laufen. »Ladies and Gentlemen, lean back, take a deep breath«, worauf er sich verlassen kann, »and enjoyiiiiiiiiii Sexyland«, röhrt Herr Peitsche in sein Mikro hinter dem Vorhang. Rote, blaue, gelbe Lichter tänzeln zum Vorspiel bei rasendem Trommelwirbel über die Bühne. Flüchten oder standhalten? Die Antwort wird durch einen Raubkatzensprung Blondies in das flirrende Bühnenlicht der Begegnungsstätte vorweggenommen. Tanzend wie der Teufel, strahlend wie ein Engel, wirbelt sie alle muffigen, puffigen Gedanken in ein kosmisches Magnetfeld. Eine enge, elegante schwarze Ledercorsage verhüllt mehr als sie zeigt. Step by step baut sich eine artistische einmalige Choreografie einen Steg zu den Herzen der Zuschauer. In Gandhis Gesicht ist Leuchten heimgekehrt und seine Hände klatschen im wilden Stakkato. Die anderen Herren sind – völlig aus dem

Häuschen – auf den Tisch gesprungen, die Damen stampfen und klatschen, dass es eine Wonne ist. Noch ist der Partner nicht auf der Bildfläche zu sehen. Jetzt ist mir schon alles schnuppe. Dein Wille geschehe, bete ich zum Himmel hinauf, als Blondie mit verheißendem Blick hinter dem zitternden Vorhang verschwindet und sich nun zu den zündenden Rhythmen von James Browns »Sex machine« samt Anhang die Bühnenmitte zu Eigen macht und jetzt geht's erst zur Sache, da wird gestreichelt, geschlagen, gestoßen, dass sich die Balken biegen.

»Great, great!«, brüllt die Bande und »Hilarious!«, preist Herr Gandhi das Schauspiel und alle feuern das Duo frenetisch an. »Yes, yes, yes, do it, do it, do it«, und Blondie lässt es sich nicht drei Mal sagen.

Von neun Armen werden zu Boden gegangene männliche Individuen umklammert und Blondies Stöckel bohrt sich triumphierend in ein Muskelpaket.

Herr Peitsche war der Tontechniker und blieb, Gott sei's gedankt, wie immer hinter dem Vorhang! Die Peitsche, die siebenschwänzige, durfte heute zusammen mit Herrin Blondie den frenetischen Applaus entgegennehmen.

PS: Übrigens, Blondie begleitete mich in bezirzendem Gaultier-Outfit zum Premierenabend von »Rosenkrieg« und schenkte ihr Herz einem unserer männlichen Recken, was ihr wiederum einen längeren Aufenthalt in Los Angeles bescherte.

Kräutersuppe Grüne Minna, gebraut nach Mutter Agnes

Für die surinamischen Lammhackbällchen:
1 kleine Zwiebel, 300 g Lammhack, 1 Ei, 1 Knoblauchzehe, 3 EL Semmelbrösel, 1 Msp. Paprikapulver, 1 Msp. Zimt, 1/2 TL gemahlener Kümmel, 4 EL Sesamsamen, 2 EL Öl

Für die Suppe:
1/2 Sellerieknolle, 1 Petersilienwurzel, 1 Karotte, 1/2 Apfel, 1 große weiße Zwiebel, 2 Schalotten, 1 Hand voll Kerbel, 1 Hand voll Sauerampfer, 1 kleiner Bund Petersilie, 1 kleine Hand voll Dill, 1 Hand voll Löwenzahn, 1 Hand voll Brunnenkresse, 4 Blüten Kapuzinerkresse, 1 Hand voll Gänseblümchen mit Blättern, 80 g Butter, 50 g Mehl, 1 l gekörnte Fleischbrühe, 250 ml Milch, 125 g Crème fraîche, etwas Salz und weißer Pfeffer, 1 TL Zitronensaft, 1 Prise Zucker

Für die marinierten Steinpilze:
125 g getrocknete Steinpilze, 1 Schuss Sherry, 1 Msp. gemahlene Muskatnuss, etwas Salz und Cayennepfeffer, je 1 Msp. Zwiebeln-, Schalotten- und Knoblauchpüree (von den oberen Zutaten abzweigen), 1 TL Zitronensaft

1 Für die Hackbällchen die Zwiebel und die Knoblauchzehe pellen und klein hacken. Das Lammhack mit Ei, Zwiebel, Knoblauch, 3 EL Semmelbrösel, Paprikapulver, Zimt und Kümmel gut vermengen. 16 Bällchen formen und in den Sesamsamen wälzen.

2 Für die Suppe Sellerieknolle, Petersilienwurzel und Karotte klein stifteln, die Apfelhälfte in kleine Stücke schneiden. Die Zwiebel und die Schalotten pellen und sehr fein hacken. Die Kräuter waschen und zerkleinern, dabei 4 Gänseblümchenköpfe und die Kapuzinerkresseblüten beiseite legen.

3 Die Butter erhitzen, aber nicht braun werden lassen, die Zwiebel und die Schalotten hinzufügen, mit dem Mehl bestäuben und unter Rühren vorsichtig anbraten, bis sie goldgelb gebräunt sind. Am besten einen hölzernen Kochlöffel verwenden. Mit der Fleischbrühe aufgießen und so lange rühren, bis die Suppe ganz glatt ist. Sellerie-, Petersilien- und Karottenstifte dazugeben und das Ganze etwa 15 Minuten leicht köcheln lassen.

4 Inzwischen die Steinpilze marinieren: Die Zutaten für die Marinade mit 2 cl Wasser mischen, die Pilze hineingeben und bis zum Einsatz im Kühlschrank ruhen lassen. Jetzt sind die Lammbällchen dran: Das Öl in einer Pfanne erhitzen und die Bällchen 10 bis 15 Minuten bei mittlerer Hitze braten.

5 Die Milch in die Suppe rühren, die Crème fraîche hinzugeben und alles vorsichtig erhitzen, aber nicht mehr aufkochen. Die Suppe mit Salz und weißem Pfeffer abschmecken. Den Zitronensaft, den Zucker und die gesamte Steinpilzmarinade hinzugeben und zusammen mit den Kräutern unterrühren. Die Suppe in tiefe Teller schöpfen und je 4 Lammbällchen dazugeben. Mit den Gänseblümchen und den Kresse-Blüten garnieren.

Dazu passen ein trockener Veltliner und Fladenbrot.
Bon appétit!

PS I: Im Neuen Testament, Lukas 6–7, heißt es vom Bauern und seinen Früchten:
»Denn es gibt keinen guten Baum, der faule Frucht trägt – und keinen faulen Baum, der gute Frucht trägt. Der gute Baum trägt gute Frucht. Jeder Baum wird an seiner eigenen Frucht erkannt. Man pflückt ja nicht Feigen von den Dornen, auch liest man nicht Trauben von den Hecken. Und ein guter Mensch bringt Gutes hervor aus dem Schatze seines Herzens«, meint Jesus da.

PS II: Die gute volle Schatzkammer des Herzens meiner Mutter Agnes speist auch nach ihrem Tod mein Leben bis in die Ewigkeit.

Körperpflege aus Mutters Rezept-Schrank
Petersilienmaske selbst gemacht

Darf ich Ihnen sagen, dass meine Mutter noch mit 75 Jahren eine Haut fast ohne Falten hatte? Frisch und spannungsgeladen sah sie in die Welt. Die Kasse war immer knapp, ein kleiner Garten versorgte uns immer mit frischem Gemüse und Kräutern, darauf ließ Agnes nichts kommen. Einmal wöchentlich machte sie sich eine Gesichtsmaske aus Petersilie und Joghurt. Ein Teil gestockter Milch vom Bauern, in unserem Fall wäre das ein Becher mit Naturjoghurt, mit einem Bund Petersilie, den man schon ganz klein gehackt hat, in den Mixer geben und pürieren. Geben Sie noch 1 kleines Schnapsglas Apfelessig und 1 EL flüssigen Waldhonig dazu. Legen Sie diese Maske gleich auf und lassen sie etwa 15 Minuten wirken. Den Rest entweder gleich auf die Familienmitglieder verteilen, aber nicht aufheben. Pickel und Mitesser können ab heute einpacken. Die Haut wird antibakteriell behandelt, durchblutet und feinstens ernährt. Na, was sagen Sie jetzt?

Juli

»Liebe ist der Endzweck
der Weltgeschichte,
das Atmen des Universums.«

Novalis

Gluck, gluck, gluck – aua, aua, aua

Funiculli, funiculla«, schmettert Jean Pierre, der verhinderte Opernbuffo und Bistro-Besitzer mit goldbestücktem Mund und aus voller Brust, versteht sich, auf die Scheitel seiner illustren Frühschoppen-Gäste. Café »Chez Edith« ist heute, an einem herrlichen Sonntagmorgen im Wonnemonat Mai, angesagt. Ganz versteckt, am Ende einer Einbahnstraße im Bauch des Flohmarkts von Clignancourt hat sich dieses skurrile Plätzchen zu einem Geheimtipp gemausert. Hier nippt Brigitte Bardot an der kleinen Bar ungeschminkt an ihrem weißen Burgunder, Seite an Seite mit Pariser Taxifahrern, Damen des horizontalen Gewerbes oder Nachtlichtern, die nicht rechtzeitig ins Dunkel abgetaucht waren. Auch Tänzer und Sänger der Pariser Oper geben Jean Pierre jetzt einen heißen Applaus, als er mit großer körperlicher Grandezza seine Arie beendet.

»Ich hasse euch«, ruft plötzlich Jean, die eigentliche unfreiwillige Attraktion dieses Etablissements, »geht nach Hause, ich kann eure Leichenbittermienen nicht mehr ertragen, ihr Bastarde«, ruft er in die Lokalrunde, und während mein Freund und Begleiter Detlef seine Tiraden übersetzt, zieht Jean einer Gästerunde geschickt die weiße Tischdecke unter den Gläsern heraus, und zwar mit einem solchen militärischen Ruck, dass es den Gläsern geradezu ein Stillgestanden abnötigt. Alles lacht. Stammgäste wissen nur zu gut, die Zeit ist jetzt um und Chef de Rang Jean kennt kein Pardon, er will jetzt ein gezücktes Portemonnaie sehen. »So verschwindet, ihr vielköpfigen Ungeheuer, geht heim zur Mama und lasst euch die Windeln wechseln«, herrscht er eine Männerrunde brüsk, aber mit einem lachenden Auge an. Kleinlaut verschwinden sie durch die alte schiefe Türe, an der schon wieder eine Traube Menschen auf Einlass harrt. An diesem Cerberus vorbei in das Allerheiligste einzudringen, übrigens weist es nur etwa vierzig Sitzplätze auf, scheint astrologischen Gesetzen unterworfen zu sein. So mancher gezückte Schmiergeldschein blieb da schon beleidigt zwischen Daumen und Zeigefinger kleben. »Comme il faut« (wie es sich gehört), meint Jean gerade, die Worte theatralisch über seine Gäste ausschüttend, nachdem die Türe für zwei gut betuchte Herren aus Allemagne verschlossen blieb. Hurtig, husch, husch, heißt er jetzt seine Gehilfen eindecken. Während er in artistischer Meisterleistung eine blütenweiße Serviette über dem Arm drapiert, über die Tische hechtet, ich will meinen Augen nicht trauen, präsentiert er aus vollem Mund das Menü des Tages: »Queue de boeuf, rillettes d'oie et petit pois à la française, tarte aux tomates et aux olives«, tönt es in großem Bogen bis zur letzten Stuhlreihe der Toilettenfrau.

»Rillettes d'oie sind hausgemachte Gänsewürstchen, Queue de boeuf ist ein mariniertes Ochsenschwanzragout, die petit pois sind junge Erbsen, und die Tarte mit Tomaten und Oliven gehört zu einer provenzalischen Oliventorte, nach einem Hausrezept von Jeans Familie, die in der Nähe von Marseille beheimatet ist«, hält mich mein Freund Detlef, der Paris schon seit ein paar Jahren zu seiner Wahlheimat gemacht hat, auf dem Laufenden. Es wird hier nur ein Tagesmenü offeriert, das selbstverständlich vom Meister der Zeremonie zusammenkomponiert worden ist. Ordinärste Hausmannskost, auf extraordinäre Kochkunst hochgekitzelt, lässt die Speisenden wahre Entzückensschreie ausstoßen oder vor Essenslust verstummen. Da werden auch noch die Knorpelteile des Ochsenschwanzes von kleinen scharfen Mäusezähnchen der Damen zermalmt und mit trockenem Bordeaux , natürlich von Jean kennerisch ausgesucht, hinuntergespült. Sollten Sie dieses Juwel von Bistro einmal ausfindig machen und, Gott weiß warum, einen Essplatz ergattern, nehmen Sie die Weinlieferung von Jean auf sich, auch wenn Sie das Labsal in Ihren Stöckelschuh oder hinter die Binde gießen. Verschmähern des göttlichen Rebensaftes weist er die Türe oder der eigentliche Besitzer Jean Pierre singt Sie mit einem windschiefen »Granada« unfreiwillig wieder hinaus, falls Sie zu nüchtern als Zeitzeuge fungieren wollen.

»Voilà un homme«, entweicht einer berühmten Pariser Dame, als sie neben mir ein kleines parfümiertes Rinnsal Popo an Popo in eine mit Sägemehl gefüllte Rinne setzt. Übrigens, diesen Ausruf »Welch ein Mann« hört man in Paris nicht nur einmal. Den hat schon im Jahre 1808 Napoleon in Weimar über Goethe, sie haben recht gehört, unseren Johann Wolfgang von, ausgestoßen, wie ich später belehrt wurde. Jetzt bin ich ja ganz von unserem Toiletten-Ambiente abgekommen. Die besagte Dame hat sich nun ihr Spitzenhöschen wieder kokett nach oben gezogen und bewegt sich gerade auf hohen Hacken trippelnd auf den Ausgang zu, als ein Mann ungeniert den großen offenen Raum betritt. Ich hänge hilflos an zwei Handgriffe geklammert und fasse es nicht. Dieses offene Pissoir ist, als offene Anstalt sozusagen, für Weiblein und Männlein gedacht. Während ich mich mit aller Kraft in die Gerade stemme, braust im Lokal tosender Applaus auf, den Jean, der hier aussieht wie Fernandel, gerade mit einem Handstand auf einem wackeligen Serviertischchen für heute beendet und Ivette, der alten Chanteuse, den Platz hinter dem Piano überlässt. Für ihn heißt es jetzt, das angepriesene Essen zu den hungrigen Mägen durch die voll gepferchten Reihen zu jonglieren. Der Wein ist trocken, die Stimmung feuchtfröhlich und mein Höschen nass, als der duftende Ochsenschwanz um meine Nase wirbt. Mit den Worten »Rien n'est beau que le vrai, le vrai seul est aimable« und einem brennenden Handkuss verabschiedet sich Jean ein paar Stunden später von mir. Ich selbst hatte jetzt ganz schön einen in der Krone und verstand so etwas wie blamable. »Aimable hat er gesagt«, erklärte mir mein geduldiger Freund immer wieder »Le vrai seul est aimable, das Wahre allein ist liebenswert, das hat er dir gewidmet«, versucht er meine Sorgen zu zerstreuen, die sich hinter meiner Stirn bordeauxgeschwängert zusammengebraut haben. Vielleicht war ich doch auf der Herrentoilette und Jean hat das in Erfahrung gebracht, marterte sich mein Hirn immer noch, als wir die Treppe zu meiner geliebten Sacré-Coeur-Kirche oberhalb des Montparnasse hinaufsteigen. Der neoromantisch-byzantinische Bau mit seinen hundert Kuppeln nimmt mich jetzt gefangen und das Innere der Kirche mit dem einmaligen Farbenspiel der kunstvollen Mosaikglasfenster und den eindrucksvollen Gemälden und bildhauerischen Kunstwerken zieht all meine Aufmerksamkeit auf sich. Friede und Wärme strömen in mein Herz und machen es weit. So ist auch unser Blickfeld, als wir uns später auf den Stufen der mütterlichen Kirche niederlassen. Heute schreiben wir den 1. Mai und Paris liegt zu unseren Füßen. Der goldbestückte Invalidendom winkt herauf und die Place Pigalle mitsamt dem weltberühmten Markenzeichen des Moulin Rouge hält noch seinen Mittagsschlaf. Ein kleines barfüßiges Zigeunermädchen dreht uns ein Sträußlein verwelkter Maiglöckchen an, während ein paar zahnlose Althippies die verhärmten Trommelbespannungen ihrer Kongas bearbeiten. Aus dem Bezirk um das Quartier Latin dringen Polizeisirenen bis zu den Steintreppen von Sacré-Coeur herauf. Ein geheimnisvolles Band zieht mich nun schon das zweite Jahr zu diesem Zeitpunkt in die Stadt. Lass uns zum Friedhof Père Lachaise gehen, sprang ich plötzlich auf, von der Sonne wieder wachgeküsst. »Wir besuchen auf ein Pläuschchen unsere beiden speziellen Freundinnen auf eine kleine Kartenrunde«, schlage ich meinem geduldigen Begleiter vor. Auf dem Grabrand Simone Signorets und Gertrude von Steins Canasta zu spielen, war wohl nicht ganz seine Sache, aber dem seltenen Gast zuliebe war mein Theunchen, wie ich ihn liebevoll nannte, dann doch kooperativ und wir machten uns auf den Weg. Um das Studentenviertel herum wurden jetzt Demonstranten mit Wasserwerfern von schwer bewaffneten Polizisten auseinander gesprengt und mit Schlagstöcken drangsaliert.

»Schau, schau, Kindchen, auch das ist Paris am 1. Mai«, kommentierte Detlef, als ganz in Leder gekleidete Polizisten, im Gleichklang Schritt für Schritt, mit ihren Knüppeln scheinbar ungerührt auf blutjunge Köpfe einschlagen. Zielsicher fand ich aber den Weg zu Simones Grab, das jetzt auf einmal mit einem weißen, luftundurchlässigen Pressmarmor komplett zugedeckt und eingefasst war. Die Birke, mittlerweile zu einer stattlichen Dame gereift, stand noch am Kopfteil der Grabstätte. Allen anderen Blumen, die sie sich in ihrem Testament zusammen mit der Birke gewünscht hatte, war der Nährboden entzogen worden. Yves Montand war ja noch unter den Lebenden zu dieser Zeit an der Seite einer blutjungen Frau. »Kümmere dich mal, alter Charmeur«, sandte ich ihm gerade einen Gedankenblitz in die brennende Kerze, die wir angezündet und mitgebracht hatten, als ein etwa siebenjähriges Mädchen an der Hand seiner Mutter wundersam in die Szenerie mit einbezogen wurde.

»She's not able to breath, mum, I'm scared«, kam es über ihre Lippen, die hellen blauen Augen fest auf meine Person gerichtet. Ein kleiner ausgestreckter Kinderzeigefinger ließ keinen Zweifel daran, dass sie das sarkophagartig zugekleisterte Grab von Simone Signoret meinte. »I'm sure, one day a little meteorite will fall, you know, my little princess, and then …« Unmissverständlich zeichnete ich mit meinen Armen pantomimisch einen fallenden Stein samt explosionsähnlichem Einschlag ins störende Marmormauerwerk in die Luft. Nicht zur Freude der Mutter des Mädchens. Very stylish and very beautiful from New York.

Mit einem lieblosen Ruck zerrte sie ihre Tochter hinweg, zum nächsten Versuch, nun die letzte Ruhestätte von Edith Piaf ausfindig zu machen. Ein altkluges Augenzwinkern gab mir das Kind mit auf den weiteren Lebensweg. Während Detlef einen geheimnisvollen Auftrag einem handtellergroßen Meteoriten anvertraute, legte ich wie immer drei rote Rosen auf Gertrude Steins letztes Ruhekissen, doch diese Stätte war fast einem Erdboden gleichgemacht, Blumen und Bäume glatte Fehlanzeige! Eine Schande ist das, eine Schande, eine Schande, Gertrude. Die letzte Ehre erweisen? Vielleicht lachen die beiden sich darüber ja ins Fäustchen, während sie leicht und licht auf himmlischen Pfaden einen Walzer aus dem Rosenkavalier aufs Wolkenparkett zaubern.

Am nächsten Morgen bin ich bei Detlefs Lebensgefährten, einem Modeschöpfer, zum Frühstück auf der Terrasse der Atelierwohnung über der Place du Tertre am Montmartre eingeladen. Einer Braut aus Italien, einer Medici-Tochter, sei die berühmte französische Küche zu verdanken, die, so philosophierte Michel verschmitzt, sogar den Wiener Kongress für die Franzosen entschieden haben sollte. »Die Meisterköche, die im Gefolge der reichen Tochter aus Italien ins französische Gefilde gekommen waren, wurden die Väter der Art Culinaire«, schwelgt unser Gastgeber, während meine Aufmerksamkeit jetzt dem etwas kläglich erscheinenden Frühstück gilt. »Zum Milchkaffee gibt es knusprige Blätterteighörnchen, Croissants genannt, dazu frische gelbe Butter und einen artigen Klecks Konfitüre. Der Franzose ist kein Frühstücksfan. Er konzentriert sich vor dem Mittag auf seine Horsd'oeuvres, wie zum Beispiel eine Scheibe Salami, ein Stückchen Tomate, eine Sardine oder ein halbes gekochtes Ei auf einem Blättchen Salat«, übermittelt mir Detlef.

Das hört sich ja nach der Tagesmarsch-Ration eines Models der Haute Couture an, denke ich.

»Dann kommt das Gemüse, danach der Fleisch- oder Fischgang mit Kartoffeln oder einem Sträußchen Feldsalat«, fährt Detlef ironisch fort.

»Ja, und dann unsere französischen Käsesorten nicht zu vergessen, Früchte, Eis und eine Tasse schwarzen Kaffee nach romanischer Röstmanier mit viel Zucker«, nimmt Michel den gesponnenen Faden wieder auf.

»Ja, ja, die Sprache der Feinschmecker ist Französisch, das zeigen doch die Speisekarten aller Deluxe-Hotels der Welt«, nimmt Detlef jetzt seinen kulinarisch verwöhnten Freund auf den Arm. »Letztens hat er sich »Tête de veau à la sauce dite pauvre homme (Kalbskopf mit Armeleutesauce) in einem der teuersten Feinschmecker-Restaurants bestellt, dann konnte er wegen der auf dem Teller drapierten Zunge, die mir delikat mundete, keinen Bissen hinunterbringen«, plaudert Detlef aus dem gemeinsamen Nähkästchen.
»Dafür habe ich mich dann mit einem Jahrhundertjahrgang meines geliebten St. Emilions getröstet«, lacht Michel darüber. »Ja, mein Augapfel hat zurzeit einen gewissen Hang fürs Ordinäre. Null Bock auf Bisque de homard (Hummersuppe) oder Petite marmite (getrüffelte Gänseleberpastete)«, verrät jetzt Detlef. »Vorgestern musste ich ein Tripe à la mode de Caen, genannt Schmor-Kutteln, auf den Tisch bringen und gestern wünschte sich Monsignore Harengs en papillotes, das sind grüne Heringe in Papierhüllen, da zog ich aber die Notbremse und verpasste ihm ein paar Stunden ein paar Handschellen und lud ihn ein zum menue plein-air, um ihm die ornamentale Wirkung seiner adeligen Herkunft wieder ins Bewusstsein zu zwingen«, flötete Detlef und die beiden lachten, dass die fragile Chaiselongue, auf der sie sich platziert haben, nichts mehr zu lachen hat.
Jetzt lässt Michel auch noch seinen größten Wunsch flanieren. Er wünscht sich Leberknödel, so groß wie Orangenbälle, mit Sauerkraut und gerösteten Zwiebelringen, denn die hatten, von seiner deutschstämmigen Großmutter in frühen Kindheitsjahren gezaubert, einen unauslöschlichen Eindruck in seiner Seele hinterlassen.
Dein Wunsch ist mir Befehl, du übersättigter Landgraf im Stadt-Palais, dachte ich und nahm diese Aufgabe auf mich, nichtsahnend, dass Michel ja auch noch eine Hand voll erlesener Gäste zum »Menue d'ordinair au Bavarois« eingeladen hatte, sozusagen als Le dernier cri, dem letzten Schrei, wie mir Detlef darüber verärgert zu verstehen gab. Meine euphorische Zusage war nun nicht mehr rück-

gängig zu machen. Detlef musste Michels kleine exklusive Boutique aufsperren, um dort die eleganten und stilvollen Modelle an die reiche verwöhnte Geschäftsfrau, die gelangweilt bummelnde Geliebte oder einfach nur an eine bezirzend schön geschminkte Pariserin zu bringen. Nach Ladenschluss wurde täglich der Markt gestürmt, um für den Geliebten noch ein paar Gaumenkitzel an Land zu ziehen. Nun galt es, mein so spontan gegebenes Versprechen einzulösen. Leberknödel mit Sauerkraut, dazu werde ich als Nachtisch eine Charlotte Crème Bavaroise komponieren, dass den verwöhnten Nachfahren der Incroyables Hören und Sehen vergeht.

Als Vorspeise zaubere ich eine Birnensuppe mit Kartoffeln und Speck, mit Zimt aufgestaubt und weißem Burgunder veredelt, aber davon bekommen sie natürlich nur einen Hauch in die kleinen Suppentässchen, um ihre Gier anzuregen. Meine Einkaufsliste war erstellt, da brach die ganze Wahrheit über mich herein. Michel hatte eine großzügige Geldspende, um das Dinner zu finanzieren, auf das kleine, teure Einlege-Kästchen gelegt und sich dann zum Designen zurückgezogen, Detlef musste jetzt einige Verkaufsgespräche ankurbeln. Auf dem Weg zu seiner Boutique setzte er mich am Entree zu seinem Lieblingsmarkt ab. Ein großer Einkaufskorb, eine Umhängetasche und eine Riesengeldbörse voll von Franc-Scheinen. Mein Französisch kann sich gleich gar nicht sehen lassen, denn außer Beaujolais, Camembert, Nôtre Dame, Chanson, Amour, nur um ein paar Begriffe zu nennen, ist diese Abteilung meines Sprachcomputers nicht durch mein bisheriges gelebtes Leben aktiviert worden. Da muss ich jetzt durch. Meine Hände werden jetzt zu meinen wichtigsten Helfern und mein unschuldiges kleines Lächeln. Es gelingt mir nach Stunden der großen Mühe, unterbrochen mit kleinen Pausen im Stehcafé, Zutaten wie Eier, Sauerkraut, Zwiebeln, Majoran, Brötchen, Petersilie, Schinken, Wacholderbeeren, Himbeeren, Löffelbiskuits, Pistazien, Zitronen und sogar kandierte Kirschen zu bekommen, indem ich zunächst auf die Nahrungsmittel zeige und dann mit der Anzahl der Finger und oui oder non einigermaßen zurechtkomme. Die Tasche wird immer schwerer, den prall gefüllten Korb habe ich ja schon mit Einverständnis des reizenden Obers unter dem Stehtischchen geparkt. Mit großem Bangen hieve ich die aus allen Nähten platzende Geldbörse auf das Tischchen neben die Kaffeetasse. Die geforderten Beträge beim Bezahlen der Einkaufswaren konnte ich nur ahnen, also auf Nummer sicher einen größeren Franc-Schein mit umwerfendem Lächeln auf die Theke geknallt und die herausgegebenen Münzen tapfer wieder eingesteckt. Jetzt durfte ich mir aber einen Martini genehmigen. Ich hatte mir alle benötigten Lebensmittel besorgen können, gleich würde mir der Ober ein Taxi heranwinken, dann hinein mit kostbarer Fracht und flott hinauf zum Place du Tertre.

Ärmel hochgekrempelt, Detlefs Schürzchen übergestülpt und auf geht's zum Küchengefecht. Mein Blick schweift ganz belustigt hinter einem herrlich getupften Damenpopo, flankiert von einem dauerwellgeföhnten Königspudel der Sorte Ludwig der Sonnenkönig hinterher und bleibt zufällig auf dem Aushängeschild eines kleinen Metzgereistandes hängen. Rognon 500 gr 4.50 Franc stand da von Hand geschrieben.
Kleine Nierchen kann mein Auge erkennen, da durchzuckt es mich wie der Blitz und meine Arme werden ganz bleiern. Die Leber! Ich habe alle Zutaten ergattert, andere konnte ich in Michels luxuriö-

sem Kühlschrank ausfindig machen. Die Hauptaktrice, eine deftige frische Rindsleber von mindestens einem Kilogramm, hatte ich schlichtweg vergessen, da sie mir ja heute noch nicht ins Auge gestochen war.

Leber, liver, libra, nein, das war falsch. Meinem fürsorglichen Ober konnte ich mich nicht verständlich machen. Meine bange Frage liver french? Wurde mit einer Lieferung schwedischen Pils beantwortet.

Nun nahm ich all meinen Mut zusammen, meine münzbestückte Geldtasche an mich und betrat den kleinen Fleischladen um die Ecke, nicht weit von meinem Café, wo ich die beiden Taschen geparkt hatte.

Hier lagen gerupfte Hühner, saftige Rindersteaks, Hasenkeulen und ausgelöste Schweinerippchen, auf die ich nur mit spitzen Fingern hätte zeigen brauchen, aber keine Innereien, schon gar keine Leber. Nun begann der selbst geschürzten Köchin des Abends kalter Schweiß auf der Stirne aufzuziehen. Der Metzger des Hauses wartete auf meine Order. Triefende Augen saßen versteckt in einem roten Gesicht, das durch eine große rote Nase mit blauen Linien eine einmalige Markanz aufzuweisen hatte. Ein Rhinozym diagnostizierte die Arzthelferin in mir dieses Naturereignis. Dieser Mann trinkt Rotwein, und zwar literweise, und die Leber ist so groß wie ein Kürbis flüstert es mir zu.

»Monsieur: Gluck, gluck, gluck« spreche ich und halte dabei ein imaginäres Glas an die Lippen meines zurückgelehnten Kopfes. Er begreift, was ich meine, und lacht in sich hinein. Als ich meine Leberseite mit der rechten Hand und schmerzerfülltem Gesicht abstütze und dabei die jammernden Klagelaute »Aua, aua, aua« hervorbringe, ist bei Monsieur Nasenbär der Franc gefallen. Mit melancholischem Ausdruck reißt er die Tür seines alten Kühlschranks auf und da liegt Leber an Leber. Er nimmt ein mindestens zwei Kilogramm großes Stück und knallt es auf die Waage. Sein Blick bohrt sich ärgerlich in mein schlechtes Gewissen, denn Vater Bordeaux fühlt sich ertappt.

Ich nehme natürlich die ganze aufgetaute Ladung und er zählt sich murrend aus dem Münzsäckchen seinen Verkaufspreis in die alte rostige Kasse. Eine Antwort auf Au revoir kann ich mir malen. Mein restlicher Münzverhau reicht sogar noch fürs Taxi. Der Fahrer schleppt mir die Taschen in den zweiten Stock mit lachendem Gesicht und eine Küchenhilfe, ein marokkanischer Student, von Michel weise geordert, geht mir fleißig zur Hand.
Der Abend mit meinem bayerischen Drei-Gänge-Dinner wurde ein rauschender Erfolg. Unsere Leberknödel wären beinahe ins Wasser gefallen, denn es gab im ganzen Haus kein Gerät, sie zu pürieren, also mussten wir mit Gabeln und Messern die rohe Leber schaben. Der Boden, die gekachelten Wände, meine Kleidung, mein Gesicht, meine Haare, meine Arme waren rot von Blut, ich kam mir vor wie Marie-Antoinette nach einer missglückten Bekanntschaft mit der Guillotine. Das schmorende Sauerkraut war geschützt durch einen Topfdeckel, die Crème Charlotte hatte ich schon vor dem blutigen Akt fertig gerührt und bereits dem Kühlfach übergeben.
Während sich die Geladenen und der Hausherr bei indischer Sitar-Musik amüsierten und an meinen Speisen labten, lag die erschöpfte Köchin in der herzförmigen Luxus-Badewanne Michels von herrlichem Perfume of Arabia umwoben. Der seidene Bademantel und die kleine weiße Perserkatze, das Mäulchen noch rot von dem aufgeschleckten Leberhaschee, wartete auf mich, als ich mich nach dem Bade sofort in das himmlische Gästebett fallen lasse.
»Entente cordiale«, (herzliches Einverständnis), flüsterte Michel zu Detlef, als er sich bei mir, auch im Namen seiner Gäste, für das deliziöse Nachtmahl bedanken wollte und sie mich in inniger Umarmung mit Josephine, dem weißen Kätzchen, vermeintlich tief schlafend vorfanden und gleich wieder verdünnisierten. Dieser Tag war wieder mal herrlich gelaufen. Ich trank noch mein Gläschen Sekt aus und löffelte noch genießerisch mein Schälchen Eiercreme Charlotte und dann ging's ab ins wohlverdiente Reich der Träume!

Sayonara Honigmond

Fleischsuppe mit gefüllten Zwiebeln und Scampi

Für die Suppe:

1/2 Selleriestange, 1 Bund Petersilie, Saft von 1 Grapefruit, 4 kleine Schalotten, 2 Frühlingszwiebeln, 2 Knoblauchzehen, 1 Petersilienwurzel mit Grün, 1/8 Sellerieknolle, 2 EL Butter, 1 Prise Muskatnuss, Cayennepfeffer und Salz, 1 EL Mehl, 125 ml Sherry, 1 Prise Koriandersamen, gemahlen, 2 EL Balsamicoessig, 200 g mageres Rindfleisch (z. B. Tafelspitz), 1 Fleischbrühwürfel, 1 Scheibe Ananas, 1 Lorbeerblatt, 1 Schuss Moselwein, 150 g Sahne, 1 Prise Kümmel, Koriandergrün, 4 Zweige Dill zum Garnieren, 1 Schälchen geriebener Edamer

Für die gefüllten Zwiebeln:

4 große weiße Gemüsezwiebeln, etwas Zitronensaft, 1/2 rote Chilischote, 1/2 Knoblauchzehe, 200 g Rinderhack, Salz und Cayennepfeffer, 1/2 TL Paprikapulver edelsüß, 1 TL Fleischextrakt aus dem Glas, 1 EL Tomatenmark, 1 EL gehackte Petersilie, 1 Spritzer Taba-

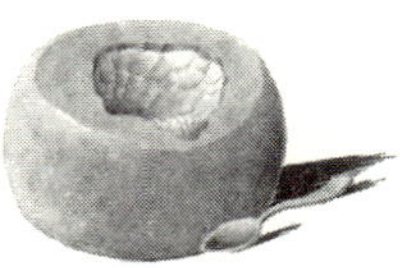

sco, 1 Prise Zucker, 1 Ecke Schmelzkäse, 80 g Butter, 125 g saure Sahne, 2 EL Naturjoghurt

Für die Scampi:
2 EL Erdnussbutter, 4 Scampi, Salz und Cayennepfeffer, 1 TL geriebene Zitronenschale, 2 EL kandierter Ingwer, 1 Prise Curry, 4 cl Sojasauce, 2 EL Zitronensaft, 1 Schuss Weißwein, 2 EL Bienenhonig, 3 Scheiben Ananas, 2 EL Kokosflocken

1 Für die Suppe die Selleriestange klein schneiden, die Petersilie waschen, trockenschütteln und fein hacken. Die Grapefruit auspressen. Schalotten, Frühlingszwiebeln, Knoblauchzehen, Petersilienwurzel und Sellerieknolle klein schneiden und in der heißen Butter kräftig anbraten. 1 Prise Muskat darüber geben, mit Cayennepeffer und Salz würzen, mit 1 EL Mehl anstäuben und mit 1 kräftigen Schuss Sherry ablöschen. Alles ca. 5 Minuten dünsten – dabeibleiben! Nun den Stangensellerie, die Petersilie und den Grapefruitsaft mit 1 Prise Koriandersamen und 2 EL Balsamicoessig zum Röstgemüse geben. Mit 1 1/2 l Wasser auffüllen und aufkochen lassen.

2 Das Rindfleisch, den Fleischbrühwürfel, 1 Scheibe Ananas, 1 Lorbeerblatt und 1 Schuss Moselwein in die Suppe geben und das delikate Gebräu etwa 30 Minuten köcheln lassen. Dann das Rindfleisch herausholen und in kleine Würfel schneiden. Die Suppe pürieren und mit 125 g Sahne verfeinern. Die Fleischstückchen zurück in die Suppe geben und das ganze beiseite stellen.

3 Für die gefüllten Zwiebeln die 4 Gemüsezwiebeln schälen, das obere Drittel abschneiden und beiseite legen. Mit einem Apfelstecher die Zwiebelbäuche vorsichtig aushöhlen. Achtung: Die Wände heil lassen! Die Zwiebeln mit Zitronensaft beträufeln, dann in eine Glasschale setzen und im Kühlschrank einige Minuten ziehen lassen.

4 Für die Zwiebelfüllung das Zwiebelinnere und die Deckel klein schneiden. Die Chilischote und den Knoblauch sehr fein hacken. Rinderhack und Zwiebelstückchen mit einem Stabmixer vermischen. Salz, Cayennepfeffer, Paprikapulver, Chili, Fleischextrakt, Tomatenmark, Knoblauchmus, Petersilie, 1 Spritzer Tabasco, 1 Prise Zucker und den Schmelzkäse dazugeben und ebenfalls untermischen. Die Zwiebeln mit dieser Zaubermischung füllen. Den Backofen auf 220 °C vorheizen. Die Butter in einer ofenfesten Pfanne mit Deckel erhitzen und die Zwiebeln kurz darin anbraten. 125 g saure Sahne und Joghurt dazugeben, vielleicht etwas Brühe, dann die Zwiebelmischlinge ca. 30 Minuten im Ofen garen. Bis zur Verwendung warm stellen.

5 Für die Scampi-Einlage die Erdnussbutter in einer Pfanne zerlassen und die Scampi darin anbraten. Salz und Cayennepfeffer, Zitronenschale, kandierten Ingwer und 1 Prise Curry dazugeben und mit 4 cl Sojasauce, 2 EL Zitronensaft sowie einem kräftigen Schuss Weißwein ablöschen. 2 EL Bienenhonig und die Ananasstückchen darunter mischen. Das Ganze mit den Kokosflocken bestreuen und ca. 5 Minuten schmoren lassen. Warm halten, z. B. mit den Zwiebeln im Ofen.

6 Kurz vor dem Servieren die Suppe erhitzen, aber nicht mehr kochen lassen. In tiefe Suppenteller mit breitem Rand – am besten italienische Pastateller – jeweils 1 gefüllte Zwiebel geben und die Teller mit der Suppe auffüllen. Die Zwiebel mit dem Zwiebelbratfond begießen und mit 1 Prise Kümmel bestreuen. An den

Geschmack und Farbe von Gemüse werden verbessert, wenn man einen Teil des Gemüses roh zurückbehält und es kurz vor dem Anrichten geraspelt zu dem gekochten gibt.

Tellerrand 1 gebratenen Scampi legen, die Scampisauce aus der Pfanne darüber geben und mit 1 Klacks Sahne krönen. Das Ganze mit Koriandergrün bestreuen, jede Zwiebel mit 1 Dillzweig garnieren und die Suppe sofort servieren.

Die Gäste bedienen sich selbst und streuen geriebenen Edamer um die Zwiebel herum.
Dazu passen warmer Reiswein, Sake genannt, Wasser, Weißwein, ein helles Bier nach Wahl, Kröpök-Krabbenbrot, Baguette und dann vielleicht noch einige Sakes mehr!
Mahlzeit! Haut rein, Jungs und Mädels!

PS: Eine Suppe brachte es an den Tag:
Junge 1: Ihre Suppe, Madam! Kapriziös, deliziös, maliziös!
Marianne: Noch ein Nachschlag, meine Verzehrschaften?
Mädel 1: Und Sake pour flavour.
Junge 2: Sake, sagi, suck it to me! Hihi!
Mädel 2: Lasst uns heut Ödis pusseln, ihr Tusseln.
Sprach's, schnappte sich meinen Ödi und sie waren bis dato nicht mehr gesehen. Ich glaube, das Rezept dieser Suppe ist ohne Gewähr.

August

»Für eine bessere Zukunft: Kain und Abel schließen einen Nichtangriffspakt – und alle Menschen werden Brüder.«

Marianne Sägebrecht

Gerüchteküche

Gewidmet Marianne Sägebrecht von Frau Cornelia Seidel

Wie man weiß, brodelt die Gerüchteküche in kleinen Ortschaften besonders heftig, so geschehen in einer Marktgemeinde in der Holledau. Dort wohnt seit einiger Zeit Frau Sägebrecht. Sie wohnt an einem Feldweg direkt neben der Paar. In diesem Fluss tummeln sich Wildenten und ein Schwanenpaar mit sechs Jungen. Diese Tiere werden von Frau Sägebrecht täglich gefüttert. Der Feldweg, an dem Frau Sägebrecht wohnt, ist zur Zeit wegen einer Umleitung hoch frequentiert. Frau Seidel, die Nachbarin von Frau Sägebrecht, muss deshalb auch den so genannten Schleichweg für ihre Einkaufsfahrten benutzen. Während Frau Sägebrecht die Tiere versorgt und Frau Seidel zum Einkaufen fährt, treffen sich die beiden manchmal und unterhalten sich. Bei einer dieser Unterhaltungen erwähnt Frau Sägebrecht, dass sie in einem der hiesigen Einkaufsmärkte sehr unfreundlich behandelt wird. Ihre Worte lauten am Ende des Gesprächs: »Lassen Sie mich doch in Ruhe einkaufen.«

Diese Worte hört ein vorbeifahrender Radfahrer, der bis auf das Wort »einkaufen« mit gespitzten Ohren natürlich alles verstand. Man muss wissen, dass Frau Sägebrecht eine bekannte Persönlichkeit ist, über die man in einem kleineren Ort schon Bescheid wissen möchte. Frau Sägebrecht und Frau Seidel trennen sich nach diesem Gespräch. Der Radfahrer fährt ebenfalls weiter und denkt über das, was er gehört hat, scharf nach und kommt zu dem Entschluss, dass er am Abend unbedingt seinem Stammtischbruder Sepp über alles genau berichten wird. Wie in jedem Ort gibt es auch hier eine Dorfkneipe. Dort treffen sich jeden Abend der Sepp und der Alois, das ist der Radfahrer, mit dem Ludwig, dem Toni und dem Hans zum Stammtisch. Der Alois trifft wie jeden Abend, kurz danach gefolgt vom Sepp, in der Kneipe ein.

Alois: Grias di, Sepp, endlich kummst, i muas da wos verzähln.
Sepp: Grias di, host scho a Bier bstellt?
Alois: Freilich.
Sepp: Wo san na de andern heid?
Alois: De ham doch Feierwehrübung.
Sepp: A so. Na dann san ma heid ganz aloa.
Alois: Macht nix. Hauptsach, du bist do, und d' Wirtin natürlich.

In der Kneipe kocht heute nicht nur die Wirtin, sondern bald auch die Gerüchteküche. Der Alois kann es nicht erwarten, bis der Sepp endlich sitzt und er mit seinem Bericht anfangen kann.

Sepp: Was woast'n na wieder?
Alois: Stell dir vor! I bin heid an der Paar entlang gfahrn und hob gherd, wia di Sägebrecht, de kennst scho, oder? De hod heid zur Conny gsogt, de kennst a, oder?
Sepp: Erstens, wer is na de Sägebrecht, von der hob i no nia wos gherd, und von der andern erst recht ned. Spuid de Sägebrecht Fuassboi in der bayerischen Damennationalmannschaft?
Alois: Na, du Depp, des is doch a Schauspielern.
Sepp: Des woas i doch ned, des is ma aber a wurscht.

Alois: De Conny muasst aba kenna, de is doch mit dir in d' Schui ganga.

Sepp: A so, de konn i sowieso ned leidn. Des is doch die von der Mui. De hod scho allerwei gspunna. Bsonders mit ihre Viecher. Und de Schauspieler hom sowieso alle an Schuss in da Birn, wennst mi frogst.

Alois: Moanst, ha? I mog Viecher a so gern, wenns a braune knusprige Haut hom. Jetzt lasst aber mi weiderverzähn.

Sepp: Oiso, wos is na da so wichtig?

Alois: I deng ma, dass de zwoa, oiso de Sägebrecht und de Conny, an ziemlichen Zoff mitanander hom. Weil die Sägebrecht plärrt hod: Lassen Sie mich doch in Ruhe, is de ander aufs Radl und is obghaut wia da Deife.

Sepp: Ja, und was is na do so interessant?

Alois: Wart hoid ab, es geht ja no weida. Wia i nämlich zruckkumma bin, sans wieda beinanda gstandn. I hob natürlich meine Lauscher voll aufgstellt. Da hob i gherd, wia de Conny zur andern gsogt hod: Sie halten se überhaupt ned an unsern Deal und dass des so nimmer weidergeht und dass jetzt a Kass eigricht werd. Jedenfois is mir de Sach komisch vorkumma.

Sepp: Wos is na da komisch?

Alois: Ja, sogt dir denn des Wort Deal nix?

Sepp: Ja, was soi ma des soagn?

Alois: Du bist ja no bleder, ois i mir dacht hob.

Mittlerweile kommt die nächste Halbe Bier.

Alois: Heid schmeckts uns wieda.

Sepp: Des is nur, weil ma so unter da Zunga schwitzn.

Alois: Und du moanst oiso, du host d'Weisheit mitn Leffe gfressn, oder?

Sepp: Ja, jetzt sogs hoid, wosd moanst mit dem Deal.

Alois: Ja Rauschgifthandel natürlich! Host du no nia wos von Rauschgiftdealer gherd?

Sepp: Jetzt, wo du des sogst, werd ma de Sach scho klar.

Alois: Endlich, jetzt sogst nix mehr, gei.

Sepp: Da foid ma ei, wia i as letzte Moi vorbeigfahrn bin, hod de Conny bei der Sägebrecht so a grüns Zeig obgem. Und recht wichtig hams as wieda mitanander ghabt. Und dann hob i gherd, wias gsagt ham, dass hoffa, dass da Schnee rechtzeitig kummt.

Alois: Da ham mas scho. Des grüne Zeig war bestimmt a Gras und mit dem Schnee, des is ja no schlimmer. Bestimmt hams um an Preis verhandlt, drum hams as a so wichtig ghabt. Na dann guad Nacht. Hättst ned no a bissal lusn kenna?

Sepp: Na, i war z'schnell und koa oanzige Entn war unterwegs, dass i so doa hed kenna, ois dass i fuadern dad.

Alois: Schod!

Sepp: Moanst tatsächlich, de handeln mit Hasch und Koks und so an Zeig?

Alois: Nach dem Ganzn bin i ma fast sicher. Außerdem fahrt de Sägebrecht öfters moi für an Dog furt. Da hoid de wahrscheinlich des Zeig. Und a Auto aus Holland, wo ja so was herkummt, hob i a scho bei dera im Hof steh seng. Do gibts jetzt koane Zweife mehr.

Sepp: Du, Alois, i muas schnell wo hie. Bstell uns no a Hoibe dawei.

Alois: No a Hoibe?

Sepp: Freilich, mir miassn ja no wos dringa. Erstens muasst du weiderverzähln und zwoadns miass ma wos für die Erhaltung der Arbeitsplätze doa. Wo, moanst du, kama sonst de Steiern her? Raucha miass ma a no a paar wegen der inneren Sicherheit, des hod Vorrang. Do miass ma uns scho solidarisch erklärn. Wei für de Ökosteier kenna mia jetzt im Moment nix macha, weils uns ja an Führerschein gnumma ham. Oiso miass ma uns wenigstens fürs andere voi eisetzn.

Alois: Do host a wieder Recht. Aber erklär des meiner Frau.

Sepp: Der brauchst des ned lang erklärn, wei de von der Politik nix versteht.

Alois: Aber vom Nudelholz.

Sepp: I kumm glei wieda, dann unterhoid ma uns über de Dealerei in aller Ruhe weider.

Die Wirtin weiß genau, wo der Sepp hin will, und schreit ihm nach: »Dua fei heid richtig zuin, sonst konnst as Klo in Zukunft selba putzn, und mach de Tür zua, wennst wieda zruckkummst. I kenn meine Pappenheimer.«
»De kriagt heier von mir an Rasierapparat«, denkt sich der Sepp. »Do konns na ihre Haar auf die Zähn wegrasiern. A Feierzeig braucht de nimmer, weil de konn se ihre Zigaretten am Schwefedampf ozündn, der ihra aus da Nosn steigt.«
Der Sepp wankt hinaus. Der Alois wartet und schaut derweil den anderen beim Wattn zu. Was man halt bei dem Rauch noch so sehen kann. Die dreschen auf den Tisch ein, als hätte er ihnen was getan. »Viere, fünfe, gspannt«, ruft einer ganz laut. »Gspannt bin i a«, denkt der Alois, »wann der Sepp wiedakummt. Der werd doch aufm Heisl ned wieda eigschlaffa sei?« Endlich kommt der Sepp wieder zurück.

Alois: Hast wieda an Schöffbräunebl ghabt, weilst so lang braucht host, bist wieda zuruckgfundn hoast?

Sepp: Schmarrn, a paar Liter Bier braucha hoid ihr Zeit, bis durchglaffa san. Red liaba weida.

Alois: Wia du draußn warst, is ma eigfoin, dass i a gseng hob, wia da Sägebrecht ihr Ziegnbock im Gartn rumghupft is wia a Bleder.

Sepp: Ungefähr so wia du beim Barthelmarkt aufm Bierdisch nach der fünften Mass.

Alois: Du gei, glei fangst oane.

Sepp: Ja, was moanst, warum na der so rumghupft is?

Alois: Weil de des Gras im Hei verstecka. Da finds koa Mensch. Der Goaßbock hod wos davo dawischt. De Sägebrecht hod außerdem immer gruaffa: Cäsi, mach Dschung!!!!!

Sepp: Dschung, was soi na des hoaßn?

Alois: Vielleicht versteht der Bock koa Boarisch, weil er a Gschenk von der Russenmafia is, weils so guad dealt ham. De Conny war dabei und hod glacht wia grod no wos. De warn für mi olle total zudröhnt. Des soag da i.

Sepp: Moanst ned, du schaust zfui Miami Vice?

Alois: Bei uns laffa an ganzn Dog bloß de Tele-Tubbies wega de Kinda. Woast ja, wia des is.

Sepp: Du, wei mir grad bei de Kinda san. Woast, wos dera Conny ihr Mo zu meiner gsagt hod. Er dat erna d'Ohrn so lang ziagn, bis sa se a Lederhosn drausmacha kenna, und des bloß, weils a bisserl in der Paar schwarzgfischt ham und nebnbei, wei hoid koana obissn hod, a bisserl mit am Pfeil auf der Sägebrecht ihrn Bock gschossn ham. Ois wenn des a was war. Dann hod a no gsagt, wenn er's amoi dawischt, lasst er s' olle, zsamt der neia Lederhosn, in der Paar schwimma. Der spinnt doch, oder? Dem verzähl i aber wos, wen i erm driff.

Alois: Ganz Unrecht hod a ned. Deine Kinda san schlimma wia a Hisbollah-Kommando.

Sepp: Du brauchts über deine grod no redn. De warn nämlich a dabei.

Alois: Des nimmst zruck, sonst kriag ma a no an Zoff mitanand.

Sepp: Dann bstelln ma uns lieba no a Hoibe.

Alois: Host Recht, san ma wieda guad. Ja, was machma na mit dene zwoa Weiba, weil so was kemma am Ort ned braucha. Arbeiten derns nix, weil's mit der Dealerei so vui verdiener, und des schwarz.

Sepp: Und mir miassn Bier dringa, bis ma blau san, weil der ganze Steierverlust ausglicha wern muass.

Alois: Da sigst as amoi, wia schwer dass mas ham. Da miass ma wos unternehma.

Sepp: Polizei moanst?

Alois: A wo, de dern da sowieso nix, des is dene vui z'gfährlich. Des miass ma scho selba macha.

Sepp: Aber wia?

Alois: Lass mi nachdenga.

Der Alois denkt. Jetzt hat er eine gute Idee.

Alois: Du bist doch in olle Vereine, de da Ort so hod, und do driffst imma an Haufa Leid. Dene verzählst des ois genau. Dann woaß innerhoib kurzer Zeit der ganze Ort. Zum Schluss erfahrts dann der Burgamoaster a. Der blost dene Weiba dann scho an Marsch und kummt dann glei mit am Sonderkommando. Mit dera Mafia is ned zum Spaßn. Jetzt kummts ma grod. Der Franz, der Bruada von meiner Frau, hod vorige Woch erzählt, dass vor der Sägebrecht ihrm Haus oana umbrocht worn is. Den soins ind Paar neigschmissn ham. Wasserwacht hod na nach erm daucht, aber gfundn hams koan. Drumm kennas a nix beweisn. Der Franz hod selba gseng, wias daucht ham. Jetzt sigst, wia gfährlich dass des ois is. Drum soi nur der Burgamoaster was unternehma und ned mir. Drum machma des so, wia mir des ausgmacht ham. Und dua den Mord beim Erzähln a a bisserl erwähna.

Dem Sepp bleibt der letzte Schluck Bier im Hals stecken, und auch an der Zigarre vergisst er zu ziehen.

Sepp: Unser Burgamoaster, da lach i ja, der is doch froh, wenn erm de Maffiabritschn nix dern.

Alois: Des moanst a blos du. Des werd jetzt so gmacht und fertig.

Sepp: Na guad. Aber jetzt dring ma no a Hoibe auf den Schreck. Weil, so was war bei uns no nia do. Wenn ma ausdrunga ham, geng ma hoam, bevor uns die Wirtin wieder nausschmeißt.

Der Alois kommt am nächsten Tag wieder in die Wirtschaft. Alle sind diesmal da, nur der Sepp nicht. Und alle kennen schon den neusten Skandal. »Des hod der Sepp guad gmacht«, denkt der Alois. »Schau ma moi, wia des weidergeht.« Am nächsten Abend ist der Alois wieder da, sein Busenfreund, der Sepp, aber wieder nicht. Die anderen wundern sich schon. So vergeht die ganze Woche. Auf einmal geht die Tür auf und der Sepp kommt herein.

Alois: Grias di, Sepp, wo warst denn oiwei? Schod dass heid de andern wieda ned do san. De ham scho wieda a Übung. Aber Hauptsach, du und Wirtin seids do. Host ois so gmacht, wia mas ausgmacht ham?

Sepp: Scho, aber …
Alois: Was aber?
Sepp: Na ja, hobs olle verzählt, so wia mas ausgmacht ham, des war a Haufn Arbeit. Am Donnerstag hob i es dann endlich gschafft. Bis i ois erklärt hob, mit dem Dealen und dem Mord und so weida.
Alois: Warum bist dann so kasig?
Sepp: Weil i grod vom Burgamoaster kimm, der hod ois erfahrn.
Alois: Na und, des woid ma doch.
Sepp: Ja scho, aber de Sach is ganz anders.
Alois: Dealns jetzt oder ned?
Sepp: Eben ned und ermordet is a koana worn.
Alois: Ja, was dann?
Sepp: De zwoa, oiso de Sägebrecht und de ander, ham se beim Burgamoaster beschwert, wei eana des ois zu Ohrn kumma is. De Sägebrecht hod gsagt, des lasst sa se ned gfoin und de andere a ned und hod an Burgamoaster gsagt, wia des wirklich is. Oiso, des oinzig grüne Zeig, des bei ihr obgebn werd, is a grüna Salat für ihre Entn. Und der ganze Deal is, dass imma, wenn de Conny ihr was mitbringt, a Trinkgeld in a Kasse kummt, de dann irgendwann ausgleert werd und irgendwelche armen Viecherl zugute kumma soi. Der Ermordete war a Heiligenfigur, de de Sägebrecht als Schutzheiligen an der Paar aufgstellt hod. De ham ihr so a paar Rotzleffeln, i hoff ned grod unsere, in d' Paar neigschmissn und Wasserwacht hod dann gsucht, aber nix gfundn. Der Burgamoaster is drauf kumma, dass i dem Krampf verzählt hob, und hod mi kumma lassen. Außerdem woaß er a, dass du mit dahinter steckst. Weil er gsogt hod, dass du in den nächsten Tagen vorgladen werst. Weil er mit dir ned nur a Henna, sondern glei a paar Entn zum

Rupfa hätt. Außerdem hod er gsagt, wenn ma no amoi so an Schmarrn verzähln, wern ma von olle Vereine ausgschlossn, und wenn s' uns ozoagn, wern ma eigsperrt a no. Da schiaß i mir ja liaba freiwillig in d' Kniascheibn nei. Do ham ma ganz sche was ogricht.

Alois: Ja, was mach ma jetzt?

Sepp: Lass da nur was eifoin, aba ned wieda so an Kas. Mir hern und seng in Zukunft nix mehr. Und i erzähl dein Krampf nie wieda weida.

Alois: Genau so mach mas. Do san ma ja grod no moi guad davokemma. Auf des dring ma no a Hoibe, moanst ned?

Sepp: Liaba ned, sonst kimmt wieda so a Schmarrn raus. Außerdem hob i no vui zum Doa. I derf nämlich jetzt olle de richtige Gschicht erzähln. Do brauch i mindestens wieda a Woch und bin bis auf d' Knochn blammiert. Hoffentlich kummt ma do ned a no a Fehler nei.

Alois: I glab, i geh jetzt besser hoam.

Sepp: Oiso, gema.

Alois: Pfüat de bis zum nächsten Moi. I woas was Neis, des muass i dir umbedingt erzähln.

Sepp: Na, ned scho wieda, geh liaba zum Friseur. I wui nix mehr wissn.

Alois: Na, dann hoid ned.

Drescher-Brotsuppe »Wangenrot«

In memoriam Großmutter Theresia, Mariannes Version 2002

Für die Knochenbrühe:

1 Sellerieknolle mit Kraut, 2 Karotten, 1 Gemüsezwiebel, 1/2 Stange Lauch, 1 Petersilienwurzel, 1 Bund Petersilie, 1 EL Liebstöckelblätter, 2 EL Butterschmalz, 250 g Suppenknochen, 2 Ochsenschwänze, 100 g Rinderherz, 1 Knoblauchzehe, 1 TL Salz, grüner Pfeffer aus der Mühle, 1 Msp. Macisblüte, gemahlen

Für die Suppe:

150 g Weißkraut, 1 Knoblauchzehe, 1 Gemüsezwiebel, 1/2 Selleriestange, 2 kleine Tomaten, 80 g geräucherter Speck, 1 TL frischer Majoran, 3 EL Madeira, 1/2 TL geriebene Zitronenschale, 1 TL brauner Zucker, 125 ml helles Bier, Salz und Pfeffer, 1 Msp. Kümmel, gemahlen, 1 Msp. Macisblüte, gemahlen, 1 Karotte, 1 mittelgroßer Apfel, 1 Prise Zucker, 2 EL Zitronensaft, 1 TL frischer Majoran, gehackt, 2 Bratwürste (roh zum Kochen), 4 Eier, 200 g dunkel gewürztes Bauernbrot, 3 EL Butter, 2 gehäufte EL Gerstenschrot, 1 EL Rosinen, 125 g Crème fraîche, 1 EL Schnittlauch

1 Die Knochenbrühe am besten am Vortag kochen. Dazu die Sellerieknolle schälen und vierteln, 1 EL Selleriekraut hacken, Karotten schälen und halbieren, die Gemüsezwiebel abziehen und

halbieren, den Lauch in breite Stücke schneiden, die Petersilienwurzel schälen und die Petersilie mit den Liebstöckelblättern hacken. 2 EL Butterschmalz in einem Topf erhitzen. Suppenknochen, Ochsenschwänze, Rinderherz, Sellerieknolle, Karotten, Lauch, Zwiebelhälften, ungeschälte Knoblauchzehe, Petersilienwurzel, Petersilie, Liebstöckel kurz anbraten. Salz, Pfeffer und Macisblüte dazu, vorsichtig mit ca. 2 l Wasser auffüllen und ca. 1 1/2 Stunden köcheln, dann mindestens 1 Stunde ziehen lassen.

2 Währenddessen das Weißkraut in feine Scheiben schneiden, Knoblauch und eine Hälfte der Zwiebel fein hacken, die Hälfte der Selleriestange klein schneiden, die Tomaten über Kreuz einschneiden, überbrühen, häuten und klein schneiden. Den Speck klein schneiden, den Majoran hacken.

3 In einem großen Topf den Speck auslassen. Weißkrautscheiben, Knoblauch-, Zwiebel-, Sellerie- und Tomatenstückchen hinzufügen und im heißen Speckfett anbraten. 2 EL Madeira, die Zitronenschale, den braunen Zucker und den Majoran dazugeben. Mit dem Bier aufgießen, mit je 1 Prise Salz und Pfeffer abschmecken und bei mittlerer Hitze ca. 5 bis 10 Minuten dünsten.

4 Währenddesssen die Knochenbrühe durch ein Sieb gießen (Herz und Ochsenschwanz erfreuen den Familienhund oder Katze Minka). Die Speck-Gemüse-Mischung mit ca. 1 1/2 l Knochenbrühe aufgießen und weitere 15 Minuten leise köcheln lassen. Abkühlen lassen, je 1 Messerspitze Kümmel und Macisblüte darüber geben und über Nacht kalt stellen.

5 Vor dem Servieren die restliche Zwiebel und den restlichen Stangensellerie in Ringe schneiden. Die Karotte stifteln, den Apfel schälen und klein würfeln. Alles mit Zucker bestäuben und mit 2 EL Zitronensaft beträufeln. Den Majoran hacken und darüber geben. Das Ganze einige Zeit ziehen lassen.

6 Inzwischen einen kleinen Topf mit Salzwasser aufsetzen und die Bratwürste darin ca. 15 Minuten kochen. Die Suppe aufkochen und etwa 15 Minuten köcheln. Die Bratwürste aus dem Wasser nehmen, abtropfen lassen und in ca. 1 cm lange Stücke schneiden. Die Bratwurststücke in die Suppe geben und das Ganze mit Salz und Pfeffer herzhaft abschmecken.

7 Die Eier nacheinander am Topfrand aufschlagen und vorsichtig in die Suppe gleiten lassen. Nicht mehr umrühren! Dann die rohen Karotten-, Sellerie- und Apfelstückchen in die Suppe geben und das Ganze ca. 5 Minuten sieden lassen.

8 Und jetzt allez hopp! Das Bauernbrot schnell in feine Streifen schneiden. In einer Pfanne 2 EL Butter erhitzen und die Brotstreifen rösten, leicht salzen und pfeffern. Auf die Teller verteilen. In 1 EL Butter Zwiebelringe mit Gerstenschrot und Rosinen rösten, bis die Zwiebeln glasig sind. Mit dem restlichen Madeira ablöschen und maximal 5 Minuten dünsten.

9 Die siedend heiße Suppe über das Brot geben, dazu pro Teller ein verlorenes Ei. In die Mitte setzen wir jeweils einen Löffel Crème fraîche, darauf die Zwiebelringe mit dem Gerstenschrot und den Rosinen. Abschließend erhält jeder noch etwas gehackten Schnittlauch.

PS: Diese Suppe gibt Saft und Kraft und wurde von meiner Großmutter Theresia im Donautal für die Knechte und Mägde an den Tagen gekocht, an denen sie die schwere Getreide-Drescharbeit mit Fleggeln von Hand verrichten mussten.
Dazu gibt es ein schönes klares Tafelwasser (con gas oder still), für die Herren der Schöpfung darf's auch ein kleines Helles sein.
Wohl bekomm's!

Innere Ruhe und Entspannung durch die Kraft eines Baumes

In Zeiten, in denen mich das Schicksal mit besonders schweren Prüfungen konfrontiert und mein zart besaitetes Seelchen um Streicheleinheiten nur so bettelt, gehe ich zu meiner geliebten Birke oder zu meinem mütterlichen alten Apfelbaum. Mein Mundwerk hat schon einige Zeit Ruhepause. Ich umarme meinen erwählten Baum ganz fest, schließe die Augen und lasse mich vertrauensvoll von der feinstofflichen Energiequelle meiner Trösterin speisen. In meine Gedankenwelt meditiere ich mir ein lichtdurchflutetes Grün, und schon nach ein paar Minuten durchströmen Ruhe, Wärme und Hoffnung tröstend mein wundes Herz, wie es früher bei meiner Mutter geschah, wenn sie mich fest umarmte. In der Stufe zwei setze ich mich mit dem Rücken an den Baum gelehnt, bitte Gott, meinen Schutzengel und mein Über-Ich, mich auf meiner Reise über die innere Einkehr durch Demut, Begreifen und Güte all den Anforderungen meines schicksalhaft besiegelten Lebenswegs gewachsen sein zu lassen.

September

»Zur Vergebung den Kuss der Sonne, zum Frohsinn der Vöglein Schall. Im Garten bist Gottes Throne so nah du wie nirgends im All.«

Aus Alan Watts, Zeit zu Leben

Ein Atom tanzt aus der Reihe

Der beschwingte Weg der Poesie vom Unterbauch in das Hirn

Marianne Sägebrechts Unterbauch ist das Zentrum ihrer Bekenntnisse, und da dieser sensibel geformt, in Schönheit gebettet, ein größeres Volumen bietet, macht sich in ihm auch die Erkenntnis breit. Wer so viel Lebensweisheit mit sich trägt, hat viel zu erzählen.

Meine ersten künstlerischen Gehversuche in München, Mitte der 70er-Jahre, wurden in Mariannes »Mutti-Bräu« aufgefangen. Marianne, wie ich besessen von der Kraft der Trivialität, gründete in München etwas ganz Eigenes – die OPERA CURIOSA. Wer dort auftrat, war entweder ein genialer Künstler (Konstantin Wecker) oder blieb sein Leben lang ein genialer Amateur. Was übrig blieb, war der persönliche Ausdruck einer orientierungslosen Zeit, in schrille Kostüme gehüllt und auf die Höhen der Poesie gebracht. Mariannes Auftritte waren dann die Höhepunkte, mit walkürenhaftem Charme machte sie uns betroffen in einer besoffenen Welt. Marianne ist die Mutter der Außenseiter, der Impulsgeber der Phantasie. Ein unerschöpfliches Auffanglager für gescheiterte und triumphierende Künstler. Hier liegt die Wiege ihrer Großzügigkeit, im Geben und Nehmen, der ganz selbstverständlichen Forderung, ihr Tun auch zu unterstützen.

1981 bereitete ich in Hamburg einen Spielfilm vor. Marianne spielte in CRAZY BOYS, ihrem ersten Spielfilm, eine Putzfrau mit Herz für einen türkischen Stricher. Ihr ägyptischer Bauchtanz wird wohl in die Filmgeschichte eingehen.

Percy Adlon beobachtete sie schon lange, seine Filme mit Sägebrecht sind bereits Kultwerke. Der Kreis schließt sich, wenn im Februar 1998 die Dreharbeiten zu Percys neuestem Film beginnen. Ich spiele dann den Bruder von Marianne, der ihr sehnsuchtsvoll nach Südamerika nachreist.

Ein deutscher Schauspieler mit dem Namen Sägebrecht, ein Erkenntnisbauch und ein mittleres Lebensalter wird von den Amerikanern gewöhnlich nicht angenommen. Marianne jedoch wird auf der ganzen Welt geliebt, und es wird uns immer ein Geheimnis bleiben, obwohl sie in jeder Rolle ein Stück von sich selber preisgibt. Das macht es so spannend, ihr zuzuschauen, in ein Leben und Spiel, voll mit Wahrheit und Bekenntnissen.

In einer von Unglück beseelten Welt erzählt ihr künstlerischer Ausdruck immer noch von Hoffnung.

Peter Kern, aus: WERKSCHAU-Sägebrecht, Potsdam

Zuckerbaby

Regie: Percy Adlon

»Der Film erzählt die kleine, humane Geschichte einer Leichenfrau, einer Amme der Verstorbenen, wie ich es immer nenne. Der Beruf der Leichenfrau war meine Idee, hatte sich in meinem Kleinhirn angestaut und von dort nicht mehr wegwischen lassen. Die Stimme des U-Bahn-Fahrers dringt tief in die Seele dieser einsamen Frau, und sie heftet sich an seine Fersen, lässt ihn nicht mehr aus den Augen, bis sie ihn in einem oleandergetränkten Schaumbad herzhaft verwöhnen darf. ›Amour fou‹, diesem launischen, witzigen Haudegen, bietet sie mutig einen Platz in ihrer bis dahin jungfräulichen Kemenate an, und sie gewinnt auf allen Herzlinien. Nach all den einsamen Jahren ist in ihre Seele der Schauder der Liebe gefallen. Urlaub wird ertrotzt, ihr Äußeres sexy aufgemöbelt. Die eigentliche Wohnung weiß um die Verantwortung und spielt mit: Da wird aufgepeppt, dekoriert, Essen zelebriert, Badeschaum produziert, dass es nur so eine Wonne ist.«

Marianne Sägebrecht (aus: Ich trau' der Zukunft)

Die Kaiserin, die nicht lachen konnte

Regie: Marran Gosov

»Der Regisseur Marran Gosov holte mich aus dem brodelnden, feierlich-orgiastisch zelebrierten Schwabinger Künstlerkreis unseres Mutti-Bräu-Cafe-Theaters vor seine Filmkamera. Im Kreise ihrer skurrilen Hofdamen thront die Kaiserin, die hochgetürmte Rokoko-Frisur mit einem Segelschiff verbrämt, als sie – o Wunder – von einem kleinen Kind zum Lachen gebracht wird. Den Artisten, denen das zuvor nicht gelungen war, hatte das Kopf und Kragen gekostet.

Diese Filmrolle war meine allererste, und heute erscheint mir die Geschichte wie eine Metapher für die in den Jahren 1977–84 folgenden Opera-Curiosa-Inszenierungen.«

Marianne Sägebrecht

Herr Kischott. Ein Traumspiel aus unseren Tagen

Regie: Percy Adlon

»Der Autor und Schauspieler Martin Sperr hatte mich als Mamma Roma inmitten meiner Regenbogen-Künsterfamilie ins Auge gefasst, und da stand ich nun als Prostituierte Bella auf den Brettern des Studio-Theaters in einer Produktion des Hauses: Die Spitzederin. Im Publikum saßen Percy Adlon und seine Frau Eleonore. Er lud mich ein, in seinem Kischott-Filmprojekt die bayerische Frau des Gastarbeiters Sancho aus Spanien zu spielen.

Während dieser Arbeit sagte er zu mir: Marianne, ich habe so vielschichtige Wesenszüge in deinem Antlitz entdeckt – eines Tages werde ich einen Film nur für dich und um dich herum schreiben.«
Marianne Sägebrecht

Crazy Boys/Eine Hand voll Vergnügen
Regie: Peter Kern

»Muskelgestählte, erotisch angehauchte männliche Wesen strippen für Ladys aller Altersstufen. Heute, über zehn Jahre später, wurde dieser Zelluloid-Traum ›Chippendale‹-Wirklichkeit.
Ich spiele unter der Regie von Peter Kern (der sich hier auch als Autor auszeichnet) – natürlich umsonst – die Putzfrau einer Tierhandlung, die sich in einen bauchtanz-strippenden jungen Türken verliebt, was nach Turbulenzen zu einem Happy End führt. Auch ich tanze Bauch, und ohne großes Blabla vollzieht sich ein humorvoller, liebevoller Alt der Völkerverständigung.
Der eingestiegene Produzent hatte ein eisern durchgehaltenes Motto: Abschreibung. Es ist ihm tatsächlich gelungen, den Start des Filmes bis heute zu verhindern. Dem Koproduzenten Albert Heins, der sogar sein Haus mit in den Einleger-Topf gebracht hatte, brach diese Situation das Herz, und ich lernte schon sehr früh, die harten Bandagen zu erahnen, mit denen im Filmgeschäft gekämpft und getrickst wird.
Peter Kern zeigte eine Raubkopie bei Festivals von São Paulo bis San Remo. Im Hamburger Abaton-Kino gelang es dem Produzenten jedoch, mithilfe von zwei Polizisten, die Vorführung des Films beim Frauenfestival zu unterbrechen und mit der Kopie unter dem Arm den Saal ungerührt zu verlassen – am aus Protest johlenden Publikum vorbei, dem der Film unglaublich gut gefallen hatte. ›Rien ne va plus.‹«
Marianne Sägebrecht

Out of Rosenheim/Bagdad Cafe

Regie: Percy Adlon

»Ja, mit Bagdad Cafe war Fortuna zum zweiten Mal auf unserer Seite. Der kleine humanistische Bilderbogen, der die Geschichte einer Bürgersfrau erzählt, die in der Mojave-Wüste von Kalifornien ihren Angetrauten verlässt, um mit einer schwarzen Familie durch Eigeninitiative und mit viel Phantasie ein neues Leben aufzubauen, hatte wie ein Blitz in die Gemüter und Herzen des Publikums eingeschlagen, ob im europäischen Raum oder auf großer, internationaler Ebene: in den USA, Australien, Südafrika, Japan, es war kaum zu fassen.

Der intimste Moment war für mich gekommen, als ich in einem komödiantischen Akt durch die Entblößung meiner Brust in eine menschliche, verletzliche Auslieferungssituation hinüberzugleiten hatte. Das Innere unseres Trailers, in dem diese Szene stattfinden sollte, war zum Umkippen heiß, der enge Raum bis zum letzten Millimeter ausgefüllt. Ich beschloss, meine Seele sich ganz wunderbar machen zu lassen und meine nackte Brust dieser Zeremonie anzuvertrauen, ohne in den Abgrund meiner Ängste schauen zu müssen. Ich konzentrierte mich im blinden Urvertrauen auf Mutter Erde, da fiel ein Lichtstrahl auf den malenden Rudi Cox, dem Jack Palance als Leben gebender Mime plötzlich ein russisches Gedicht in den Mund legte: ›Schützt die Mutter Erde‹, hieß es da, ›schützt die runde Frau.‹ Wir alle hielten in diesem Moment den Atem an. In Percys Augen standen Tränen – und er hat diese Szene im Film Gott sei Dank so belassen, wie sie ganz spontan in Jacks Seele entstanden war.«

Marianne Sägebrecht

Moon over Parador (Mond über Parador)
Regie: Paul Mazursky

»Paul Mazursky, dieser humorvolle, vor Lebenslust nur so strotzende Schauspieler, bat mich zur ersten ›Audition‹ in sein Büro auf den Hügeln Hollywoods. ›What an honor‹, ›You are lucky, oh my goodness‹, begeisterten sich meine kalifornischen Freunde.
Mich hatte wie ein Blitz diese ironische, schwarzhumorige Geschichte, die man auch in der realen politischen Welt erahnen konnte, mitten ins Herz getroffen: Ein amerikanischer Schauspieler, dargestellt von Richard Dreyfus, wird zum Doppelgänger des Diktators von ›Parador‹ trainiert und nach dessen Ermordung dem Volk vor die Nase gesetzt. Der alte Diktator hatte versucht – unter dem Einfluss seiner Geliebten aus dem Volk (gespielt von Sonja Braga) – die Regierungsgeschäfte selbst in die Hand zu nehmen. Ja, die Diktatoren der Dritten Welt und ihre Hintermänner!
Meine Gastrolle war klein, meine Freude dagegen groß, in dieser Satire mitwirken zu dürfen!«
Marianne Sägebrecht

Rosalie goes shopping
Regie: Percy Adlon

»Dieses Unikum von einem Film blüht wie eine Wunderblume auf dem Rübenacker. Percy Adlons sechster Sinn für das Gesamtkunstwerk Marianne Sägebrecht brachte eine Nationalitätenkomödie hervor, die sich nicht, wie so oft zu erleben, mit modischen Amerikanismen anbiedert, sondern ihre ganze Komik gerade aus den Kontrasten der Kulturmischung entwickelt.«
Ponkie in AZ (16. 11. 1989)

The War of the Roses (Der Rosenkrieg – Bis dass der Tod uns scheidet)

Regie: Danny de Vito

»Ein großes Abenteuer nahm drei Monate meines Lebens in positiven Beschlag. ›Learning by doing‹ war in den amerikanischen Filmstudios groß geschrieben, vor allem Professionalität, gute Kameradschaft und Motivation. Es wurde zwar diskutiert, aber viel mehr einfach ausprobiert. Und es war eine Freude, die Hingabe von Michael Douglas an die Anweisungen seines Freundes und Schauspielerkollegen Danny de Vito zu sehen. Es gab keine Machtkämpfe, nur konstruktive, harte Arbeit und Disziplin, und mehr und mehr musste ich durch Erfahrung feststellen, dass Personen, die sich für das harte Leben und existenzielle Überleben in der Domäne Film entschieden haben, sich durch ausgeprägte individuelle Eigenschaften auszeichnen, und zwar weltweit und ohne Unterschied. Ohne die große Motivation einer spezifischen Abenteurerseele könnte man diesen Stress und die permanente existenzielle Unsicherheit gar nicht leben.«

Marianne Sägebrecht (aus: Ich trau' der Zukunft)

Martha et moi/Martha und ich

Regie: Jirí Weiss

»Arm in Arm stand ich fast ein Jahr später, die Pressemappe unter die Achsel geklemmt, mit Jirí Weiss nach der Uraufführung von ›Martha und ich‹ auf der Bühne eines großen Filmtheaters in Venedig. Das Publikum hatte sich für Jirí und dessen Geschichte zu ›standing ovations‹ erhoben. Ich wusste nicht, was tun, und weinte hemmungslos. Bei Jirí wollte ich mir Kraft holen, doch als ich meinen Kopf drehte, um mir von seiner Selbstbeherrschung ein paar Scheiben abzuschneiden, weinte Jirí selbst – das erste Mal in seinem vom

Schicksal so schmerzhaft angelegten Lebenslauf. ›Wir haben es geschafft, wir zwei Rentner‹, sagte ich scherzhaft zu den Journalisten.
Bei den folgenden Pressekonferenzen waren wir etwas gefasster. Denn: Michel Piccoli und ich hatten den CIAK-Filmpreis von Venedig erhalten!«
Marianne Sägebrecht (aus: Ich trau' der Zukunft)

La vida lactea/The Milky Life
Regie: Juan Estelrich jr.

»Ich liebte diese Geschichte von Anfang an, denn sie schildert eindrucksvoll und berührend, wie durch liebevolle Zärtlichkeit und sexuelle Hingabe, fürsorgliche Pflege und persönliche Zuwendung die Zellen eines alten Mannes sich wieder regenerieren und die unterschiedlichen Mandalas in seinem Körper sich neu beleben …
Es ist mein großer Wunsch, diese geliebte Story – für die wir eineinhalb Jahre lang alles getan haben, um die in Worte gefassten Bilder des Drehbuchs filmisch umzusetzen –, diese freigeistigen Aussagen nach einer Vorführung mit den Kinobesuchern diskutieren zu dürfen. Leider liegt der Film noch in den Archiven der Produzenten als ›unvollendet‹ – ein Opfer finanzpolitischer Intrigen.
Da man die rechtlichen Fördergelder der Strassburger ›Eurimage‹-Förderung noch kassieren wollte, musste der Film einmal aufgeführt werden. Man bewarb sich um das Berliner Festival. Im Rahmen der Panorama-Sektion wurde der Erstlingsfilm des talentierten spanischen Regisseurs Juan Estelrich – wegen des großen Andrangs – in der Halle der ›Schwangeren Auster‹ gezeigt. Das Publikum nahm diese intime, freizügige Geschichte über einen alten Mann, der sich noch einmal seine zu kurz gekommene Kindheit ertrotzt, mit großer Liebe auf. Kein Mensch lachte über Mickey Rooney, der sich dieser Herausforderung mit großem Ernst und großer Trauer über seine

eigene verlorene Kindheit hingegeben hatte. Wie er mir anvertraute, hatte seine Mutter ihn schon nach sechs Monaten zu einem Marketing-Artikel gemacht und bis zu seiner Pubertät von einem Casting, Shooting und Meeting zum anderen geschleppt.
Meine Gage für diesen Film habe ich bis heute nicht bekommen und irgendwann darauf verzichtet. Als man auch Mickey Rooney nicht bezahlen wollte oder konnte, erklärte er, dass er sich von diesem ›fucking business‹ nicht linken lassen wolle und schon gleich gar nicht in Europa. Sollte bis zu einem bestimmten Tag seine gesamte Gage nicht in cash auf dem Tisch liegen, würde er sie alle ohne Wenn und Aber erschießen. Die Produzenten leben noch heute. Sie nahmen den legendären Hollywood-Schauspieler, der laut schreiend die totale Industrialisierung des Geschäfts und die irrational hohen Schauspielergagen kritisieren konnte, ernst und bezahlten pünktlich.«
Marianne Sägebrecht

Mona Must Die/Ein fast perfektes Verhältnis
Regie: Donald Reiker

»Beim Lesen dieser Geschichte begannen meine Knie zu zittern und mein Herz lauter zu schlagen. Ich liebte und visualisierte Mona, die verbal erotisierende, Delikatessen verschlingende, Sextoy-besessene Hausfrau aus Deutschland vom ersten Augenblick an. In diesem Moment wusste ich noch nicht, dass es sich bei dieser Persona um die erste, geschiedene Frau des Regisseurs handelte. Das machte später die Dreharbeiten zu einem seelischen Überlebensakt. Körperfett ist mittlerweile zum Tabu-Thema Nr. 1 in unserer ja so ›ästhetisierten‹ Gesellschaft geworden. Das ›dicke Fell‹ Monas stellt in diesem Film eine Schutzzone dar und absorbiert beispielsweise das in hohen Dosen eingeträufelte Gift. Mona ist eine moderne Survive-Figur.

Der Film wurde unglücklicherweise zur Zeit des Konkurses der Verleiher-Firma mit nur einer Kopie gestartet, dann an einen Pornofilm-Produzenten verkauft. Ein cleverer deutscher Koproduzent behielt listigerweise die TV- und Videorechte. So besuchte im Premiere-Kabelkanal Mona schon zwölf Mal ihr Publikum, und gerade hatte eine Fernsehausstrahlung in Österreich auch bei deutschem Publikum eine große Resonanz.«

Marianne Sägebrecht

Eine Mutter kämpft um ihren Sohn/Positiv

Regie: Károly Makk

»Dieser Film basiert auf einer wahren Geschichte, die sich in meinem Freundesumfeld ereignet hat. Es war uns allen ein großes Anliegen, in einer Filmgeschichte zu dokumentieren, was das verhängnisvolle Todesurteil eines positiven HIV-Tests im sozialen Umfeld und in der Seele eines Menschen für einen Schaden anrichtet. Dieser Film ist der einzige, der zu diesem Thema auch einen Mediziner vorstellt, der einen Lichtstrahl der Hoffnung auf ein Überleben in das Herz eines Betroffenen scheinen lässt.

Ich habe schon einige meiner engsten und liebsten Seelenbrüder zum Sterben begleitet. Das tut besonders weh, wenn man sehen muss, wie diese Patienten bis zu 27 Medikamente täglich einnehmen mussten. Heute überwiegt die schonende Dreier-Therapie und die erfüllte Hoffnung auf eine Lebensverlängerung.

Ich sah, auch mit meiner Ausbildung als medizinisch-diagnostische Assistentin, die Übermacht der Interessen der Pharma-Industrie und die Vergiftung der Betroffenen mit Chemotherapeutika mit großer Kritik und wundem Herzen. Heute bringe ich Langzeit-Überlebende zusammen, um das ›Self-fulfilling‹ Todesurteil einzustellen.«

Marianne Sägebrecht

Lorenz im Land der Lügner
Regie: Jürgen Brauer

»Das Geld ist aus Plastik, die Sprache verdreht, ein Pirat an die Stelle des Königs gesetzt – und das von geheimnisumwitterten Ministern. Wer nicht lügt, muss dort ins Gefängnis. Der Junge Lorenz betritt ein neues Land.
Doch dann trifft er auf Tante Martha. Sie ist die Einzige, die sich weigert, zu lügen. ›Mir macht das Gefängnis keine Angst‹, sagt sie zu Lorenz und Elise und spricht mir so aus tiefster Seele.«
Marianne Sägebrecht

Soleil
Regie: Roger Hanin

»›Ist es ein Traum?‹, frage ich mich, als ich bei Dreharbeiten in Marokko die Hand der schon seit meiner Kindheit so zärtlich verehrten Lieblingsschauspielerin Sophia Loren auf der meinen verspüre. Ich spielte in einer authentischen Filmgeschichte des französischen Schauspielers und Regisseurs Roger Hanin die Schwester Sophias, Tata Jeanette. ›Ich liebe die Gestaltung deiner Rollen, Marianne, und so kann ich gar nicht glauben, dass du das alles nur gespielt hast‹, sagt mir Sophia mit ihrer eindringlichen Stimme, und ihre geheimnisvollen bernsteinfarbenen Augen glitzern. Ich verehre ihre schöne Gestalt, die von einer lichten Seele durchdrungen zu sein scheint, und den Humor der Grande Dame, die plötzlich zum neapolitanischen Mädchen wird. Tief hat sich ihre unvergessliche Darstellung der Mutter einer missbrauchten Tochter in meine Erinnerung eingegraben aus dem Film ›Und dennoch leben sie‹.
›Weißt du, Marianne, ich bin immer wieder Autodidaktin‹, spricht da die große Diva zärtlich zu mir. ›Bei jeder Filmarbeit fange ich wie-

der ganz von neuem an.‹ Da kann ich meiner Filmschwester nur beipflichten. Dankbar schicke ich ein Gebet zu meinen Schutzgöttern hinauf, die mir nach einer einjährigen Pause, in der ich meine geliebte Mutter bis zu ihrem Dahinscheiden gepflegt habe, diese wunderbare Zusammenarbeit mit Sophia Loren und Robert Hanin in den Schoß gelegt haben.«

Marianne Sägebrecht

La gazelle/Eine Frau nach Maß

Regie: Detlef Rönfeldt

»›Es ist lächerlich, obgleich gewöhnlich, eine in sich selbst ruhende und auf sich selbst beruhende Schöpfung nur deshalb zu verurteilen, weil sie feindlich mit Ideen zusammenhängt, die außerhalb ihres Kreise liegen.‹

Dieser Ausspruch von Friedrich Hebbel wurde zum Wahlspruch meines Lebens. Unter dem Schutzschild der Mutter Erde gibt es keine Vor- oder Nachurteile gegen Rassen, Klassen, menschliche Körperformen und Altersgruppen. Doch heutzutage fegt der Geist Darwins kalt über die Medienlandschaften und löscht die Glut des individuellen Schöpfungsgedankens und des kosmischen Miteinanders in den Herzen der Menschen.

In diesem Spielfilm, der nach einer Idee von mir ausgearbeitet wurde, wird meine in sich selbst ruhende Seelenschwester Margret zum Spielball der Bürokratie. Ihr Lebensschiff wird fast zum Kentern gebracht. ›Sie sind zu dick‹, attestiert der Vertrauensarzt der vor Gesundheit nur so strotzenden agilen Postbeamtin. ›Hat man denn jemals von einer Elefantenmutter verlangt, eine Gazelle zu werden?‹, tönt es aus Margrets verwundetem Herzen.

Doch das Prinzip, das Böses will und Gutes schafft, bringt sie zum Leben und zur Liebe zurück.«

Marianne Sägebrecht

Marga Engel schlägt zurück

Oktober 2000, Regie: Helmut Metzger
Juli 2002, Regie: Michael Günther
Produktion: Herman Florin/NDF

»Dreharbeiten in Leipzig: Wir schreiben den 29. Juli 2002.
Marga Engel hat die Nase voll von Profitgier, Machthunger, Streitlust, Korruption und Amoral. Während sich die Mitglieder der Familie Ohrmann, flankiert von Anwalt Gössel, mal wieder in den Haaren liegen, wer wann wo was bekommt oder wie viel, wieso und weshalb jemand nimmt, nimmt Marga ihre alte Tretmühle und verdünnisiert sich. Ich brauche keine Goldquelle, sagt sie, ich brauche eine Auszeit! Und Marianne kann Marga voll verstehen.«

»Ja, was bleibt da noch zu sagen? Nur dem, der sündigt, kann seine Sünde vergeben werden. Machen wir die Racheengel arbeitslos durch Vergebung und Liebe.«
Marianne Sägebrecht

Kürbis-Suppe Erntedank

Gewidmet Percy und Eleonore Adlon

Für die Hühnerbrühe:
1 kleines Suppenhuhn, 1/2 Stange Lauch, 1 große Zwiebel, 2 Gewürznelken, 1 Karotte, 1/2 Sellerieknolle, 1 kleines Bund Petersilie, 1 Lorbeerblatt

Für die Suppe:
2 Knoblauchzehen, 1 Msp. Currypulver, 2 EL Sojasauce, Saft von 1 kleinen Orange, 3 Gewürznelken, weißer Pfeffer, 1 EL Schnittlauch, gehackt, 400 g Kürbis, 2 kleine Kartoffeln, 1 Karotte, 2 getrocknete Feigen, 1 Frühlingszwiebel, 1 EL Butter, 1/2 EL Mehl, 1 1/2 l selbst gemachte Hühnerbrühe, 1 Msp. Muskatnuss, 1 Msp. Macisblüten, gemahlen, 1 TL Zitronensaft, 125 g süße Sahne, 1 dunkler Lebkuchen mitsamt Oblate, zerbröselt (keinen Schokoladenlebkuchen!)

1 Die Zutaten für die Brühe grob zerkleinern, zusammen mit ca. 2 l Wasser in einem großen Topf aufsetzen und etwa 1 1/2 Stunden vor sich hin kochen lassen. Zwischendurch den Schaum abschöpfen. Die Brühe durch ein Sieb gießen.

2 Das Huhn enthäuten und das Fleisch in kleine Stücke schneiden. Eine Knoblauchzehe abziehen und klein hacken. Die Fleischstücke in eine Glasschale geben und mit Curry, Knoblauch, 1 EL Sojasauce, Orangensaft, 1 Gewürznelke und etwas weißem Pfeffer würzen. Darüber 1 TL Schnittlauch geben und für ungefähr 15 Minuten zugedeckt im Kühlschrank ziehen lassen.

3 In der Zwischenzeit den Kürbis schälen, die Kerne entfernen und das Fruchtfleisch klein würfeln. Die Kartoffeln und die Karotte schälen und klein schneiden, ebenso die Feigen. Die Frühlingszwiebel putzen, die zweite Knoblauchzehe schälen und beides fein hacken. Die Butter in einem Topf erhitzen und darin die Frühlingszwiebel und den Knoblauch glasig anbraten, mit dem Mehl kurz anschwitzen und mit der Hühnerbrühe auffüllen. Die Kürbis-, Kartoffel- und Karottenwürfel dazugeben und die Suppe nach Geschmack mit Salz und weißem Pfeffer würzen. Muskat, Macisblüte, 1 EL Sojasauce und die Hälfte der Feigenstückchen zugeben. Die Kreation bei schwacher Hitze ca. 15 Minuten gar ziehen lassen.

4 Den Topf vom Herd ziehen und etwa 10 Minuten abkühlen lassen, dann die Kürbis- und Kartoffelwürfel herausheben und mit einem Mixer pürieren. Dabei den Zitronensaft und die Sahne untermischen. Die Suppe noch einmal zurück auf den Herd stellen und erhitzen. Das marinierte Hühnerfleisch samt Marinade vorsichtig unterrühren und ca. 5 Minuten garen lassen.

5 Suppe in tiefe Teller geben und jeweils darauf die Lebkuchenbrösel und die übrigen Feigenstückchen verteilen. Darüber streuen wir den restlichen Schnittlauch.

Dazu schmecken ein helles Bier und gebräuntes Baguette.
Guten Appetit!

Oktober

»Niemand entrinnt dem Wirken dadurch, dass er Wirken meidet. Niemand gewinnt, indem er nur entbehrt. Auch kann kein Wesen ganz untätig sein. Zum Wirken zwingt uns die Natur.«

Yogananda, indischer Philosoph

Guter Mond, du gehst so stille

Eingehüllt in deinen blausilbernen Lichtervorhang wandle ich um Mitternacht barfuß durch das taufeuchte Gras meines Bauerngartens, nicht ohne von Herrn Spitzwegerich und Frau von Löwenzahn ein paar kumpelhafte Stupse zu bekommen. »Alles im Lot, Freundin? Fallen Sie mir ja nicht in die Löwengrube«, raunt die Gnädige zahnlos in meinen Rücken. »Machs gut, Rundchen. Auf ein Wiedersehen bei der nächsten Wespenstich-Arie«, gibt Monsieur gut gelaunt seinen Saft dazu. »Ohne mich hätten die Herrschaften ›Wichtig‹ beim letzten Dilemma die Eliminierung dieses geheimnisvollen Giftgemischs ja gar nicht bewältigen können«, ruft Frau Arnika selbstbewusst vom Steingarten herab.

»Du hast ja so Recht«, stärke ich dem vorlauten Pflänzchen den haarigen Rücken, »aber jetzt musst du weiterschlafen, damit du morgen ausgeruht deinen Dienst antreten kannst.« Ich erinnere mich noch zu gut daran, als meine Freundin Inge bei ihrem letzten Besuch von einer aufgebrachten Wespe attackiert wurde. Wieder einmal hatte der Wespendame so ein menschliches Ekel die Apfelmittagsration unter dem Rüssel weggezogen. Und das, obwohl es mit der neuen Hausherrin einen stillschweigenden Vertrag gab, das Fallobst den Wespen, Igeln, Hasen und Ziegen zu überlassen. Kaum stellt man

Regeln auf, werden diese auch schon auf die Wiese geworfen. Aber heute war mit Señora Wespa nicht gut Apfel essen. Hatte sie sich sowieso schon vormittags bei dem kläglichen Versuch, auf einer versteckten Entsorgungsdeponie ein Frühstück zu ergattern, den Stachel verbrannt. Sie war so was von geladen. Stich, schmatz, mitten rein in den Venenfluss. Brr, gar nicht so bekömmlich. Das Blut dieses Stadtmodells hat ja fast nur Kohlenstoff getankt … Bauchgrimm. Jetzt will mich diese Dame auch noch mit ihrem Stöckel erschlagen – ich stell mich einfach tot.

Ich trug die zuckende Wespe zum nächsten saftigen Apfel, wo sie sich sogleich eingrub und das Debakel überlebte. Inges Knöchel schwoll an und passte bald in kein Verzeichnis mehr. Und schon war ich fix dabei, nach Großvater Franz-Xavers Rezept ein Zauberelixier zu brauen, das bestimmt helfen würde: Arnikatinktur und Wasser zu gleichen Teilen, dazu frisch gepflückter Spitzwegerich, in Windeseile aufgekocht und auf das Schlachtfeld aufgetragen und siehe da: Die Mini-Bio-Bombe wurde entschärft, die Schwellkörper zogen sich zurück und die reitenden Juckteufel wurden in die Flucht geschlagen.

Ein verschmitztes Lächeln versteckt sich in meinen Mundwinkeln, als ich dieses Stück des gelebten Lebens wieder vor meinem inneren Auge auferstehen lasse. Ich lenke meine Schritte auf einen Birkenbaum zu, da reißt mich der fidele Sauerampfer aus meiner Gedankenwelt: »Aua, pass doch auf«, tönt es aus dem Wiesengrund. »Wann dürfen wir denn mal wieder in deine grüne Herbstzeitsuppe abtauchen?«, will er wissen.

»An einem grünen Montag bei Neumond«, antworte ich, da fällt mir ein Igelvater ins Wort: »Ruhe da, ihr Quasselstrippen«, wuselt er hastig durchs nasse Gras, um schnell noch seiner Familie eine leckere Insektenmahlzeit zu liefern. »Gleich geht's los, das Elfenballett, aber nur wenn sich endlich Ruhe einstellt«, kauzt er um die Ecke.

»Lasst mich doch ruhen, ich brauche meinen Schlaf«, klagt der alte Apfelbaum. »Hab morgen wieder einen schweren Tag. So viel Blüten nach all den Jahren«, jammert er, »das muss ja alles getragen werden. Blüten über Blüten. So viele Blüten, und das auf meine alten Tage«, brummelt er sich wieder in seinen wohlverdienten Schlaf.

Ich umfasse meine geliebte stattliche Birkenmutter, die gerade noch in der letzten Wochen ihren siebzigsten Geburtstag gefeiert hatte. Noch hellwach biegt sie sich in alle Winde, geheimnisvoll säuselt es im dichten Blätterkleid ihrer Baumkrone. Was mag sie wohl gerade ihrer schwesterlichen Artgenossin zuflüstern? Ich drücke sie ganz fest an mich, rieche in sie hinein und streichle sie ... Da! Plötzlich schlägt die Turmuhr 13. Die Ohren meiner treuen Findelhündin Baggy stellen sich auf Radarstation und ich beschließe wieder einmal meinen Augen zu trauen. Ohne Netz und doppelten Boden tauchen wir ein in die geheimnisvolle Sphäre der Zwischenwelt. Im blauen, matten Vollmondlicht baden schon die ersten Nebelschwaden. Ein kauziger Ruf ertönt und schon sind sie aufgetaucht, die luftigen Elfenwesen. Im milden Lichterkranz des Mondlichts tanzen sie filigran auf den Wolkengebilden, reiten rücklings auf ihnen und tauchen fließend durch sie hindurch. Ein silbriges Lachen tränkt die Lüfte und erfreut die Herzen der Trolle, die begeistert auf den Wipfeln der Birken hüpfen. Vereinzelte Vogelstimmen vermischen sich bald zu einem mehrstimmigen Kanon und untermauern das Geschehen mit einem märchenhaften Melodienreigen. Ich sehe, fühle und ein stilles Glücksgefühl durchflutet Herz und Seele wie in schönsten Kindertagen. Ganz fest umarme ich jetzt meine Baggy, die selbst zittert wie Espenlaub.

Da! Ein spitzer Schrei – ein Marder? – zieht den Blick zurück auf die verzauberte Wiese. Ein kalter Luftzug fegt urplötzlich über die Baumwipfel. Der gute Mond hat sich hinter eine graue Wolkenwand verzogen, die Elfenkinder sind abgetaucht ins Reich der unsichtbaren Mitte. Was ist geschehen? Der Nebel liegt jetzt bleiern und starr und Baggy knurrt aus tiefster Hundeseele.

Ein Schuss peitscht durch das angrenzende Wäldchen. Ein infraroter

Lichtstrahl kreuzt sich mit einem stillen Pfad. Und wieder Schüsse, hastiges Getrappel. Ein klammes Gefühl versteckt sich in meiner Herzkammer. Die blanke Angst lugt aus meinen Augen. Wir rühren uns nicht mehr vom Fleck. Jetzt spüre ich sie wieder, die schützenden Hände meiner geliebten heimgegangenen Mutter Agnes. Sie steht mir mit Rat und Tat zur Seite und lebt spürbar in meiner Gedankenwelt. Geht rein, es ist nicht gut hier draußen und zu kalt, signalisiert sie mir und mein Schutzengel wirft flugs seinen Lichtermantel über meine Schultern.

»Geht ins Haus!« Ein Drängen ist zu spüren. Wieder Schüsse, diesmal näher, Männerstimmen, Hundegebell und Schreie von Enten, die im Kugelhagel wie Steine in die Tiefe fallen. Hunde winseln, hecheln, bellen, Stimmen hallen durch die Nacht, mein Name dringt auf einmal durch die dunkle Fichtenreihe. Derbes perfides Lachen vermischt sich mit den Knalleffekten der phallokatischen Büchsenverwalter: »Die Sägebrecht mit ihren Tierschutz-Haustier-Ambitionen, ja de waar sche. Dera wern ma scho zoagn, wo sich da Bartl sein Sonntagsbraten holt. D'Viecha wern gfressn, net gfuadert.«

»Jetzt hör doch endlich auf«, dringt eine zweite Stimme beschwichtigend durch die Büsche, »die Frau duad doch koam was zleid, de hod sogar a teire Bank fürs Flussufer gschtiftet.«

»Ja, auf'm Gehweg«, kontert die schnarrende Stimme »damit si d'Leit da a no hisitzen und mir da überhaupt nimmer schiaßn kenna.«

»Des derf ma sowieso ned. Erst ab 250 Meter, des woaßt doch«, versucht der Fürbitter noch ein gutes Wort für mich einzulegen.

»So, und jetzt hat di die Pritschn a scho verhext, jetzt werds hinten höher. Schuss, Schuss, Schuss.«

»Jetzt sei bloß stad, schiaß weiter, damit mei Gfriertruha bis Sonntag voi wird«, versucht der erste Jägersmann die Debatte zu beenden.

»A Hex is des, hob i scho von Anfang o gsoagt«, geifert die Quengelstimme verschwimmend ins Dunkel.

Gott sei Dank, die Meute zieht weiter nach Osten.

Jetzt erst löst sich meine Erstarrung und ich lasse meinen Tränen freien Lauf. Baggy wartet schon ungeduldig unter der alten Holztüre. Es rüttelt mich, es schüttelt mich und der Bibabutzemann tanzt kichernd um den Kamin unseres heimeligen Bauernhauses herum. Die Turmuhr der Dorfkirche schlägt viermal und zwölfmal. Höchste Zeit, meine Überlebenssuppe zu kochen, signalisiert mir die SMS meiner besorgten Lebensgeister. Mit zitternden Knien pflücke ich im Halbdunkel meines Kräutergartens blindlings meine Seelen- und Magentröster aus dem Garten Eden. Petersilie, Majoran, Thymian, Lauch, Fenchelkraut, Rosmarin, Lorbeer, Zwiebel, Knoblauch und Liebstöckel. Ja, ja, die Liebe, seufzt es in meinem Herzen. Ja kein

Selbstmitleid, das haben wir doch schon alles geklärt und besprochen, warnt der sorgenvolle Blick meines Hundes. »Hast ja so Recht, Baggylein.« Schnell hinein in den Walfischbauch unseres schützenden Domizils. Mein Herz stolpert sogleich über einen afghanischen Bombenteppich on TV. Zisch, Knall, Explosion, grell … OFF!
Es ist so hell, es ist so grell, zurück, lasst mich zurück in den warmen dunklen Mutterleib, geistert Gertrude Steins Zitat durch meinen Kopf. Heute ist Kürbiskernöl angesagt. Rein damit in den Topf. Liebe Hitze, eile dich und ergieße den Duft des Elixiers über uns und jage mit den wohlriechenden Dämpfen die so gar nicht wohlgesinnten

Geister in die Lüfte und durch alle Mauerritzen. Eilt euch, mahnen die Lebensgeister, braut zusammen, schneidet, wieget, hobelt, dass es brodelt, köchelt, dünstelt und ZAP! – da fällt der Herr Bibabutze vom Kaminsims und sucht fluchend das Weite.
Meine Ohren klingeln, mein Magen stimmt ein saftiges Loblied an, die Leber signalisiert der schwesterlichen Galle, sich zur wohlverdienten Ruhe zu begeben, Puls und Herzfrequenz verströmen sich im freudigen Einklang, die Seele schwingt sich juchzend hinauf auf den heimeligen Plafond.
Mein großer Zeh stimmt ein zum Rock around the clock.
»Ruhe!«, kläfft Baggy. Ist ja gut, ich bin doch gerade dabei, meine bitteren Gedanken gegen die Jäger zu vertreiben und sie durch allumfassende Menschenliebe zu ersetzen. Ob diese nun erwidert wird oder nicht.
Der neunte Löffel meiner Suppenkreation verschwindet im Göschchen. Ja, ja, schnarcht Baggy vor sich hin. Es gibt halt noch so viele Menschen, die nicht diesen intensiven, treibenden Drang verspüren wie du, sich aus ihrer tierischen Versklavtheit zu befreien. Aber glaube mir, meine Freundin, sie tragen eine große unerlöste Sehnsucht in sich, ihr Über-Selbst zu berühren.
Ihr redet euch so leicht, während mein Herz in Stücke bricht und sich meine Nervenenden zu Schillerlocken rollen. Mit einem tiefen Seufzer hat sich Baggy in die Jagdgründe ihres Traumlands verzogen.

Borschtsch Zarewitsch

In memoriam Anastasia

Für die Suppe:

300 g Rindfleisch (aus der Wade), 2 große weiße Zwiebeln, 3 Knoblauchzehen, 1 Petersilienwurzel, 1/2 Selleriestange, 1 kleine Sellerieknolle, 1 EL Petersiliengrün, 1 EL Selleriekraut, 30 g Butter, 1 TL Kümmel, schwarzer Pfeffer, Salz, 2 EL Mehl, 2 Schuss Weißwein, 100 ml Sojasauce, 1 Lorbeerblatt, 1 Prise brauner Zucker, 300 g Weißkraut (ca. 1/2 mittelgroßer Kopf), 2 fest kochende Kartoffeln, 2 kleine Tomaten, 1 Debreziner, 1/2 TL frischer Oregano, 1 Gemüse-Suppenwürfel, 1 große Rote Bete, 1 Birne, 4 EL Balsamicoessig, 2 EL Zitronensaft, 2 zerstoßene Gewürznelken, 1/2 Stange Lauch, 1 große Karotte, 4 Bund Dill, 1 Bund Schnittlauch, 125 g saure Sahne, 100 g Räucherlachs, 1 Dose Kaviarersatz, 3 EL Mandelsplitter

Für die marinierte Entenbrust:

300 g Entenbrust, 1/2 TL Kardamom, Salz und grüner Pfeffer, 1/2 Knoblauchzehe, püriert, 1 zerstoßene Gewürznelke, 1 Lorbeerblatt, 2 Wacholderbeeren, zerstoßen, 2 Rosmarinzweige, gehackt, 2 Thymianzweige gehackt, 1/2 TL Zimtpulver, 3 EL Zitronensaft, 250 ml Rotwein, 4 cl Sherry, 1 EL Olivenöl, 1 TL Schnittlauch

1 Am Vortag das Rindfleisch in kleine Würfel schneiden. Zwiebeln, Knoblauchzehen und Petersilienwurzel hacken, die Selleriestange in Ringe und die halbe Sellerieknolle in Würfel schneiden. Das Petersiliengrün und das Selleriekraut fein hacken.

2 In einem Suppentopf 30 g Butter schmelzen lassen und darin die Rindfleischwürfel anbraten. Zwiebeln, Knoblauch und Petersilienwurzel dazugeben und dann mit 1/2 TL Kümmel, schwarzem Pfeffer und Salz würzen, mit Mehl bestäuben, alles kurz anrösten und mit ca. 150 ml Wasser aufgießen. Jetzt folgen 1 Schuss Weißwein, 100 ml Sojasauce, Lorbeerblatt, Sellerieringe und -würfel, Selleriekraut und Petersiliengrün und 1 Prise brauner Zucker. Noch einmal 150 ml Wasser zugeben und ca. 15 Minuten kochen. Dann den Topf vom Herd nehmen und ziehen lassen.

3 In der Zwischenzeit das Weißkraut in dünne Scheiben schneiden, die Kartoffeln schälen, würfeln und bis zur Verwendung mit 1 Prise Kümmel in Salzwasser legen. Die Tomaten kreuzweise einschneiden, überbrühen, häuten und vierteln. Die Debreziner-Wurst in kleine Stücke schneiden.

4 Den Suppentopf wieder auf den Herd stellen und nacheinander der Weißkrautscheiben, Tomatenviertel, Kartoffelwürfel (sollen zur Bindung verkochen) und Debreziner dazugeben. Mit Oregano, je 1 Prise Kümmel, braunem Zucker und schwarzem Pfeffer würzen und unter Rühren mit Wasser auf 1 1/2 l auffüllen. Einen Suppenwürfel hinzufügen und die Suppe 20 Minuten kochen. Dann den Topf wieder vom Herd nehmen und die Suppe ziehen lassen.

5 Inzwischen die Rote Bete in Viertel schneiden und die Birne würfeln. Beides mit 4 EL Balsamicoessig, 2 EL Zitronensaft, je 1 Prise Salz und Pfeffer, 2 zerstoßenen Gewürznelken und 1 Prise Kümmel in einen Topf geben. Mit Wasser auffüllen, sodass der Inhalt

gerade bedeckt ist, und etwa 15 Minuten kochen, bis die Rote Bete weich ist. Diese in Streifen schneiden und zusammen mit der Garflüssigkeit in die Suppe rühren. Diese Suppenessenz kommt über Nacht in den Kühlschrank, wo sie ihren herrlichen Geschmack intensivieren kann. Das übrige Gemüse (Lauch, Sellerieknolle und Karotte) darf ebenfalls in die kühle Warteschleife.

6 Für die marinierte Entenbrust das Fleisch in kleine Stückchen schneiden und in eine verschließbare Schüssel legen. 1/2 TL Kardamom, je 1 Prise Salz und grünen Pfeffer, 1/2 Knoblauchzehe, Nelke, Lorbeerblatt, Wacholderbeeren, die gehackten Rosmarin- und Thymianzweige und das Zimtpulver dazugeben. Es folgen 3 EL Zitronensaft, Rotwein, Sherry, 1 EL Olivenöl und zum Abschluss 1 TL Schnittlauch. Deckel zu und bis zum nächsten Tag (oder für mindestens 6 Stunden) in den Kühlschrank stellen.

7 Kurz vor dem Essenfassen die Suppe langsam bei mittlerer Hitze zum Sieden bringen. Evtl. auf 2 1/2 l auffüllen. Die Entenbruststückchen samt Marinade in eine Pfanne geben und das Ganze ca. 10 Minuten kräftig andünsten, mit 1 Schuss Weißwein ablöschen und in die siedende Suppe geben. Den Lauch in feinste Ringe, die Karotten in Stifte und den Rest der Sellerieknolle ganz klein schneiden. Das Gemüse ebenfalls zur Suppe geben. Nicht mehr rühren. 4 Bund Dill und den Schnittlauch klein schneiden.

8 Die kräftige, herzerwärmende und schmackhafte Suppe in tiefe Suppenteller geben. Den Fleischanteil bitte gerecht verteilen! In die Suppenmitte kommen 1 Klacks saure Sahne, 2 dünne Scheiben Räucherlachs, 1 Dip Kaviarersatz, 1 TL Mandelsplitter und gehackter Dill und Schnittlauch.

Dazu gibt es wahlweise Wasser, trockenen ungarischen Rotwein oder ein helles Bier und kräftiges, saures Bauern-Schwarzbrot. Und nach dem Essen mundet ein Stamperl russischer Wodka. Sie müssen wissen: Ein Stamperl ist Medizin, zwei sind eines zu viel (hat mein Doktor und Lehrherr immer gesagt).
Nastrovje – und einen Bombenappetit!

Rote Rüben lassen sich abziehen wie Tomaten, wenn man sie gleich nach dem Kochen mit kaltem Wasser abschreckt.

PS: Ein Rätsel – sehr frei nach Tucholsky:

Der Seemann schifft ins Meer hinaus,
ihm ist so leicht zu Sinn.
Anastasia weint sich die Augen aus,
sie segeln rasch dahin.
Der Seemann in der Kombüse
isst hungrig Olgas Gemüse.

Freiheit für Anastasia! Machen Sie sich einen Reim darauf. Nur so viel sei gesagt: Olga war die Köchin der Zarenfamilie – Anastasia liebte Olga und deren Gemüsesuppe abgöttisch – der Seemann war damit zu ködern?

November

»Wenn jeder Mensch alle Menschen liebte, besäße jeder Einzelne die ganze Welt!«

Friedrich Schiller

Benjamin Reichsgraf von Rumford

† 1814 in Auteuil bei Paris/von Hanjo Seissler

Ein aufgeklärter britischer Despot aus Amerika, Vorläufer der deutschen und der russischen, Mitläufer der Französischen Revolution, machte am Ende des 18. Jahrhunderts aus dem sittlich und materiell verwahrlosten Ständestaat Bayern ein zivilisiertes Land mit (fast) gleichberechtigten Menschen. Man hat es für allgemein ausgemacht angenommen, dass man lasterhafte und verworfene Menschen erst tugendhaft machen müsse, um sie glücklich zu machen. Aber warum sollte man nicht den Versuch in umgekehrter Ordnung wagen? Warum nicht erst glücklich und dann tugendhaft? Auf eben diese Weise – »erst glücklich, dann tugendhaft« – ist es Sir Benjamin Thompson, Verfasser der als Frage formulierten These, Kriegsminister, Polizeiminister, Generalmajor, Kammerherr und Staatsrat, im Jahr 1788 gelungen, plündernde, mordende, vergewaltigende, von ihren so genannten Vorgesetzten geschundene bayerische Soldaten und Heerscharen mafiaähnlich organisierter Bettler in München wieder in die Gesellschaft einzugliedern. Der Mann wusste lange vor dem bayerischen Dichter Bertolt Brecht: »Erst kommt das Fressen und dann die Moral!«

Klar – dort, wo Belanglose und Belangsloses, Vergänglichkeiten und Vergänglichkeit, Egoisten und Egoismus von mitgefühllosen, geistig und seelisch minderbemittelten Vertretern aus Politik und Presse zu richtungsweisenden Größen und staatstragender Größe – zu »Kultur« und »Kultfiguren« – aufgeblasen werden, dort, wo Couponschneider, Damenschneider, Haarschneider, Herrenschneider und Aufschneider das Sagen haben, ist kein Platz für Menschen wie Benjamin Reichsgraf von Rumford. Diesem genialen Wissenschaftler, vorausschauenden, Barmherzigkeit fordernden Politiker, dieser schillernd vielschichtigen Persönlichkeit widmet das »dtv Brockhaus Lexikon« in Band 15 ganze sechs Zeilen. In Band 2 eben dieses Nachschlagewerks veröffentlichen die Autoren über einen Fußballer namens Franz Beckenbauer zwölf Zeilen »Bemerkenswertes«.

Benjamin Thompson kam am 26. März 1753 in dem Nest North Woburn, nicht weit von Boston, in der in Amerika liegenden britischen Kolonialprovinz Massachusetts zur Welt. Sein Vater, Farmer mit kleinem Anwesen, starb, als der Sohn eineinhalb Jahre alt war. »Wäre mein Vater nicht, entgegen allen Naturgesetzen, vor meinem Großvater gestorben, der den ganzen Besitz seinem zweiten Sohn, meinem Onkel, übergab, so hätte ich als amerikanischer Bauer gelebt und meine Tage beendet«, behauptete der Steilaufsteiger Thompson später.

Mag sein. Fest steht: Der junge Thompson war sehr neugierig, äußerst gelehrig und auf eine manchmal geradezu abstoßend zielstrebige Art ehrgeizig. Um den späteren und späten Thompson zu verstehen, müssen seine Beobachter den jungen kennen. Der vertraute als dreizehnjähriger Lehrling eines Kaufmannes in Salem seinem Tagebuch an, er habe beschlossen, sich nie eine Gelegenheit zum Aufstieg entgehen zu lassen. Eine solche Gelegenheit war es, sich vom Vater eines Freundes, einem sehr angesehenen Pastor fortbilden zu lassen: »Er übernahm es, mich aus eigenem Antrieb zu unterrichten. Er brachte mir sogar höhere Mathematik bei. Ehe ich noch vierzehn Jahre alt war, konnte ich bereits die Faktoren einer Sonnenfinsternis berechnen, wobei ich mich nur um vier Sekunden irrte ... Mein Wissensdurst war bald nicht mehr zu löschen.« Seltsam mutet neben Notizen wie dieser – die meisten deuten auf Gelehrsamkeit, auf Selbstdisziplin, auf Introvertiertheit hin – der völlig aus dem Rahmen fallende Eintrag des Siebzehnjährigen an: »Die Liebe ist eine edle Leidenschaft des Geistes.« Die Liebe.

Im Jahre 1772 ehelichte der 19-jährige Student und Junglehrer die vierzehn Jahre ältere Tochter eines wohlhabenden und einflussreichen Landpfarrers. Das heißt: »Sie heiratete mich, nicht ich sie«, spöttelte er, wenn er davon erzählte. Das ebnete ihm den Weg in die »bessere Gesellschaft«. Und: Er wurde vom britischen Gouverneur, der ihn auch weiterhin protegierte, vorbei an »verdienten Offizieren«, zum Major des 2. Provinzregiments von New Hampshire ernannt. Thompson stützte die Sache »der britischen Krone« gegen die Interessen der »Amerikaner«. Nachdem die Auseinandersetzungen vom kalten in einen heißen Krieg übergegangen waren, sogar als Geheimagent. Deutlich: Er denunzierte Nachbarn und »Kameraden« und verriet alle ihm zugänglichen Pläne amerikanischer »Milizen«.

Im Jahr 1776 ging der Offizier – ohne Ehefrau und vierjährige Tochter – nach Großbritannien. Der Karriere wegen. Was klappte. Er wurde engster Vertrauter eines vertrottelten hohen adeligen Staatsbeamten. Gleichzeitig machte er sich durch seine immer noch betriebenen wissenschaftlichen Experimente und Forschungen – unter anderem auf dem Gebiet der Waffentechnik, aber keineswegs nur dort – einen schmalen Fuß: 1779 wurde Benjamin Thompson zum Mitglied der Royal Society gewählt. Was für einen Mann seines jugendlichen Alters ungewöhnlich war. Seine Charaktereigenschaften in jenen Zeiten changierten. Viele wirkliche Freunde hatte der mittlerweile zum Oberstleutnant Aufgestiegene nicht.

Das änderte sich, als er über den Umweg eines misslungenen militärischen Einsatzes in Amerika und eines Ausflugs nach Frankreich, auf dem Weg nach Wien – wo er dem österreichischen Kaiser seine Dienste als Soldat andienen wollte – in München landete. Dort machte er sich durch seinen Intellekt und seine politisch-analytischen Fähigkeiten zunächst einmal Feinde unter den Schranzen des Landes. Den bayerischen Landesherren indes, Kurfürst Karl Theodor von der Pfalz, überzeugte er auf Anhieb. Er trat – mit Erlaubnis des britischen Monarchen, George III., und nachdem der ihn zum Sir erhoben hatte – in dessen Dienste.

Zuvor war er in Wien von einem wohlwollenden Gott »rechtzeitig von meinem kriegerischen Wahnsinn geheilt worden: Ich traf im Hause des Fürsten Kaunitz eine siebzigjährige Dame von bewundernswertem Geist und großer Lebensweisheit. Sie war die Gattin des Generals Burghausen ... Diese großartige Frau schloss mich in ihr Herz; sie gab mir den klügsten Rat, lenkte meine Gedanken in eine neue Richtung und öffnete mir die Augen für andere Möglichkeiten des Ruhms als den durch Sieg auf dem Schlachtfeld«.

In Bayern verbrachte er vom Frühjahr des Jahres 1784 an unter seiner künftig ständigen, noblen Adresse – Königfeld'sches Palais in der Schwabinger Gasse; heute Theatinerstraße 9 – vier Jahre in einer Art bezahltem Urlaub – er studierte auf Wunsch von Karl Theodor die Verhältnisse im Lande und erlernte die deutsche Sprache. Was heute noch nicht jeder bayerische Politiker von sich behaupten kann.

Benjamin Thompson machte sich derart vertraut mit dem, was in der Stadt und auf dem Lande geschah, dass er zu dem Schluss kam, das Militär sei der schlimmste Feind des Fortschritts und eines allgemeinen Wohlstandes im Alpenstaat. Das Ergebnis seiner Recherchen und die daraus zu ziehenden unverblümten Schlussfolgerungen legte er im Jahre 1788 dem Kurfürsten vor. Die Folge: Plötzlich und unerwartet – nicht unbedingt von Thompson selbst unerwünscht – war Sir Benjamin Kriegsminister, Polizeiminister, Generalmajor, Kammerherr und Staatsrat. Mit allen Vollmachten, die sich ein für die Armee zuständiger Politmensch nur wünschen kann. Denn: »Ich war mir von vornherein der großen und wichtigen Wahrheit bewusst, dass keine politische Ordnung wirklich gut sein kann, wenn sie nicht dem Wohl der Allgemeinheit dient. Ich habe es

unternommen, das Interesse der Soldaten mit dem der Zivilbevölkerung zu vereinen und die Militärmacht, auch in Zeiten des Friedens, dem allgemeinen Wohle des Volkes dienstbar zu machen.« Kurzum: Soldaten in ordentlichen Verhältnissen – die hatten die in Bayern nicht, weil ihre »Vorgesetzten« faul, sadistisch, eitel und bestechlich waren – würden von sich aus für ein ordentliches Verhältnis zu Bürgerinnen und Bürgern sorgen. Was sie wegen der ungeordneten Verhältnisse nicht getan hatten.
Der angloamerikanische Kriegsminister von Bayern gab dem Militär – auch den so genannten Gemeinen, nicht nur den höheren Chargen – einen besseren Sold, als es bis dahin bekam, er ließ es anständig kleiden und unterbringen, setzte eine gute Ausbildung und Bildung auch für die Angehörigen von Soldaten durch, beschäftigte und unterhielt das Militär. Die Bevölkerung atmete auf: Die vorher üblichen Übergriffe von Soldaten auf die eigene Bevölkerung fielen von Stund an flach. Die Uniformierten verdienten sich mit Heimarbeit Geld dazu; sie bauten Straßen, legten Moore trocken, hielten Flussufer instand. Gegen Bezahlung, versteht sich. Manchmal – tschingdadarassabum – begleitet von der Musik, die Militärkapellen aufspielten. Thompson war offenkundig das deutsche Sprichwort »Müßiggang ist aller Laster Anfang« zu Ohren gekommen. Er ließ die Leute überdies sporteln, spielen und – am Sonntag – tanzen.
Wie sein Zeitgenosse, der Ex-Regimentsmedikus Friedrich von Schiller, wusste auch Thompson: Einstweilen, bis den Bau der Welt Philosophie zusammenhält, erhält sie ihr Getriebe durch Hunger und durch Liebe. Dementsprechend galt eines seiner Hauptaugenmerke der Ernährung. Zuvörderst dem Beseitigen des Hungers. Er war nicht nur einer der ersten Wissenschaftler, die das Essen und das Trinken nicht allein mit medizinischer oder biologischer Neugierde betrachteten. Er bedachte ebenfalls die wirtschaftlichen und die organisatorischen Seiten. Was dazu führte, dass jede Garnison einen »Militärgarten« anzulegen hatte. Was das Speisenangebot des Militärs gesünder machte und bereicherte.

Was ein weiterer Zeitgenosse – Friedrich II., König von Preußen – in seinem Lande tat, setzte der Amerikaner in München in die Tat um: Er machte den Bayern die Kartoffel schmackhaft. Auch, weil sie leichter anzupflanzen, zu ernten und witterungsunabhängiger war als jedes Getreide. Das machte sie zu einem hervorragenden, gesundheitlich hochwertigen, sättigenden und vielseitig verwendbaren Massennahrungsmittel. So erhielt jeder Soldat und Unteroffizier für die Dauer seiner Dienstzeit »seine« 365 Quadratfuß große Kartoffelparzelle. Mit ihrem Ertrag konnte er machen, was er wollte. Musste sie als Gegenleistung aber hegen und pflegen. Anders wurde sie ihm wieder abgenommen.

Weil sich das Programm »Erst glücklich, dann tugendhaft« beim Militär außerordentlich gut bewährt hatte – auf den Dörfern war dadurch unter anderem auch das Treiben organisierter Bettlerbanden so gut wie zum Erliegen gekommen –, übertrug es der Polizeiminister Thompson danach auf die Städte. Dort herrschten zum Teil namenlose Zustände. »Kleine Kinder wurden ihren Eltern gestohlen und es wurden ihnen die Augen ausgestochen oder die zarten Glieder verstümmelt und verrenkt, sodass sie, dergestalt zur Schau gestellt, das Mitgefühl und Erbarmen des Publicums erregten …« hielt Generalmajor Thompson im Jahre 1789 fest. Und: »Das Publicum, von der Menge und dem ausdauernden Ungestüm der Bettler gemissbraucht und unterjocht, hält die Sache für keiner Abhilfe mehr fähig, da es in seiner Hoffnung, von dieser Plackerey befreyt zu werden, schon oft, durch das Misslingen zahlloser Pläne, betrogen war.«

Anders als Politiker heutiger Tage – die die Schuld für Missstände welcher Art auch immer stets bei denen suchen, die am meisten unter den Missständen zu leiden und die mit ihrem Entstehen nichts zu tun haben, Arbeitslosen, Kinderreichen, Alleinerziehenden und Rentnern zum Beispiel – wollte Sir Benjamin dem Übel an die Wurzel. Er ging das Problem seinem Naturell entsprechend an. Wenn und wo es möglich war, duldete der Mann, der später die wissenschaftliche Wärmelehre entwickelte, keinen Widerspruch. Es waren nicht wenige, die ihn einen Despoten nannten. Er war wohl ein Despot, der der Französischen Revolution nahe stand, ohne es zu wissen. Über seinen Antrieb ist oft gerätselt worden. Er ist auch ohne Belang, weil das, was bei seinem Tun herauskam, sozialer Gerechtigkeit diente: »Wir haben von den wilden Tieren und den Vögeln gelernt, dass Reinlichkeit die Vorbedingung des Wohlbefindens ist. Tugendhaftigkeit hat es noch nie lange bei Schmutz und Unflat ausgehalten; andererseits glaube ich aber nicht, dass es jemals einen peinlich sauberen Menschen gab, der ein abgefeimter Spitzbube war.« Thompson kannte die Saubermänner des zu Ende gegangenen 20. und des jungen 21. Jahrhunderts nicht. Und er meinte natürlich damit, dass die Lebensbedingungen der Elenden auf ein menschenwürdiges Niveau gebracht werden müssten, um Besserung von ihnen zu erwarten.

Jedenfalls ließ er am 1. Januar 1790 – der Neujahrstag war der traditionelle Tag des Almosengebens – mithilfe von Offizieren, Unteroffizieren und städtischen Beamten alle Bettler, die sich in München öffentlich zeigten – das waren fast alle, die in München lebten –, hops nehmen und nach Aufnahme ihrer Personalien in ein eigens eingerichtetes »militärisches Arbeitshaus« bringen. Überm Eingang dieser Einrichtung stand in goldenen Lettern: »Hier werden keine Almosen empfangen.« Im Gebäude waren auf sein Geheiß hin große Werkstätten für Schmiede, Zimmerleute, Drechsler, Textilarbeiter, Färber, Sattler und zahllose andere Berufe eingerichtet worden. Die wurden hier gelehrt und erlernt. Wer wiederkam, tat das freiwillig.

Es gab Schlafräume mit guten Betten, einen Speisesaal, warm und hell wie alle anderen Räume. In der Küche stand ein von Thompson nach wissenschaftlichen Einsichten entwickelter Herd, der dazu taugte, große Menschenmengen zu bekochen. Er hatte geschlossene Feuerungslöcher mit auf die Töpfe gerichteter Hitze und war so leistungsstark, dass ihn zu beheizen nur wenige Kreuzer kostete. Deshalb riet »der Ausländer« (wie ihn seine bayerischen Neider

schalten) den bayerischen Hausfrauen, darauf zu dringen, dass in ihre Häuser und Wohnungen ähnliche Öfen eingebaut würden. Auf dem Herd im »Arbeitshaus« wurde auch die erste »Rumfordsuppe« – Thompsons selbst ersonnenes Lieblingsgericht – gekocht. Für die hatte er sich den Satz ausgedacht, der damals wie heute stimmte: »Was der Zunge gefällt, ist nahrhaft!«
Das »Arbeitshaus« war das genaue Gegenteil dessen, was heute verfolgten, verhungernden, bedürftigen Asylbewerbern zugemutet wird. Es war die erste Maßnahme nach der Devise: »Hilfe zur Selbsthilfe«. Und sie fruchtete genauso durchschlagend wie die, mit deren Hilfe Soldaten von Straßen und aus Spelunken geholt worden waren. Dafür liebten und verehrten ihn die einen ebenso wie die anderen. Ganz anders als die Versager aus Politik, Militär und Adel. Nebenbei bemerkt: Die Bettler ins bürgerliche Leben zurückzuführen, kostete das kurfürstliche Schatzamt im ersten Jahr pro Person in heutige Währung umgerechnet ein Drittel dessen, was es nach fünf oder sechs Jahren an Erträgen für verkaufte Waren und Dienstleistungen pro Person und Jahr einspielte.
Jedes Projekt, das dem unermüdlich schöpferischen Minister in den Sinn kam, »stank« seinen einfallslosen adeligen und arrivierten bürgerlichen Missgünstlingen. Widersacher waren das nicht, denn gegen die von ihm vorgeschlagenen Sachen konnten sie nichts vortragen. Außer, wie in einem Schreiben an den Kurfürsten erwünscht: »Fremdlinge sollen nicht mehr eine beinahe unumschränkte Gewalt mit unbegrenzter Fürstengnade genießen dürfen.« (Das klingt, als werde der Brief erst gerade jetzt behandelt.)
So standen sie, auf einen Fehlschlag hoffend, im Hintergrund, als Thompson ein sumpfiges, kaputtes Stück Land an der Isar, die Aw vor dem Swäbinger Tor, das zunächst nur »Militärgarten« – also ein Vorläufer des Schrebergartens – hatte werden sollen, in eine deutsche Form des Londoner »Hyde Parks« umgestalten ließ. Wobei er begeistert und tatkräftig von Friedrich Ludwig Sckell, dem kurfürstlichen Hofgärtner unterstützt wurde. Und den Soldaten eines

Armeekorps, die zusätzlich dafür bezahlt und verpflegt wurden. Der »Englische Garten« gelang. Wovon sich noch in diesen Tagen ein jeder durch Inaugenscheinnahme überzeugen kann.
Das allein wird nicht der Grund dafür gewesen sein, dass Karl Theodor – als er im Jahre 1792 während eines kurzen Interregnums nach dem Tode des Habsburger Kaisers Leopold das Reichsvikariat innehatte – den aufgeklärten britischen Despoten aus Amerika, Sir Benjamin Thompson, zum Reichsgrafen ernannte. Der wählte als gräflichen Namen den alten der amerikanischen Stadt, in der seine Karriere begonnen hatte: Rumford. So hatte das Nest Concord geheißen, bevor es der Provinz New Hampshire zugeschlagen wurde.

PS: Fast 28 Jahre lang wohnte ich in der Münchner Kaulbachstraße am Eingang zum Englischen Garten. So manches Dankgebet habe ich in dieser Zeit zum Grafen Rumford hinaufgeschickt, denn ihm haben wird diesen zeitlosen Garten Eden zu verdanken. Arm und Reich, Jung und Alt, Tier und Herr, Einheimischer und heimisch gewordener Fremdling – in friedlicher Eintracht sitzt man unter Kastanien am Chinesischen Turm, trinkt und brotzeitet und lässt die Welt heute mal alle Viere gerade sein. Vom Kriegsminister zum Wohltäter und Förderer der Armen und Obdachlosen, Jesus Christus hat ihn bestimmt zum Minister für Umwelt und Soziales im Himmlischen Reich ernannt und das Himmlische Heer muss warten, bis Mr. Bush kommt.
Die Rumford-Suppe ist dem Physiker und Erfinder Rumford durch die Kombination von Kartoffeln und Graupen besonders sättigend gelungen. In Verbindung mit einer Scheibe Brot war der knurrende Magen der Hungernden erst einmal besänftigt. Und Herr Rumford ward zufrieden. M. S.

Rumford-Suppe original mit einem Schuss Marianne

Für die Trockenerbsen:
180 g Trockenerbsen, etwas geriebene Muskatnuss, 1 Prise gemahlener Kümmel, 1 kleine Knoblauchzehe, geschält

Für die Suppe:
1 Instantwürfel für Gemüsebrühe, 1/2 grüne Paprikaschote, 1/2 Stange Lauch, 1 große Karotte, 50 g Graupen, 1 große Kartoffel, 2 kleine Schalotten, 1/2 TL Zucker, 2 EL gehackte Petersilie, 1/2 TL Kümmel, 4 Scheiben gekochter Schinken, 1 große weiße Zwiebel, 2 Knoblauchzehen, 1 EL Liebstöckel, 1/2 Sellerieknolle, 2 EL Sonnenblumenöl, etwas Salz und Pfeffer, 2 EL Zitronensaft, 125 g süße Sahne, 2 EL geriebene Haselnüsse, 1 EL geriebener Edamer, 4 Scheiben dunkles Nussbrot

1 Die Trockenerbsen mit kaltem Wasser knapp bedecken, mit 1 Prise Muskat, 1 Prise Kümmel und 1 kleinen geschälten Knoblauchzehe versetzt einweichen und über Nacht ziehen lassen.

2 Am nächsten Tag den Erbsensud (mit Erbsen) mit Wasser auf ca. 1 1/2 l auffüllen, den Suppenwürfel hinzugeben und ca. 20 Minuten bei kleiner Hitze garen lassen.

3 Währenddessen die Paprikaschote, die Lauchstange und die Karotte putzen und waschen. Paprika, Karotte sowie die Hälfte der Lauchstange in Streifen schneiden und mit den Graupen in die Suppe geben. Alles kurz und heftig aufkochen lassen und weitere 10 Minuten zugedeckt köcheln lassen.

4 Die Kartoffel schälen und in kleine Würfel schneiden. Die Schalotten schälen. Beides zur Suppe geben, dazu den Zucker, 1 EL Petersilie und 1 Messerspitze Kümmel. Gut umrühren und die Suppe weitere 10 Minuten köcheln lassen.

5 Inzwischen die Schinkenscheiben in feine Streifen schneiden. Zwiebel, Knoblauchzehen und Liebstöckel fein hacken, die restliche Lauchstange in Ringe schneiden, die Sellerieknolle schälen und stifteln. Alles in einer Pfanne mit dem Öl bei kleiner Hitze braten und nach Geschmack salzen und pfeffern (möglichst aus der Pfeffermühle). Die Schinkenmischung in die Suppe geben, ggf. etwas Brühe nachfüllen.

6 Zuletzt die Rumford-Suppe mit Salz, Pfeffer, Zitronensaft und Sahne abschmecken und in tiefe Teller füllen. Jede Portion mit ½ TL Haselnüsse, 1 Messerspitze Edamer und etwas Petersilie bestreuen.

Als »Beilage« dient 1 Scheibe Nussbrot, evtl. kurz auf der Herdplatte angebräunt. Dazu passt ein dunkles Bier.
Mahlzeit!

Dezember

»Alles, alles und jedes
ist von Bedeutung; und nichts,
was gut ist, geschieht schnell.«

Sikwalxlelix, indianische Medizinfrau

Eine Rose isst keine Rose isst keine Rose

Und eine Rose macht auch noch keinen Sommerurlaub. Ich habe mir auch nie einen Rosengarten versprochen, und doch zieht sich der Name der Rose, liebste Gertrude von Stein, schicksalhaft dem rosaroten Faden der Ariadne folgend, durch mein rosa verwolktes Lebensfirmament. »Für dich darf's rote Rosen regnen« bemerkte die Hebamme, als sie mich nach einer packenden Geburtshilfe kopfüber in das blutrot gefärbte Wasser des Badezubers tauchte, da blickte ich wohl oder übel rosaroten Zeiten entgegen.

Die geliebte Rosa Magneta hat sich in berauschender Fülle mit betörenden Düften in meinem Lebenshain angesiedelt, so manchen krummen Dorn drückte sie mir schon beizeiten bestechend ins jungfräuliche Fleisch, doch zur Dornenkrönungszeremonie auf dem Bergfest Golgathas habe ich mich von meinem Schutzengel immer wieder entschuldigen lassen: »Madame ist heute wieder pässlich – halleluja.« Ein forscher Rosenkavalier versprach das Fegefeuer auf Erden und wie sprang da das Burgfräulein Maria forsch in das buschige Rosenornament eines ehelichen Doppellagers: »Aua!« Während das Hochzeitsbukett aus Hunderten von versprochenen Rosen auf dem Acker der Vergessenheit seine letzte Ruhe gefunden hatte, versuchte ich nun über Jahre das Kreuz der Rose gegen das Kreuz des

Südens einzutauschen. Die Farbe Rot entzog ich meinem Lebenselixier, rosarote Wolken wurden mit Argwohn bedacht, selbst das unschuldig rot scheinende Henna musste von meinem Haupthaar weichen – guten Abend, gut' Nacht ... morgen Früh, wenn Gott will, werde ich nun wieder mit Kamillentee geweckt. Kamillenwickel, Kamillenblütenwerferin, Kamillendame, Kamillenfeldlazarette, »Schwester Kamilla, mein Passwort bitte«, es pflegte die Kamille, es blühte das Glycerin im Rosenöl. »Wumm«, da war's wieder mal zu früh, Maria rannte mit brennender Haut durch den sommerlichen Rosenhag und Schwester Kamilla musste nur noch das Zeitliche segnen. »Da bist du ja, meine fabelhafte Rosamaria, ich werde deinen rosigen Leib in Zuckerwatte tauchen und in rosigen kitschigen Bonbonfarben erglühen lassen«, fallen diese Worte aus dem feuchten Mund, der zum Fuß eines Regisseurs gehört. Kamillamaria, Karmelitmaria, Marianna, also dann, Sie haben gewonnen, Herr Stallmeister, so lassen wir halt ein ROS entspringen. Ja, dann hurtig in die nächste Bahnhofsapotheke und ein ganzes Pfund Rosenkranz erworben. Wer hat, der hat. Ja, und dann hätt' ich noch gerne 12 Paar Rosendornen mittelkrallenscharf, man gönnt sich ja sonst nichts, im Hier und Jetzt der übermächtigen Rosinen-Mafia. Rosenquarz für die Erleuchtung und Rosmarin für die Bestäubung, man sehe und raune, da wächst doch bajuwarischer Jasmin in den roten Abendhimmel der Mojave-Wüste, und das alles »Out of Rosenheim«. Im großmauligen »Little Rock«, der Hauptstadt von Arkansas, spielt Billy Clinton saxophony Governor und Marianna alias Rosalie »goes shopping« in good American Schlaraffenland.
Der »Rosenkrieg« holt Michael Douglas auf die Zelluloidspielwiese herunter. »Martha und ich« hielten die Rose von Montreux im Zaum. Jeder Preis hatte seinen Preis. Movie-star, movie-star, I think you are a movie-star – am I left? You are right, but I am not Marianne Rosenberg neither Marianne Faithful, schmunzel, schmunzel, Rapunzel. A rose is a rose, you know. »Autsch, das sind meine Rosenblätter. Halt an dich, Suffragette, geh in dich, Medusa! Deinen Finger aus der

Schamrippe, großer Mogul.« Und ich hab mein behütetes Dornensäckchen auf der Klagemauer von Jericho vergessen. So verliere ich Blatt um Blatt und ich wehre nicht den Augenzeugen. Aus den rosenwässrigen Tränenbächen meiner Kinderzeit plant ein straffer Anwalt staatlich genehmigten Unrechts einen Vertrag zu formulieren, nein, aber nein! Ich fasse mir ein Herz und gehe hinaus in die unendliche Weite meiner seligen Mondhügel. Ich glaube, mein Mond kalbt und mein Mars attackiert die Erdenpeople. Ich ruhe still an mein Kälbchen geschmiegt, da braust der Oktober um meine Mondesklippe und küsst mich zart auf die zitternd gebotene Stirn. Mein blattloser Rosenkopf mutiert zu einer feuerroten Hagebutte. Fassungslos fasse ich diese mit beiden Händen, und der kleine Prinz weint bitterlich um seine geliebte Rose. Das wird ein gutes Jahrgängchen. Hagebuttengelee, das bewegt dein Gemüt, Quitten-Medusa! Hagebutte im Tee, das stärkt die erblindeten Augen des Staatsanwalts! Buttenjuckpulver in die weißen Westen der politischen Machthaber der globalen Interessensgemeinschaften. Und Neu-Rosen ins Töpfchen! Ja, damit kann ich sterben. Jetzt heißt es nur noch flugs ein Hagebutten-Testament zu verfassen. Der Gedanke, schon so bald auf Hunderttausenden von Marmeladenbroten zu bibbern und in Millionen Teetassen zitternd meine Hirnabspülung zu erwarten, lässt mich nie gekannte Schauer auf meinem hageverwundeten Rücken spüren. Die Rose ist tot – es lebe die Putte im Hage.

Fishermen's dream

Fischsuppe à la Marseillaise

½ TL Ingwer, 6 EL Linsen, 1 Schuss Madeira, 5 Zwiebeln, 5 Knoblauchzehen, ½ Sellerieknolle, 1 Stange Lauch, 1 Pfefferschote, 12 grüne Oliven, 4 Tomaten, 100 ml Olivenöl, Salz und Pfeffer, ½ TL grüne Pfefferkörner, 100 g ausgelöste Muscheln (Vongole), 1 kg gemischte Fischvariation mit 1 Fischkopf, ausgelöst und filettiert (z. B. Schellfisch, Knurrhahn, Heilbutt), 250 ml Weißwein, 1 Spritzer Tabasco, 1 Lorbeerblatt, 1 Schälchen gemischte Kräuter, gehackt (Thymian, Petersilie, Estragon, Majoran), 1 Fleischbrühwürfel, 100 g Speckwürfel, ca. 10 kleine Champignons, 1 Rosmarinzweig, 1 Schuss Sojasauce, 1 TL Zimt, 150 g Trockenobst, ½ Fenchelknolle mit Grün, 1 Karotte, 2 Safranfäden, 100 g Crème fraîche, 1 Glas Sardellen, 1 Glas Kapern, einige Zweige frischer Estragon, 5 EL geriebener Emmentaler, 2 EL Pinienkerne

1 Am Vortag den Ingwer schälen und klein hacken. Die Linsen über Nacht in Wasser mit dem Schuss Madeira und dem Ingwer einweichen.

2 Für die Suppe Zwiebeln, Knoblauch und Sellerieknolle fein schneiden. ½ Stange Lauch in Ringe schneiden, die Pfefferschote und die Oliven zerkleinern. Die Tomaten über Kreuz einrit-

zen, überbrühen und häuten. Etwas Olivenöl in einem Topf heiß werden lassen und darin die Zwiebel- und Knoblauchstückchen zusammen mit der Sellerieknolle auf kleiner Flamme ca. 5 Minuten dünsten. Salzen und pfeffern. Lauchringe, Pfefferschote, Tomaten, Pfefferkörner und Oliven hinzufügen, ca. 5 Minuten köcheln, dann Vongole und 1 Fischkopf hinzufügen, mit 250 ml Weißwein und 1 Spritzer Tabasco aufgießen. Jetzt mit 1 Lorbeerblatt, 1 TL Thymian, 1 EL Petersilie würzen. Die Suppe mit Wasser auf ca. 1 1/2 l auffüllen und einen Fleischbrühwürfel hinzugeben. Die abgetropften Linsen hineinrühren und das Ganze ca. 30 Minuten köcheln lassen.

3 Für die Fischeinlage das restliche Olivenöl und die Speckwürfel in einer Pfanne erhitzen. Unsere »Fischvariation«, Champignons, Salz, Pfeffer, 1 Rosmarinzweig, 1 TL frischen Majoran, 1 Schuss Sojasauce und 1 TL Zimt dazugeben. Das Ganze kurz und intensiv anbraten, dann vom Herd ziehen und abkühlen lassen.

4 Das Trockenobst klein schneiden, die Fenchelknolle und das -grün fein schneiden und zusammen mit 1/2 TL Ingwer und den restlichen Kräutern in den großen Suppentopf geben. Weitere 15 Minuten köcheln.

5 Inzwischen die Karotte stifteln und zusammen mit der Fischpfanne zur Suppe geben. Diese nach Bedarf mit Wasser auf 1 1/2 bis 2 l auffüllen. Den Safran dazugeben, aufwallen und weitere 10 Minuten sieden lassen.

6 Die zweite Lauchhälfte in feine Ringe schneiden. Den Fischkopf aus der Suppe nehmen und wegwerfen. Die Suppe in tiefe Teller geben und die Fischeinlage gerecht verteilen. Jede Portion mit Lauchringen bestreuen und mit 1 Klacks Crème fraîche, 1 kleinen Sardelle, einigen Kapern, 1 Zweig Estragon und nach Wunsch etwas geriebenem Emmentaler und Pinienkernen garnieren.

Dazu reichen wir Stangenweißbrot zum Brechen und in Butter kurz angeröstete Toastscheiben, mit Käseflocken bestreut. Zum Trinken gibt es Campari-Sekt-Apéritif, trockenen Weißwein, Wasser, wilde Silvestermischungen.
Buon appetito, bon appétit und ein gesegnetes neues Jahr!

PS I: Silvester wird diesmal in Hamburg gefeiert. Meine Freunde Detlef und Carlos haben leckere Kanapees vorbereitet, und auf ihrer Chaiselongue hingestreckt beobachten die beiden amüsiert meine Umtriebe in ihrer heimischen Bonsai-Kochkombüse.
Eine feine Fischsuppe à la Bouillabaisse hatte man sich gewünscht – Auftrag angenommen und los geht's zum Gemüsemarkt am Jungfernstieg und zum eindrucksvollen Ambiente der Hamburger Fischhalle. Meine Rezeptur hatte ich schon choreografisch im Kopf, Safran im Blut. Für die Suppe heißt es heute klar Schiff, klare Brühe, für die Zutaten stimmte schon ein Klangkörper in mir ab. Alles drängt auf Vollendung. Hobbykoch Carlos will jetzt alle Zutaten samt Fischkörper, -flossen und -köpfen, Muscheln, Gemüse, Gewür-

zen auf einmal in kaltem Wasser ansetzen, verkochen, durchseihen, dann eine Einbrenne machen und Graupen dazugeben, wie zu Hause in Portugal.
Detlef versucht plötzlich mit seinem Dickkopf eine Büsumer-Fischsuppen-Version mit Fischrogen, scharfem Meerrettich aus dem Kühlschrank, Schinkenscheiben und einem Heilbutt aus der Einkaufstasche zu einem Silvester-Schnäppchen durchzudrücken.
Ich schicke die Meuterer in die Abendsauna für die »Herren der Schöpfung«, wenn Sie wissen, was ich meine.
So konnte ich schalten und walten, um meine Vision mithilfe der delikaten Lebensmittel in die Tat umzusetzen Das wird heute eine Gaumenfreude, ein Sinneskitzel, das verspreche ich euch, meine geliebten Seelenbrüder.
Als meine Gastgeber eine Stunde vor der Jahreswende mit zufriedenen Mienen, aber hungrig wie die Wölfe in ihre Küche einfielen, kam ihnen das kalte Grausen: Der Suppentopf war halb leer, Teller lagen zerschmettert auf dem Boden – kein Fisch weit und breit. Sie fanden mich laut einer Notiz am Hafen, schlotternd vor Kälte, aber rundum glücklich. Heilbuttchen und Heilbutcher hatten dem angesagten Tod im Eis ein Schnippchen geschlagen. »Lebendig eingefroren, stellt euch das mal vor«, jammerte ich über die Rettung. »Die haben noch geatmet, also noch gelebt, als ich sie in die Pfanne geben wollte. Nach altem Fischerkodex musste ihnen jetzt das Leben geschenkt werden«, ereiferte ich mich.
»Ja, und wir sterben vor Hunger, ist dir das auch egal?«, säuselten die beiden an den tauben Ohren meiner Fülligkeit vorbei.
»Stellt euch das Gaffer-Mäulchen des Taxifahrers vor, als ich meine Buttenkinder wieder ihrem vertrauten nassen Milieu übergab. Mit einem Extrasprung zogen sie Leine – hinauf zur Waterkant!«, berichtete ich aufgeregt
Meine Freunde zogen einen Flunsch und zum Essen gab es dann doch noch das Büsumer Fischsüppchen, aber das eben ganz ohne Heilbuttchen. Prosit Neujahr!

Honig jagt den Kater

Ein Brummschädel ist das Ergebnis einer berauschenden Nacht. Nach guter alter Bloody Mary steht Ihnen heute der Sinn nicht, schon gleich gar nicht nach einem rohen Ei, denn Ihre Seele hat gestern Nacht auch nicht nur Streicheleinheiten abbekommen. Versuchen Sie es mit einem Honigbrötchen! Es vertreibt den Kater auf sanfte Weise. Der Fruchtzucker im Honig stellt sicher, dass der Blutalkoholpegel ohne heftige Sprünge sinkt. Die Fruktose des Honigs kümmert sich darum, dass der Alkohol im Blut schneller abgebaut wird. Das sollten vor allem die Herren der Schöpfung mal versuchen. Ihre Hausfrauen, Sekretärinnen, Geliebten und leiblichen Kinder werden es ihnen danken.

Ihr ganz persönliches Suppenrezept

ihr ganz persönliches Suppenrezept

Gesundheit

*Lehne Dich oft an einen Baum,
der Dir ganz besonders
sympathisch ist!*

*Beuge Dich oft zu einer Blume,
deren Werden Du kennst.*

*Beobachte kleinste und
andere Tiere,
die mit Dir leben.
Tanze im Geiste mit den
Schmetterlingen in
Deinem Garten.*

*Schließe die Augen
im Sonnenlicht und lasse Dich
umfangen.*

*Gehe im Sommerregen
ein Stück des Weges,
spüre, wie er auf Dein
Gesicht fällt und Dich
erfrischt, wie eine Blume!*

*Genieße die Kühle der Nacht.
Erfasse die Weite des Alls
in den Sternen.*

*Tauche ein in die Wasser
Deiner Umgebung,
lass Dich tragen und heilen
im See.*

*Fliege hoch,
von Baum zu Baum
mit der kleinen Meise!*

*Und gehe schlafen,
den Garten in deinen
Gedanken und die
Geborgenheit im Herzen.*

Sophie Filgis

Sarah Bradford

Jackie Kennedy Onassis

Ein leidenschaftliches Leben

Aus dem Amerikanischen von Petra Dudas

Band 15830

Ungewöhnlich, rätselhaft und widersprüchlich, so präsentierte sich Jackie Kennedy Onassis der Öffentlichkeit. Doch wie war sie wirklich? Sarah Bradford schildert ihr Leben und Leiden und entschlüsselt die bislang unbekannte Seite ihrer Persönlichkeit, die sich hinter dem Mythos verbirgt. Ihre Biographie ist die ergreifende und aufwühlende Lebensgeschichte der Frau, die zur »einzigen Königin Amerikas« wurde und deren Faszination bis heute ungebrochen ist.

Fischer Taschenbuch Verlag

fi 15830 / 1

Andrew Morton

Madonna

Aus dem Englischen von Helmut Lindner

Band 15409

Rätselhaft und faszinierend – Madonna ist die Ikone unserer Tage schlechthin. Sie wird bewundert für ihre Unabhängigkeit, ihr Selbstbewusstsein, ihre Kompromisslosigkeit und Risikobereitschaft. Wer aber ist die wohl berühmteste Frau unseres Planeten wirklich? Andrew Morton enthüllt die unbekannten Seiten dieses Superstars und präsentiert eine Madonna jenseits der Legenden, die sie selbst erschaffen hat.

Fischer Taschenbuch Verlag

fi 15409 / 1

Alice Echols

Janis Joplin

Piece of My Heart. Die Biographie

Aus dem Amerikanischen von Ekkehard Rolle

Band 15435

Alice Echols blickt unbestechlich und ungeschönt hinter das Bild, das die Medien von Janis Joplin gezeichnet haben. Sie war eben nicht nur die Königin des Sex, der Drogen und des Rock 'n' Roll, sondern eine trotz ihres großen Erfolges einsame junge Frau. Als Janis Joplin 1970 starb, starben mit ihr die Träume einer ganzen Generation.

»Eine unter die Haut gehende
Biographie eines der brillantesten und
aufwühlendsten weiblichen
Rock-Stars.«
Metropolitan Books

Fischer Taschenbuch Verlag

fi 15435 / 2

Susanne Fröhlich
Constanze Kleis
Jeder Fisch ist schön – wenn er an der Angel hängt
Band 15993

Männer sind wie Fische: Erst beißen sie nicht an, und hat man endlich einen an Land gezogen, erreichen seine besten Eigenschaften schon ihr Verfallsdatum. Das wird sich ändern!

Dieses Buch verrät Ihnen die besten Fangplätze, die leckersten Köder und das optimale Equipment. Am Ende haben Sie nicht nur den Angelschein, sondern auch Mr. Right am Haken.

»Endlich erfolgreich flirten:
Das ultimative Kultbuch für Singles!«
Fritz

Fischer Taschenbuch Verlag

fi 15993 / 1

Susanne Fröhlich
Constanze Kleis
F(r)ischhalteabkommen
Länger Freude am Mann
256 Seiten. Gebunden

Herzlichen Glückwunsch! Sie haben einen Fisch gefangen und sich den Herausforderungen des Baggerns, Balzens und Bandelns gewachsen gezeigt. Doch: Wie gefangen, so zerronnen! Was Sie jetzt brauchen, ist eine Anleitung zur Hege und Pflege. Denn nur ein Fisch, der frisch bleibt, macht lange Freude ...